TERESA DRAGO

PROJETO E COORDENAÇÃO EDITORIAL: JOSÉ ROBERTO A. IGREJA

ITALIANO FLUENTE EM 30 LIÇÕES!

VOCABULÁRIO, GRAMÁTICA APLICADA, DIÁLOGOS E EXERCÍCIOS PRÁTICOS PARA VOCÊ REATIVAR A FLUÊNCIA DE UMA FORMA PROGRESSIVA E DINÂMICA

3ª REIMPRESSÃO

© 2015 Teresa Drago

Preparação de texto: Aline Naomi Sassaki

Capa e projeto gráfico: Paula Astiz

Editoração eletrônica: Laura Lotufo/ Paula Astiz Design

Assistente editorial: Aline Naomi Sassaki

Ilustrações: Rafael Dourado

Áudio
Produtora: jm produção de áudio
Locutores: Donatella Fenocchi, Fabio Franco de Godoy, Flavio Scarrone, Ornella Accasto

---

Dados Internacionais de Catalogação na Publicação (CIP)
(Câmara Brasileira do Livro, SP, Brasil)

Drago, Teresa
  Italiano fluente em 30 lições / Teresa Drago. — Barueri, SP : DISAL, 2015.

  ISBN 978-85-7844-170-8

  1. Italiano – Estudo e ensino 2. Italiano – Gramática – Estudo e ensino I. Título.

14-11738   CDD-458.07

Índices para catálogo sistemático:
1. Italiano : Estudo e ensino   458.07

Todos os direitos reservados em nome de:
Bantim, Canato e Guazzelli Editora Ltda.

Alameda Mamoré 911 – cj. 107
Alphaville – BARUERI – SP
CEP: 06454-040
Tel./ Fax: (11) 4195-2811
Visite nosso site: www.disaleditora.com.br
Televendas: (11) 3226-3111

Fax gratuito: 0800 7707 105/106
E-mail para pedidos: comercialdisal@disal.com.br

Nenhuma parte desta publicação pode ser reproduzida, arquivada ou transmitida de nenhuma forma ou meio sem permissão expressa e por escrito da Editora.

*Agradeço a valiosa colaboração de Flavia Cremaschi,
Flavio Scarrone, Ornella Accasto e as considerações
pertinentes de Lúcia Amélia F. Baz*

SUMÁRIO

APRESENTAÇÃO 13

LEZIONE 1

Dialogo 1 – Di che cosa ti occupi? 19; Occhio al vocabolario, alle frasi ed espressioni 1 19; Dialogo 1 – comprensione del dialogo 20; Grammatica applicata 1: gênero dos substantivos, o alfabeto: como pronunciar, verbo **essere** (presente), verbo **avere** (presente) e verbo **stare** (presente) 20; Vocabolario sistematico 1: Giorni della settimana/ Mesi dell'anno/ Espressioni di cortesia/ Saluti 1/ Paesi e nazionalità 28; Esercizi pratici 1 30

LEZIONE 2

Dialogo 2 – Perché non andiamo al mare, tanto per cambiare? 33; Occhio al vocabolario, alle frasi ed espressioni 2 33; Dialogo 2 – comprensione del dialogo 34; Grammatica applicata 2: artigos definidos e indefinidos, singular e plural dos substantivos e adjetivos, verbos regulares no presente do indicativo, verbos terminados em **-care** e **-gare**, **-ciare** e **-giare**, 34; Vocabolario sistematico 2: Numeri 1/ Stato civile/ Saluti 2/ Occupazioni 38; Esercizi pratici 2 40

LEZIONE 3

Dialogo 3 – Cosa fa tuo padre? 45; Occhio al vocabolario, alle frasi ed espressioni 3 45; Dialogo 3 – comprensione del dialogo 46; Grammatica applicata 3: tempo presente dos verbos irregulares, plurais particulares, pronomes diretos átonos e tônicos, advérbio de lugar **"ci"**, partitivo **"ne"** 46; Vocabolario sistematico 3: Gradi di parentela/ mezzi di trasporto, 55; Esercizi pratici 3, 56

LEZIONE 4

Dialogo 4 – Un fine settimana in campagna! 59; Occhio al vocabolario, alle frasi ed espressioni 4 60; Dialogo 4 – comprensione del dialogo 61; Grammatica applicata 4: verbo *stare* + gerúndio, plurais irregulares, pronomes indiretos átonos e tônicos, pronomes possessivos, 61; Vocabolario sistematico 4: Numeri 2/ Sport, 67; Esercizi pratici 4 69

LEZIONE 5

Dialogo 5 – Hai perso una bella festa! 73; Occhio al vocabolario, alle frasi ed espressioni 5 73; Dialogo 5 – Comprensione del dialogo 74; Grammatica applicata 5: pretérito perfeito do indicativo 1 *(passato prossimo)*, particípios passados regulares, substantivos com plural invariável, plural dos substantivos terminados em -*ista* e substantivos terminados em -*ore* e -*rice*, pronomes duplos (diretos + indiretos), preposições 1, 74; Vocabolario sistematico 5: Espressioni di tempo/ Abbigliamento e calzature/ Colori 89; Esercizi pratici 5 92

LEZIONE 6

Dialogo 6 – Abbiamo fatto veramente un bel viaggio! 95; Occhio al vocabolario, alle frasi ed espressioni 6 96; Dialogo 6 – Comprensione del dialogo 96; Grammatica applicata 6: Pretérito perfeito do indicativo 2 *(Passato prossimo)*, particípios passados irregulares, concordância dos pronomes diretos e partitivo *"ne"* nos tempos compostos, preposições 2, uso do verbo *"fare"* 97; Vocabolario sistematico 6: Le ore 106, Esercizi pratici 6 107

LEZIONE 7

Dialogo 7 – Un corso a Venezia 111; Occhio al vocabolario, alle frasi ed espressioni 7 112; Dialogo 7 – Comprensione del dialogo 113; Grammatica applicata 7: verbo *"esserci"* (haver), indicativo – pretérito imperfeito, uso do pretérito perfeito + imperfeito, pretérito mais-que-perfeito e preposições articuladas 113; Vocabolario sistematico 7: La casa/ I pasti/ La prima colazione 118; Esercizi pratici 7 119

LEZIONE 8

Dialogo 8 – Cosa farai a Ferragosto? 123; Occhio al vocabolario, alle frasi ed espressioni 8 124; Dialogo 8 – Comprensione del dialogo 125; Grammatica Applicata 8: indicativo – futuro do presente simples (*futuro semplice*), futuro do presente composto (*futuro anteriore*) dos verbos regulares e irregulares, verbos terminados em -*ciare* e -*giare*, uso de **quello** e **bello**, pronomes e adjetivos demonstrativos, 125; Vocabolario sistematico 8: Le previsioni del tempo/ Le stagioni dell'anno/ Il pranzo e la cena 131; Esercizi pratici 8 133

LEZIONE 9

Dialogo 9 – Ti andrebbe di andare al cinema? 137; Occhio al vocabolario, alle frasi ed espressioni 9 138; Dialogo 9 – Comprensione del dialogo 138; Grammatica Applicata 9: Futuro do pretérito (*Condizionale semplice*) e Futuro do pretérito composto (*Condizionale composto*) dos verbos regulares e irregulares 139; Vocabolario sistematico 9: Generi di film, personaggi, letteratura, la frutta 142; Esercizi pratici 9 144

LEZIONE 10

Dialogo 10 – Hai fatto una dieta? 149; Occhio al vocabolario, alle frasi ed espressioni 10 150; Dialogo 10 – Comprensione del dialogo 151; Grammatica Applicata 10: Uso das partículas **"ci"** e **"ne"**; Vocabolario sistematico 10: Il corpo/ Il viso/ La faccia, I dolori 151; Esercizi pratici 10 156

LEZIONE 11

Dialogo 11 – Mi prendo cura io dei bambini. 161; Occhio al vocabolario, alle frasi ed espressioni 11 162; Dialogo 11 – Comprensione del dialogo 162; Grammatica Applicata 11: Verbos pronominais: reflexivos e recíprocos (*verbi riflessivi e reciproci*) e frases idiomáticas 1 163; Vocabolario sistematico 11: Le faccende domestiche/ Gli elettrodomestici 166; Esercizi pratici 11 167

LEZIONE 12

Dialogo 12 – È uno studente bravo come il fratello. 171;
Occhio al vocabolario, alle frasi ed espressioni 12 171; Dialogo 12 –
Comprensione del dialogo 172; Grammatica applicata: Graus dos
adjetivos 1 – comparativo de igualdade e frases idiomáticas 2 172;
Vocabolario sistematico 12: Mantenendo la forma 174;
Esercizi pratici 12 175

LEZIONE 13

Dialogo 13 – Non ho niente di nuovo da mettermi. 179;
Occhio al vocabolario, alle frasi ed espressioni 13 180; Dialogo 13
– Comprensione del dialogo 180; Grammatica Applicata 13: Graus
dos adjetivos 2 – comparativo de superioridade e inferioridade 181;
Vocabolario sistematico 13: Guidando/ L'automobile/ Dal benzinaio/
distributore 183; Esercizi pratici 13 185

LEZIONE 14

Dialogo 14 – Ho saputo che sei stato in Sicilia. 189;
Occhio al vocabolario, alle frasi ed espressioni 14 190; Dialogo 14 –
Comprensione del dialogo 190; Grammatica Applicata 14: Grau dos
adjetivos 3– Superlatividade, comparativos e superlativos – formas
especiais; Vocabolario sistematico 14: All'aeroporto 193;
Esercizi pratici 14 195

LEZIONE 15

Dialogo 15 – Vacanze invernali. 199; Occhio al vocabolario, alle frasi
ed espressioni 15 200; Dialogo 15 – Comprensione del dialogo 201;
Grammatica Applicata 15: Advérbios, locuções adverbiais, graus e
alterações dos advérbios 201; Vocabolario sistematico 15: Tempo
libero e intrattenimento 206; Esercizi pratici 15 207

LEZIONE 16

Dialogo 16 – Vorrei un giorno diventare una grande stilista! 211; Occhio al vocabolario, alle frasi ed espressioni 16 212; Dialogo 16 – Comprensione del dialogo 212; Grammatica Applicata 16: verbos modais **dovere, potere, volere**, pronomes reflexivos, diretos, indiretos e duplos com os verbos modais 213; Vocabolario sistematico 16: Negozi e servizi 215; Esercizi pratici 16 216

LEZIONE 17

Dialogo 17 – Dove preferisci trascorrere le feste di fine anno? 221; Occhio al vocabolario, alle frasi ed espressioni 17 222; Dialogo 17 – Comprensione del dialogo 222; Grammatica Applicata 17: Outros verbos usados como modais: **sapere, preferire, desiderare** 223; Vocabolario sistematico 17: Fare le spese/ fare shopping 224; Esercizi pratici 17 225

LEZIONE 18

Dialogo 18 – Una coppia va al supermercato. 229; Occhio al vocabolario, alle frasi ed espressioni 18 230; Dialogo 18 – Comprensione del dialogo 231; Grammatica Applicata 18: imperativo informal e pronominal + advérbio **"ci"** 231; Vocabolario sistematico 18: Prodotti del supermercato e della farmacia 233; Esercizi pratici 18 234

LEZIONE 19

Dialogo 19 – Fa freddo e nevica! 239; Occhio al vocabolario, alle frasi ed espressioni 19 240; Dialogo 19 – Comprensione del dialogo 241; Grammatica Applicata 19: imperativo formal e pronominal e imperativo dos verbos irregulares 241; Vocabolario sistematico 19: Lavoro e carriera, 244; Esercizi pratici 19 245

LEZIONE 20

Dialogo 20 – Cosa si può fare in tre giorni sulla Costiera Amalfitana? 249; Occhio al vocabolario, alle frasi ed espressioni 20 250; Dialogo 20 – Comprensione del dialogo 20 250; Grammatica Applicata 20: Verbos no gerúndio simples, composto e gerúndio com pronomes, 251; Vocabolario sistematico 20: Chiamate telefoniche 253; Esercizi pratici 20 255

LEZIONE 21

Dialogo 21 – L'acquisto di una macchina. 259; Occhio al vocabolario, alle frasi ed espressioni 21 260; Dialogo 21 – Comprensione del dialogo 21 260; Grammatica applicata 21: Pronomes relativos 260; Vocabolario sistematico 21: Relazioni/ rapporti 263; Esercizi pratici 21 265

LEZIONE 22

Dialogo 22 – Gli affari vanno a gonfie vele! 269; Occhio al vocabolario, alle frasi ed espressioni 22 270; Dialogo 22 – Comprensione del dialogo 270; Grammatica applicata 22: modo subjuntivo 1 – presente e perfeito, conjunções e locuções conjuntivas 1 271; Vocabolario sistematico 22: Aziende e business 278; Esercizi pratici 22 279

LEZIONE 23

Dialogo 23 – Complimenti! 283; Occhio al vocabolario, alle frasi ed espressioni 23 284; Dialogo 23 – comprensione del dialogo 285; Grammatica applicata 23: Modo subjuntivo 2 – imperfeito e mais-que-perfeito, conjunções e locuções conjuntivas 2 285; Vocabolario sistematico 23: Relazioni economiche/ questioni di denaro 289; Esercizi pratici 23 290

LEZIONE 24

Dialogo 24 – Ho proprio bisogno di staccare la spina. 295; Occhio al vocabolario, alle frasi ed espressioni 24 296; Dialogo 24 – comprensione del dialogo 296; Grammatica applicata 24: Período hipotético 1 296; Vocabolario sistematico 24: Il computer 298; Esercizi pratici 24 299

LEZIONE 25

Dialogo 25 – Di nuovo giochi al lotto? 303; Occhio al vocabolario, alle frasi ed espressioni 25 304; Dialogo 25 comprensione del dialogo 304; Grammatica applicata 25: Período hipotético 2 304; Frases idiomáticas 3 305; Esercizi pratici 25 307

LEZIONE 26

Dialogo 26 – In palestra. 311; Occhio al vocabolario, alle frasi ed espressioni 26 312; Dialogo 26 – comprensione del dialogo 312; Grammatica applicata 26: Período hipotético 3, 313; Frases idiomáticas 4 314; Esercizi pratici 26 316

LEZIONE 27

Dialogo 27 – Ti ricordi di Federica? 321; Occhio al vocabolario, alle frasi ed espressioni 27 322; Dialogo 27 – comprensione del dialogo 322; Grammatica applicata 27: Indicativo – passato remoto e trapassato remoto 323; Vocabolario sistematico 27: a teatro 327; Esercizi pratici 27 328

LEZIONE 28

Dialogo 28 – Quando è stato costruito? 333; Occhio al vocabolario, alle frasi ed espressioni 28 334; Dialogo 28 – comprensione del dialogo 334; Grammatica applicata 28: Voz passiva, "se" (si passivante) como pronome apassivador 335; Frases idiomáticas 5 338; Esercizi pratici 28 340

LEZIONE 29

Dialogo 29 – Carnevale a Venezia. 345; Occhio al vocabolario, alle frasi ed espressioni 29 346; Dialogo 29 – comprensione del dialogo 346; Grammatica applicata 29: Discurso direto e indireto 347; Frases idiomáticas 6 350; Esercizi pratici 29 351

LEZIONE 30

Dialogo 30 – Gli esami di maturità. 355; Occhio al vocabolario, alle frasi ed espressioni 30 356; Dialogo 30 – comprensione del dialogo 356; Grammatica applicata 30: Formas nominais: Infinitivo e Particípio 357; Frases idiomáticas 7 364; Esercizi pratici 30 365

VERBOS *ANDARE* E *VENIRE* 369
MODOS E TEMPOS VERBAIS 371
TRADUÇÃO DOS DIÁLOGOS 383
RESPOSTAS 405
GUIA DO ÁUDIO 449
COMO ACESSAR O ÁUDIO 455
SOBRE A AUTORA 456

APRESENTAÇÃO

Bem-vindo a **Italiano fluente em 30 lições!** O conteúdo deste livro foi cuidadosamente planejado para oferecer a você uma forma dinâmica e interativa de praticar o idioma italiano.

O livro abrange as quatro habilidades de aprendizado de um idioma (leitura, compreensão auditiva, escrita e expressão oral) e proporciona a oportunidade de aprender, revisar e consolidar diversos tópicos e conceitos importantes da língua italiana de uma maneira progressiva e prática. Desta forma você vai poder se preparar para situações realistas de comunicação no idioma, tornando-se mais capacitado à compreensão auditiva, bem como mais confiante ao se expressar oralmente em diversas situações.

Veja abaixo as seções presentes em cada uma das 30 lições do livro:

DIALOGHI (DIÁLOGOS)

Cada lição traz um diálogo que reflete alguma situação do dia a dia. Dessa forma **Italiano fluente em 30 lições!** reúne 30 diálogos realistas abrangendo os principais tópicos da conversação cotidiana. A grande gama de assuntos tratados nos diálogos garante a presença de vocabulário e expressões coloquiais relativas a variados temas. O áudio que acompanha o livro e que traz a gravação dos diálogos feita por falantes nativos proporciona a oportunidade de você praticar e melhorar gradualmente a compreensão auditiva do idioma italiano a respeito de diversos assuntos. Você poderá também conferir a tradução dos diálogos que foi propositalmente inserida no fim do livro, para que você procure em um primeiro momento compreender os diálogos em italiano, sem o auxílio e a interferência do português.

OCCHIO AL VOCABOLARIO, ALLE FRASI ED ESPRESSIONI (ENFOQUE NO VOCABULÁRIO, FRASES E EXPRESSÕES)

Esta seção explora palavras e expressões usuais importantes na comunicação diária e que aparecem destacadas em negrito no diálogo.

É apresentado sempre que possível um ou mais sinônimos da palavra ou expressão em destaque, bem como uma explicação para a mesma quando necessário. Você poderá também conferir a equivalência em português das palavras e expressões abordadas nesta seção.

DIALOGO: COMPRENSIONE DEL DIALOGO
(DIÁLOGO – COMPREENSÃO DO DIÁLOGO)

São apresentadas nesta seção questões para verificar a compreensão do diálogo. Após a audição do diálogo, você poderá também ouvir essas perguntas no áudio e tentar respondê-las em voz alta, conferindo depois as respostas no fim do livro: uma maneira lúdica de melhorar tanto a compreensão auditiva quanto a expressão oral.

GRAMMATICA APPLICATA (GRAMÁTICA APLICADA)

Esta seção apresenta conceitos fundamentais da gramática do idioma italiano de uma forma objetiva e prática. Como o próprio nome da seção sugere (Gramática aplicada), a intenção é proporcionar a aplicação imediata desses conceitos estruturais na comunicação do dia a dia. Desta forma, variados exemplos realistas e usuais da conversação cotidiana são apresentados para cada conceito gramatical abordado. Você terá também a oportunidade de praticar e consolidar o aprendizado desses conceitos com a seção de exercícios (*Esercizi pratici*) que aborda as estruturas gramaticais em destaque de cada lição.

Todos os principais conceitos gramaticais necessários para a comunicação no idioma italiano são apresentados de forma progressiva ao longo das 30 lições.

VOCABOLARIO SISTEMATICO (VOCABULÁRIO HABITUAL)

A seção *Vocabolario sistematico* traz palavras e expressões agrupadas em torno de um tema específico e relevante para a comunicação cotidiana. Você poderá conferir vários exemplos de uso em frases contextualizadas que retratam de forma realista e natural a utilização do vocabulário, assim como é feita pelos falantes nativos, em contextos usuais de conversação.

Ao longo das 30 lições você terá a oportunidade de aprender, relembrar e reativar mais de 1200 palavras e expressões muito importantes para a comunicação, relativas a variados assuntos, tais como: a vida em família, relacionamentos, diversão e entretenimento, saúde e bem-estar, viagens, o uso de computadores, a vida escolar, o clima, trabalho e carreira, negócios, refeições, tipos de comida, meios de transporte etc. Você também poderá praticar o vocabulário apresentado em cada lição ao fazer os exercícios propostos na seção *Esercizi pratici*.

Um dos destaques da seção *Vocabolario sistematico* é que ela também apresenta uma seleção dos principais verbos pronominais, expressões idiomáticas e expressões cotidianas. Ao todo são apresentadas 36 expressões idiomáticas, 42 expressões cotidianas, em grupos intercalados a partir da lição 11. Essas seções incluem também exemplos de uso em frases contextualizadas e o conteúdo das mesmas poderá também ser praticado nas seções *Esercizi pratici* correspondentes a essas lições.

ESERCIZI PRATICI (EXERCÍCIOS PRÁTICOS)

Esta é uma seção de grande importância já que oferece várias formas de você colocar em prática todo o conteúdo apresentado nas seções anteriores de uma maneira lúdica e interativa. A seção *Esercizi pratici* é dividida em cinco partes, que podem variar um pouco dependendo da lição. As principais atividades propostas são explicadas a seguir:

I. Ascolta le domande e circonda la risposta giusta.

Uma atividade de compreensão auditiva interessante que reúne dez perguntas gravadas no áudio. Para cada uma dessas perguntas, são apresentadas no livro três opções de resposta à sua escolha. Uma excelente maneira de praticar a compreensão auditiva, revisando e consolidando, ao mesmo tempo, os aspectos gramaticais e o vocabulário em destaque de cada lição.

II. Dettato: ascolta le frasi e scrivile.

Esta é mais uma atividade que visa desenvolver a habilidade da compreensão auditiva. Aqui você deverá escrever as cinco frases ou perguntas que vai ouvir no áudio. São apresentadas frases ou perguntas realistas da comunicação cotidiana que refletem os tópicos de gramática e vocabulário presentes em cada lição, o que torna este exercício bastante interessante. Além do desenvolvimento gradual da compreensão auditiva, este exercício também proporciona a prática da escrita, que é muito importante.

III. Circonda la risposta giusta.

Um exercício de múltipla escolha com três opções de respostas. Esta atividade apresenta cinco perguntas que serão lidas e que, desta forma, proporcionam mais uma oportunidade de contato e visualização das estruturas gramaticais e do vocabulário abordados em cada lição.

IV. Scrivi delle domande o frasi per le seguenti risposte.

Ao invés de responder perguntas, este exercício propõe justamente o contrário, ou seja, a formulação de perguntas a partir das respostas apresentadas. Uma ótima oportunidade para treinar o uso dos verbos auxiliares, verbos em geral (regulares e irregulares em seus variados modos e tempos, verbos modais (ex. *essere*, *avere*, as 3 conjugações, v. *potere*, *dovere*, *volere*, *sapere* etc.) e também dos pronomes relativos (*che*, *chi*) e advérbios (*dove*, *quando*, *perché*, *come* ecc.).

V. Segna la parola o espressione che non appartiene alla serie.

Este exercício trabalha o vocabulário e as expressões abordadas em cada lição. Você deverá identificar a palavra ou expressão que não pertence ao grupo de palavras e/ ou expressões apresentadas: uma maneira prática de revisar e consolidar o vocabulário.

A partir da lição 13, esse exercício é substituído por outro com o nome "Completa le frasi con le espressioni/ le parole della lista".

Essa atividade apresenta frases ou perguntas contextualizadas onde há alguma lacuna a ser preenchida. Você deverá completá-las a partir das opções de vocabulário e expressões apresentadas no início do exercício. Desta forma você estará relembrando o vocabulário abordado na lição de forma prática e interativa.

Italiano fluente em 30 lições! traz as respostas a todos os exercícios propostos, o que o torna um excelente material para o autoestudo.

Outras seções importantes incorporadas ao livro e que incrementam o conteúdo:

USOS DOS VERBOS *ANDARE* E *VENIRE*

Verbos irregulares muito usados, com significados peculiares e que merecem atenção.

MODOS E TEMPOS VERBAIS E SUAS CONJUGAÇÕES

Você poderá conferir nesta lista a conjugação e o significado de vários verbos italianos, regulares e irregulares, importantes para a conversação cotidiana. Essa lista apresenta todos os modos e tempos: *modo indicativo, modo condizionale, modo imperativo, modo congiuntivo* e *modi indefiniti* em todos os seus tempos.

Seja ao escrever, ler, compreender o que é falado ou ao se expressar, tenho certeza de que o conteúdo de todas as seções de **Italiano fluente em 30 lições!** vai ajudar você a se sentir mais confiante e apto à comunicação em italiano.

ıｌｌｌｌｉ indica que o conteúdo está disponível em áudio.

▲ indica itens que devem ser observados com atenção.

Buon divertimento!

Teresa Drago

LEZIONE 1

🔊 1 **DIALOGO 1**
Di che cosa ti occupi?

Bruno: Salve! Piacere, sono Bruno e tu come ti chiami?
Gianna: Piacere! Sono Gianna.
Bruno: Di che cosa ti occupi?
Gianna: Sono **veterinaria**.
Bruno: Veramente? Allora ami gli animali?
Gianna: Sì, molto. Ho due cani e tre gatti. E tu?
Bruno: No, non ne ho. Non ho tempo per **badare** agli animali.
Gianna: Capisco. Mamma mia! È quasi **mezzogiorno**! **Scusami**, sono in ritardo per il lavoro, devo andare. **Ci vediamo!**
Bruno: Certo, Gianna. **Arrivederci!**

▶ Veja a tradução desse diálogo na p. 383.

OCCHIO AL VOCABOLARIO, ALLE FRASI ED ESPRESSIONI 1

Di che cosa ti occupi? = Cosa fai?; Che mestiere hai?: O que você faz?, Qual é a sua profissão?
Veterinaria/o: veterinária/o
Veramente = Davvero?; È vero?: É mesmo?, Sério?
Allora = in quel momento (avv.); in questo caso; ebbene; dunque (cong.); in quel tempo: então

Badare (v. infinito) = prendersi cura di qualcuno/qualcosa: cuidar de alguém/algo
Capisco (v. capire – 1ª pers. sing. presente ind.): entendo, ah, sei!
Mezzogiorno = le ore 12 del giorno: meio-dia
Scusami (v. scusarsi – 2ª pers. sing. imperativo) = Chiedo scusa: me desculpe
Ci vediamo (v. vedere – 1ª pers. pl. presente ind.) = incontrare: nos vemos, nos encontramos
Arrivederci = A dopo: Até logo

2 DIALOGO 1 – COMPRENSIONE DEL DIALOGO

1. Di che cosa si occupa Gianna?
2. Bruno ha degli animali domestici?
3. Quanti animali domestici ha Gianna?
4. Perché Bruno non ha animali domestici?
5. Perché Gianna deve andare via?

GRAMMATICA APPLICATA 1

GÊNERO DOS SUBSTANTIVOS

Gênero dos substantivos, o alfabeto: como pronunciar, verbo *essere* (presente), verbo *avere* (presente) e verbo *stare* (presente)

1. Os substantivos terminados em -o são geralmente masculinos:

il bambino (o menino) – **il libro** (o livro)
il gatto (o gato) – **il telefono** (o telefone)

▲ Mas são femininas as palavras: **la mano** (a mão) – **la foto(grafia)** (a fotografia) – **l'auto(mobile)** (o automóvel) – **la moto(cicletta)** (a motocicleta) – **la radio** (o rádio)

2. Os substantivos terminados em -*a* são geralmente femininos:

la pizza (a pizza) – **la ragazza** (a garota)
la casa (a casa) – **la speranza** (a esperança)

▲ Mas são masculinas as palavras: **il clima** (o clima) – **il sistema** (o sistema) – **il problema** (o problema) – **il diploma** (o diploma) – **il cinema(tografo)** (o cinema)

3. Os substantivos terminados em -*ista* podem ser masculinos ou femininos:

il/la pianista (o/a pianista) – **l'artista** (o/a artista)
il/la dentista (o/a dentista) – **il/la socialista** (o/a socialista)

4. Os substantivos terminados em -*eta* são normalmente masculinos:

il profeta (o profeta) – **il poeta** (o poeta)

▲ Mas **atleta** pode ser usado para o masculino e feminino:

l'atleta (o/a atleta)

5. Os substantivos terminados em -*e* podem ser masculinos ou femininos:

il pane (o pão) – **il dente** (o dente) ▶ masculino
la carne (a carne) – **la pace** (a paz) ▶ feminino

São masculinos:

▶ substantivos que se referem a homens:

il padre (o pai) – **il professore** (o professor)
il dottore (o doutor) – **l'attore** (o ator)

➤ substantivos em -*one*:

il sapone (o sabão) – il carbone (o carvão)
▲ la canzone (a canção)

➤ substantivos em -*ore*:

il dolore (a dor) – **il sapore** (o sabor) – **il fiore** (a flor)

➤ substantivos em -*ale*:

il giornale (o jornal) – **il canale** (o canal)
▲ **la filiale** (a filial) – **la morale** (a moral)

➤ substantivos em -*ile*:

il campanile (o campanário) – **il canile** (o canil)

➤ substantivos de origem estrangeira que terminam em **consoante**:

il bar (o bar) – **lo sport** (o esporte) – **il computer** (o computador)
il gas (o gas) – **il camper** (o trailer)

São femininos:

➤ substantivos que se referem a mulheres:

la madre (a mãe)

➤ substantivos que terminam em -*rice*:

la pittrice (a pintora) – **la direttrice** (a diretora) – **l'attrice** (a atriz)

➤ substantivos em -*zione, -sione, -gione*:

la stazione (a estação) – **la comprensione** (a compreensão)
la ragione (a razão)

▶ substantivos em *-ice*:

la radice (a raiz) – **la vernice** (a tinta; a verniz)
▲ **il camice** (o jaleco)

▶ substantivos em *-à* e *-ù*:

la verità (a verdade) – **la città** (a cidade) – **la virtù** (a virtude)
▲ **il papà** (o papai)

▶ substantivos em *-i*:

la crisi (a crise) – **la tesi** (a tese) – **la prassi** (a praxe)

▶ substantivos que terminam em *-essa*:

la professoressa (a professora) – **la dottoressa** (a doutora)
la leonessa (a leoa)

ılıl| 3 ◀)) 1/3 L'ALFABETO: COME SI PRONUNCIA
O ALFABETO: COMO PRONUNCIAR

Saber pronunciar as letras do alfabeto em italiano pode ser bastante útil em uma viagem internacional de negócios ou turismo. É muito comum, por exemplo, ao fazer o check-in no aeroporto ou hotel, ouvir a pergunta *Come si fa lo spelling...?* (Como se soletra...?) para confirmação de nomes, sobrenomes e outras informações. Portanto, não deixe de treinar ouvindo a pronúncia das letras do alfabeto no áudio e aproveite para praticar soletrando as letras de seu nome e sobrenome.

A B C D E F G H I J K L M N
O P Q R S T U V W X Y Z

Nota: as letras *J*, *K*, *W*, *X* e *Y* não fazem parte do alfabeto italiano e são usadas **apenas** em palavras de origem estrangeira.

VERBO *ESSERE* (PRESENTE DO INDICATIVO)

O verbo *essere* corresponde em português aos verbos **ser** ou **estar** (estar fisicamente em um lugar).

io (eu)		sono	insegnante.
tu (tu, você)		sei	medico.
lui (ele), **lei** (ela), **Lei*** (Sr., Sra.)	**non**	è	**a Roma.**
noi		siamo	**a casa.**
voi		siete	**al bar.**
loro, Loro*		sono	**avvocati.**

*** Lei/Loro** – quando escritos com letra maiúscula, correspondem a uma forma de cortesia e devem ser usados em situações formais. São equivalentes a o senhor/a senhora, os senhores/as senhoras em português. É uma forma usada tanto para o feminino quanto para o masculino. Em várias situações a forma do plural "Loro" é substituída por "Voi".

Forma afirmativa, negativa e interrogativa

Para respostas afirmativas, usa-se:

Sì – para afirmar a frase.

Para respostas negativas, usa-se:

No – para iniciar uma resposta negativa
Non – para negar a frase

Exemplos:

Sei di Milano? **Sì, sono di Milano./ No, non sono di Milano.**
Siete al bar? **Sì, siamo al bar./ No, non siamo al bar.**
Lui è medico? **Sì, è medico./ No, non è medico.**

Lei signora/signore, è canadese? **Sì, sono canadese./ No, non sono canadese*.**

▶ Veja *Paesi e nazionalità* (países e nacionalidades) p. 29

Obs.: as respostas também podem ser curtas usando simplesmente **Sì** ou **No**.

Agora veja mais alguns exemplos de perguntas e respostas com o verbo **essere** no tempo presente e algumas expressões interrogativas: **Che cosa** (O que), **Chi** (Quem), **Dove** (Onde), **Perché** (Por que), **Quando** (Quando), **Quale** (Qual), **Come** (Como):

Cosa fai? (O que você faz?) – **Sono insegnante.** (Sou professor.)

▶ Veja *Occupazioni* (ocupações) p. 39

Dove sei? (Onde você está?)
Sono a Rio de Janeiro. (Estou no Rio de Janeiro.)
Quando sei a casa? (Quando você está em casa?)
Sono a casa stasera alle sette. (Estou em casa hoje à noite às sete.)
Perché Gabriella è così contenta? (Por que Gabriella está tão contente?)
Perché oggi è il suo compleanno. (Porque hoje é o aniversário dela.)
Con chi sei qui a Firenze? (Com quem você está aqui em Firenze?)
Sono qui con mia sorella. (Estou aqui com minha irmã.)
Lei è il Sig. Carvalho? (O senhor é o Sr. Carvalho?)
Sì, sono io. (Sim, sou eu.)
Come si fa lo spelling? (Como se soletra?) – C - A - R - V - A - L - H - O

VERBO *AVERE* (PRESENTE DO INDICATIVO)

O verbo *avere* corresponde em português ao verbo **ter** (no sentido de possuir).

io (eu)		ho	una casa al mare.
tu (tu, você)		hai	il passaporto.
lui (ele), lei (ela), Lei (Sr., Sra.)	non	ha	un computer nuovo.
noi		abbiamo	molti amici.
voi		avete	soldi.
loro, Loro		hanno	una macchina grande.

Forma afirmativa, negativa e interrogativa
Exemplos:

Io ho una casa al mare. (Eu tenho uma casa na praia.)
Quanti anni hai? (Quantos anos você tem?)
Loro hanno due figli. (Eles têm dois filhos.)
Avete fame? (Vocês estão com fome?)
Non abbiamo molto tempo per studiare. (Não temos muito tempo para estudar.)

Nota: As respostas às perguntas com o verbo *avere* no sentido de **possuir**, podem ser simplificadas usando a forma pleonástica do pronome *"ci"*, sem precisar repetir o complemento:

Exemplos:

Hai una penna? (Você tem uma caneta?)
Sì, ce l'ho./ No, non ce l'ho. (Sim, tenho./ Não, não tenho.)
Avete il nuovo libro di italiano? (Vocês têm o novo livro de italiano?)
Ce l'abbiamo./ Non ce l'abbiamo. (Temos./ Não temos.)
Signore, ha il biglietto? (O Sr. tem o ingresso?) – **Sì, ce l'ho./ Mi dispiace, non ce l'ho.** (Sim, tenho./ Sinto muito, não tenho.)

VERBO *STARE* (PRESENTE DO INDICATIVO)

O verbo *stare* corresponde em português ao verbo **estar** (no sentido de estado físico ou estar/permanecer em um lugar por um período mais ou menos longo).

io (eu)		sto	bene.
tu (tu, você)		stai	a Firenze?
lui (ele), **lei** (ela), **Lei** (Sr., Sra.)	**non**	sta	con i genitori.
noi		stiamo	in Francia.
voi		state	meglio?
loro, Loro		stanno	bene di salute.

Forma afirmativa, negativa e interrogativa
Exemplos:

Ciao Carlo, come stai?/ Sto bene, grazie. (Oi Carlo, como vai?/ Bem, obrigado.)
Dove sta tuo figlio?/ Sta in Inghilterra. (Onde está (mora) o seu filho?/ Está (mora) na Inglaterra.)
Come stanno i tuoi genitori?/ Non stanno tanto bene. (Como estão os seus pais?/ Não estão muito bem.)

Nota: CONJUNÇÃO *E*
A conjunção *"e"* se transforma em *"ed"* quando precede uma palavra que inicia com a mesma vogal. Essa mudança não é necessária quando a palavra inicia com outras vogais.

Exemplos:

Lucia aveva i capelli lunghi <u>ed era</u> bionda. (Lucia tinha os cabelos compridos e era loira.)
Marco <u>ed Elena</u> si sono sposati. (Marco e Elena casaram-se.)

VOCABOLARIO SISTEMATICO 1

GIORNI DELLA SETTIMANA*

lunedì (segunda-feira)
martedì (terça-feira)
mercoledì (quarta-feira)
giovedì (quinta-feira)
venerdì (sexta-feira)
sabato (sábado)
domenica (domingo)
* os dias da semana em italiano são do gênero masculino, menos domingo que é feminino.

MESI DELL'ANNO

gennaio (janeiro)
febbraio (fevereiro)
marzo (março)
aprile (abril)
maggio (maio)
giugno (junho)
luglio (julho)
agosto (agosto)
settembre (setembro)
ottobre (outubro)
novembre (novembro)
dicembre (dezembro)

ESPRESSIONI DI CORTESIA

Grazie. (Obrigado/a.)
Grazie mille. (Muito obrigado/a.)
Prego. (De nada.)
Non c'è di che. (Não há de quê.)
per favore/per cortesia/per piacere (por favor)

SALUTI 1

Buongiorno (Bom dia)

Buon pomeriggio* (Boa tarde)
Buona sera (Boa noite)
Buona notte** (Boa noite)
Ciao*** (Olá/ Oi/Tchau)
Salve (Oi)
Come stai? Come va? (Como vai?)
Bene, grazie, e tu? (Bem, obrigado/a, e você?)
Piacere. (Prazer.)
Molto piacere. (Muito prazer.)
Ci vediamo. (A gente se vê.)
* Pouco usado
** Usado ao se retirar ou antes de ir dormir.
*** Usado tanto ao chegar quanto ao se retirar, informal.

PAESI E NAZIONALITÀ

Brasile (Brasil)/ **brasiliano/a** (brasileiro/a)
Germania (Alemanha)/ **tedesco/a** (alemão/ alemã)
Australia (Austrália)/**australiano/a** (australiano/a)
Canada (Canadá)/ **canadese** (canadense)
Cina (China)/ **cinese** (chinês/ chinesa)
Cuba (Cuba)/ **cubano/a** (cubano/a)
Egitto (Egito)/ **egiziano/a** (egípcio/a)
Scozia (Escócia)/ **scozzese** (escocês/ escocesa)
Spagna (Espanha)/ **spagnolo/a** (espanhol/a)
Stati Uniti (Estados Unidos)/ **americano/a** (americano/a)
Francia (França)/ **francese** (francês/ francesa)
Grecia (Grécia)/ **greco/a** (grego/a)
Olanda/ (Holanda)/ **olandese** (holandês/ holandesa)
Inghilterra (Inglaterra)/ **inglese** (inglês/ inglesa)
Irlanda (Irlanda)/ **irlandese** (irlandês/ irlandesa)
Italia (Itália)/ **italiano/a** (italiano/a)
Giappone (Japão)/ **giapponese** (japonês/ japonesa)
Messico (México)/ **messicano/a** (mexicano/a)
Nuova Zelanda (Nova Zelândia)/ **neozelandese** (neozelandês/ neozelandesa)
Portogallo (Portugal)/ **portoghese** (português/ portuguesa)

Svezia (Suécia)/ **svedese** (sueco/a)
Svizzera (Suíça)/ **svizzero/a** (suíço/a)

ESERCIZI PRATICI 1

🔊 4   I. Ascolta le domande e cerchia la risposta giusta.

1. a) Sì, sei di Enzo.
   b) No, non sono di Enzo.
   c) Sì, è di Enzo.

2. a) No, non sei ingegnere.
   b) Sì, è ingegnere.
   c) Sì, siamo ingegneri.

3. a) È il Sig. Rossi: R – O – S – S – I.
   b) Sono i dottori.
   c) No, non sono io.

4. a) Sì, è di San Paolo.
   b) No, siamo di Rio.
   c) Sì, siete di San Paolo.

5. a) Hai lezione il giovedì.
   b) Abbiamo lezione il venerdì.
   c) Ho lezione il lunedì e il mercoledì.

6. a) Ha 42 anni.
   b) Abbiamo 35 anni
   c) Hanno 53 anni.

7. a) Avete mal di gola.
   b) Ho mal di testa.
   c) Abbiamo mal di schiena.

8. a) Ho una Mercedes.
   b) Hanno una Porsche.
   c) Ha una Ferrari.

9. a) Sta abbastanza bene.
   b) Sto a casa.
   c) Stanno tutti bene.

10. a) Stiamo a Perugia.
    b) Sono a Torino.
    c) Sto al mare.

🎵 5 II. Dettato: ascolta le frasi e scrivile.

1. _____

2. _____

3. _____

4. _____

5. _____

III. Rispondi le domande con la forma pleonastica del pronome *ci* + *avere*.
Ex.: **Avete il CD di Pino Daniele? Sì, ce l'abbiamo.**

1. Hai la chiave di casa? _____

2. Avete il numero di telefono di Simona? _____

3. I signori hanno una camera in albergo? _____

4. Stefania, hai lezione di portoghese oggi? _____

5. Bruno ha il computer? _____

IV. Scrivi delle domande o frasi per le seguenti risposte.

1. _____?
Sono ingegnere.

2. _____?
Sto bene, grazie!

3. _____?
Vittorio ha ventisei anni.

4. _____?
No, non ce l'ho.

5. _____?
Prego.

V. Segna la parola o espressione che non appartiene alla serie.

1. mercoledì – lunedì – venerdì – aprile – martedì – domenica
2. febbraio – dicembre – luglio – ottobre – marzo – giovedì
3. perché – dove – sabato – chi – cosa – quando
4. Italia – australiano – francese – canadese – americano – spagnolo
5. Buon pomeriggio – Di dove sei? – Buongiorno – Buonasera – Buona notte

LEZIONE 2

🎧 6 DIALOGO 2
Perché non andiamo al mare, tanto per cambiare?

Rita: Perché non facciamo **qualcosa** di **diverso** il prossimo **fine settimana**?
Giovanni: Certo cara, cosa hai in mente?
Rita: Ma, non lo so, **forse** possiamo andare al mare, **tanto per cambiare**.
Giovanni: Ah! Che bella idea! Perché non chiami la tua amica Enrica e chiedi se lei e Aldo possono venire **insieme** a noi? Non pensi che sia più **divertente**?
Rita: Sicuramente. Andiamo con una macchina sola così dividiamo le **spese**. Penso che sulla spiaggia possiamo prenderci una **cabina**.
Giovanni: Sono d'accordo, così stiamo più **comodi**.
Rita: Va bene! Provo a chiamare Enrica. Spero che possano venire.
Giovanni: Anch'io cara!

▶ Veja a tradução desse diálogo na p. 383.

OCCHIO AL VOCABOLARIO, ALLE FRASI ED ESPRESSIONI 2

Qualcosa = qualche cosa: algo, alguma coisa
Diverso = differente: diferente
Fine settimana (também usado **weekend**): fim de **semana**
Certo = chiaro: claro

Cara = (1) amata; (2) costosa : (1) querida, (2) de valor alto
Forse = esprime dubbio: talvez
Tanto per cambiare = per fare in modo diverso: para variar
Insieme = assieme: junto
Divertente = che rallegra: divertido/a, animado/a
Sicuramente = certamente: certamente, com certeza
Spese = acquisti: (1) despesas de gêneros alimentícios, (2) compras em geral
Cabina = vano di dimensioni variabili destinato a usi diversi: cabine, costuma-se alugar na praia
Comodi = confortevoli: confortáveis

ı||||ı 7 DIALOGO 2 – COMPRENSIONE DEL DIALOGO

1. Che cosa vuole fare Rita nel prossimo fine settimana (weekend)?
2. A Giovanni piace l'idea di andare al mare?
3. Chi vogliono invitare?
4. Perché vogliono prendere una cabina?

GRAMMATICA APPLICATA 2

Artigos definidos e indefinidos; singular e plural dos substantivos e adjetivos; verbos regulares no presente do indicativo, verbos terminados em -*care* e -*gare*, -*ciare* e -*giare*.

ARTIGOS

		definidos		indefinidos	
		singular	plural	singular	plural
Masculino	antes de consoante	il	i	un	dei
	antes de vogal	l'	gli	un*	degli
	antes de z, ps, gn e s + consoante	lo	gli	uno	degli
Feminino	antes de consoante	la	le	una	delle
	antes de vogal	l'	le	un'	delle

* Não se usa apóstrofo com **un** masculino seguido de vogal.

Nota: o uso dos artigos indefinidos no plural é facultativo.

SUBSTANTIVOS E ADJETIVOS – SINGULAR E PLURAL

	singolare		plurale	
Maschile	o	tavolo rotondo	i	tavoli rotondi
	e	studente intelligente	i	studenti intelligenti
	a	sistema nuovo	i	sistemi nuovi
Femminile	a	casa nuova	e	case nuove
	e	chiave grande	i	chiavi grandi
	o*	mano piccola	i	mani piccole

* São poucas as palavras femininas terminadas em *"o"*

Exemplos em frases contextualizadas:

Il quadro è moderno./ I quadri sono moderni. (O quadro é moderno./ Os quadros são modernos.)
Il professore è giovane./ I professori sono giovani. (O professor é jovem./ Os professores são jovens)
Lo scrittore è famoso./ Gli scrittori sono famosi. (O escritor é famoso./ Os escritores são famosos.)
Lo zio di Paola è insegnante./ Gli zii di Paola sono insegnanti. (O tio de Paola é professor./ Os tios de Paola são professores.)

L'orologio è nuovo./ Gli orologi sono nuovi. (O relógio é novo./ Os relógios são novos.)
La poltrona è comoda./ Le poltrone sono comode. (A poltrona é cômoda./ As poltronas são cômodas.)
La situazione è difficile./ Le situazioni sono difficili. (A situação é difícil./ As situações são difíceis.)
L'ambulanza è veloce./ Le ambulanze sono veloci. (A ambulância é rápida./ As ambulâncias são rápidas.)
È un pranzo delizioso./ Sono (dei) pranzi deliziosi. (É um almoço delicioso./ São (uns) almoços deliciosos.)
È un ostacolo alto./ Sono (degli) ostacoli alti. (É um obstáculo alto./ São (uns) obstáculos altos.)
È uno stadio affollato./ Sono (degli) stadi affollati. (É um estádio lotado./ São (uns) estádios lotados.)
È una curva pericolosa./ Sono (delle) curve pericolose. (É uma curva perigosa./ São (umas) curvas perigosas.)
È un'opera d'arte./ Sono (delle) opere d'arte. (É uma obra de arte./ São (umas) obras de arte.)

VERBOS REGULARES – PRESENTE DO INDICATIVO

	1ª Conjugação	2ª Conjugação	3ª Conjugação	
	-ARE	-ERE	-IRE	
	parlARE	credERE	partIRE	capIRE
io	parl-**o**	cred-**o**	part-**o**	cap-isc-**o**
tu	parl-**i**	cred-**i**	part-**i**	cap-isc-**i**
lui/lei/Lei	parl-**a**	cred-**e**	part-**e**	cap-isc-**e**
noi	parl-**iamo**	cred-**iamo**	part-**iamo**	cap-**iamo**
voi	parl-**ate**	cred-**ete**	part-**ite**	cap-**ite**
loro/Loro	parl-**ano**	cred-**ono**	part-**ono**	cap-isc-**ono**

Nota: alguns verbos que são conjugados como *capire*:
agire, colpire, condire, costruire, definire, distribuire, digerire, finire, fornire, guarire, impazzire, impedire, preferire, proibire, pulire, resti-

tuire, riunire, sparire, spedire, stabilire, stupire, subire, suggerire, tradire, trasferire, unire.

Verbos terminados em -*care* e -*gare*
Atenção: aos verbos terminados em -***care***, -***gare***, acrescenta-se um **"*h*"** na 2ª pessoa do singular e 1ª pessoa do plural:

dimenticare
tu dimentic + h + **i** = dimentichi
noi dimentic + h + **iamo** = dimentichiamo

pagare
tu pag + h + **i** = paghi
noi pag + h + **iamo** = paghiamo

Exemplos de frases com verbos regulares no presente do indicativo:

Teresa parla italiano. (Teresa fala italiano.)
Noi fissiamo un appuntamento all'Università. (Nós marcamos um encontro na Universidade.)
Lui firma un assegno. (Ele assina um cheque.)
Tu credi alle parole di Mario? (Você acredita nas palavras de Mario?)
Leggo tre libri all'anno. (Leio três livros por ano.)
Voi scrivete molte e-mail? (Vocês escrevem muitos e-mail?)
Loro partono alle otto in punto. (Eles partem às oito em ponto.)
Il bambino dorme presto. (O menino dorme cedo.)
Graziella apre la bottiglia dello spumante? (Graziella abre a garrafa do espumante?)
Capisci l'italiano? (Você entende italiano?)
Preferisco la pasta italiana. (Prefiro a massa italiana.)
Finite oggi la traduzione? (Vocês terminam hoje a tradução?)

Verbos terminados em -*ciare* e -*giare*.
Cominciare: comincio, cominci, comincia, cominciamo, cominciate, cominciano.
Mangiare: mangio, mangi, mangia, mangiamo, mangiate, mangiano.

VOCABOLARIO SISTEMATICO 2

NUMERI 1

zero (0)

uno (1)

due (2)

tre (3)

quattro (4)

cinque (5)

sei (6)

sette (7)

otto (8)

nove (9)

dieci (10)

undici (11)

dodici (12)

tredici (13)

quattordici (14)

quindici (15)

sedici (16)

diciassette (17)

diciotto (18)

diciannove (19)

venti (20)

Ex.: **Mi puoi dire qual è il tuo numero di telefono?**
(Você pode me dizer qual é o número de seu telefone?)
È 06 4759-4216. (É 06 4759-4216.)

STATO CIVILE

sposato/a – coniugato/a (casado/a)

scapolo (solteiro)

nubile (solteira)

fidanzato/a (noivo/a)

divorziato/a (divorciado/a)

separato/a (separado/a)

vedovo/a (viúvo/a)

SALUTI 2

Ciao, che mi racconti? (Olá, o que você me conta?)

È da tanto che non ci vediamo! (Há quanto tempo a gente não se vê!)

Ciao! (Tchau!)

Ci vediamo più tardi! (Nos vemos mais tarde!)

A dopo. (Até depois)

A più tardi! (Até mais tarde!)

A domani! (Até amanhã!)

Arrivederci! (Até logo!)
A presto! (Até já!)
A stasera (Até a noite!)
Stammi bene! (Cuide-se!)
Molto lieto/a. (Muito prazer. – em situações muito formais)

OCCUPAZIONI

maestro/a (professor/a de escola primária)
insegnante (professor/a)
professore/essa (professor/a de escola secundária ou universidade)
avvocato (advogado/a)
medico (médico/a)
dottore/essa (doutor/a)
tassista (taxista)
architetto (arquiteto/a)
casalinga (dona de casa)
ragioniere/a, contabile (contador/a)
cameriere/a (garçom/ garçonete)
dentista (dentista)
imprenditore/imprenditrice (empresário/a)
direttore/direttrice (diretor/a)
manager (gerente de empresa)
segretaria (secretária)
commesso/a (balconista de loja)
cassiere/a (caixa de loja ou supermercado)
barbiere (barbeiro)
parrucchiere/a (cabeleireiro/a)
cantante (cantor/a)
cuoco/a (cozinheiro/a)
chef (chefe de cozinha)
agente immobiliare (corretor de imóveis)
ingegnere (engenheiro/a)
scrittore/scrittrice (escritor/a)
autore/autrice (autor/a)
consulente (consultor/a)
assistente di volo (comissário/a de bordo)

infermiere/a (enfermeira/o)
addetto alle pulizie (faxineiro/a em um escritório)
donna o uomo delle pulizie, colf (empregado/ a doméstico/a)
baby sitter (babá)
psicologo (psicólogo/a)
veterinario/a (veterinário/a)
guida turistico (guia turístico)
agente di viaggio (agente de viagens)
attore/attrice (ator/atriz)

ESERCIZI PRATICI 2

⑊ 8 I. Ascolta le domande e cerchia la risposta giusta.

1. a) Abito a Monza.
    b) Abitiamo in centro.
    c) Abitate in un appartamento.

2. a) No, non parliamo.
    b) Parla italiano e tedesco.
    c) Noi parliamo francese.

3. a) Prendo le vacanze a Natale.
    b) Prendete le vacanze lunedì.
    c) Prendiamo le vacanze in luglio.

4. a) Dormo otto ore.
    b) Dormono alle otto.
    c) Dormi alle undici.

5. a) Pulisce le scarpe.
    b) Puliscono l'appartamento.
    c) Puliamo le scale.

6. a) Chiamano gli amici.
   b) Chiamate il direttore.
   c) Lei chiama l'avvocato.

7. a) Arrivo subito.
   b) Arrivano domenica.
   c) Arriviamo da Roma.

8. a) Hanno quindici anni.
   b) Ha vent'anni.
   c) Ho dieci anni.

9. a) Sì, sono io.
   b) Sì, è il mio numero.
   c) È 06 4259–7836.

10. a) No, prepara mia madre.
    b) Preparate il sabato.
    c) Prepari lunedì.

🔊 9 II. Dettato: ascolta le frasi e scrivile.

1. _____

2. _____

3. _____

4. _____

5. _____

III. Volgere le frasi al plurale:

1. Sei fidanzata?

2. L'insegnante corregge la frase sbagliata.

3. Non capisco la spiegazione.

4. Lo scrittore lancia un nuovo libro.

5. Lo zaino è nuovo.

IV. Scrivi delle domande o frasi per le seguenti risposte.

1. _____?
Arrivo alle undici.

2. _____?
No, sono sposata.

3. _____?
Fiorella ha diciannove anni.

4. _____?
Sì, Rita è vedova.

5. _____?
Il piacere è mio!

V. Segna la parola che non appartiene alla serie.

1. tavoli – case – scuole – ragazze – porte – bambine
2. sposato – scapolo – divorziato – separato – contabile – fidanzato
3. come va? – come stai? – stammi bene. – zio
4. insegnante – nubile – ingegnere – dottore – avvocato – tassista
5. italiano – Germania – Giappone – Francia – Spagna – Inghilterra

LEZIONE 3

🔊 10 **DIALOGO 3**
Cosa fa tuo padre?

Matteo: Cosa **fa** tuo **padre**?
Tommaso: Mio padre? È avvocato, lavora in un **ufficio** in centro.
Matteo: In centro? E ci va in macchina?
Tommaso: No, con i **mezzi** pubblici. Lui **prende** la **metro** insieme a mia **sorella** che studia **vicino al** suo ufficio.
Matteo: Hai solo una sorella, **vero**?
Tommaso: Sì, una sorella **minore**, Luciana.
Matteo: Quanti anni ha?
Tommaso: **Ne** ha diciotto.
Matteo: Ha il **ragazzo**?
Tommaso: Che io sappia, no!

▶ Veja a tradução desse diálogo na p. 384.

OCCHIO AL VOCABOLARIO, ALLE FRASI ED ESPRESSIONI 3

Fa (v. fare – 3ª pers. presente ind.): faz
Padre: pai
Ufficio = stanza in cui si svolge un'attività: escritório
Ci:* lá (advérbio de lugar)
Va (v. andare – 3ª pers. sing. presente ind.): vai

Mezzi di trasporto = mezzi pubblici di trasporto: meios de transporte público
Prende (v. prendere – 3ª pers. sing. presente ind.): pega, toma
Metro (la metropolitana): metrô
Sorella: irmã
Vicino a = attiguo: perto de
Vero: verdade?, não é?, né?, verdadeiro
Minore: mais jovem, menor
Ne:** pronome partitivo
Ragazzo: garoto, rapaz, namorado
* Mais explicações, ver pag. 53.
** Mais explicações, ver pag. 54

ᴵᴵᴵᴵᴵᴵ 11 DIALOGO 3 – COMPRENSIONE DEL DIALOGO

1. Cosa fa il padre di Tommaso?
2. Dove lavora?
3. Con quale mezzo di trasporto va al lavoro?
4. Cosa fa la sorella di Tommaso?
5. Come si chiama la sorella di Tommaso?

GRAMMATICA APPLICATA 3

Tempo presente dos verbos irregulares, plurais particulares, pronomes diretos átonos e tônicos, advérbio de lugar **"ci"**, partitivo **"ne"**.

TABELA DOS PRINCIPAIS VERBOS IRREGULARES NO PRESENTE DO INDICATIVO

Infinitivo	io	tu	lui/lei/Lei	noi	voi	loro/Loro	Significado
ANDARE	vado	vai	va	andiamo	andate	vanno	ir
AVERE	ho	hai	ha	abbiamo	avete	hanno	possuir
ACCOGLIERE	accolgo	accogli	accoglie	accogliamo	accogliete	accolgono	acolher
BERE	bevo	bevi	beve	beviamo	bevete	bevono	beber

DARE	do	dai	dà	diamo	date	danno	dar
DIRE	dico	dici	dice	diciamo	dite	dicono	dizer
DOVERE	devo	devi	deve	dobbiamo	dovete	devono	dever
ESSERE	sono	sei	è	siamo	siete	sono	ser, estar
FARE	faccio	fai	fa	facciamo	fate	fanno	fazer
PORRE	pongo	poni	pone	poniamo	ponete	pongono	pôr
POTERE	posso	puoi	può	possiamo	potete	possono	poder
RIDURRE	riduco	riduci	riduce	riduciamo	riducete	riducono	reduzir
RIMANERE	rimango	rimani	rimane	rimaniamo	rimanete	rimangono	ficar
RIUSCIRE	riesco	riesci	riesce	riusciamo	riuscite	riescono	conseguir
SALIRE	salgo	sali	sale	saliamo	salite	salgono	subir
SAPERE	so	sai	sa	sappiamo	sapete	sanno	saber
SCEGLIERE	scelgo	scegli	sceglie	scegliamo	scegliete	scelgono	escolher
SEDERE	siedo	siedi	siede	sediamo	sedete	siedono	sentar
SPEGNERE	spengo	spegni	spegne	spegniamo	spegnete	spengono	desligar
STARE	sto	stai	sta	stiamo	state	stanno	estar, ficar
TENERE	tengo	tieni	tiene	teniamo	tenete	tengono	segurar
TOGLIERE	tolgo	togli	toglie	togliamo	togliete	tolgono	tirar
TRARRE	traggo	trai	trae	traiamo	traete	traggono	tirar/extrair*
USCIRE	esco	esci	esce	usciamo	uscite	escono	sair
VALERE	valgo	vali	vale	valiamo	valete	valgono	valer
VENIRE	vengo	vieni	viene	veniamo	venite	vengono	vir
VOLERE	voglio	vuoi	vuole	vogliamo	volete	vogliono	querer

* tirar vantagem, extrair conclusão

Exemplos de uso em frases contextualizadas:

Marta e Simona vanno al cinema. (Marta e Simona vão ao cinema.)
Oggi abbiamo molti compiti. (Hoje temos muitas tarefas.)
Firenze accoglie bene i turisti. (Florença acolhe bem os turistas.)
Bevo un bicchiere di vino tutti i giorni. (Bebo um copo de vinho todos os dias.)
I professori danno molti compiti. (Os professores dão muita lição de casa.)

La mamma dice sempre la verità. (A mamãe diz sempre a verdade.)
Quando devi restituire il libro? (Quando você deve devolver o livro?)
Loro sono fratelli. (Eles são irmãos.)
Luca non fa i suoi doveri. (Luca não faz os seus deveres.)
Il giudice pone delle domande difficili. (O juiz coloca perguntas difíceis.)
Puoi venire a casa mia? (Você pode vir à minha casa?)
Loro riducono le spese per risparmiare un po'. (Eles reduzem as despesas para economizar um pouco.)
Domani rimango a casa fino alle undici. (Amanhã fico em casa até as onze.)
Michela sale le scale in fretta. (Michela sobe as escadas depressa.)
Non sappiamo che ore sono. (Não sabemos que horas são.)
Loro scelgono il posto giusto. (Eles escolhem o lugar certo.)
Siedo il bambino sul seggiolone. (Sento o menino no cadeirão.)
I ragazzi non spengono mai la TV. (Os garotos não desligam nunca a TV.)
Grazie, sto bene qui! (Obrigado/a estou bem aqui!)
Tieni tu la valigia? (Você segura a mala?)
Tolgo il cappotto alla bambina perché fa caldo. (Tiro o casaco da menina porque está calor.)
Alla fine nessuno trae vantaggi da questa discussione. (No final das contas ninguém tira vantagens desta discussão.)
Edoardo esce tardi dall'ufficio tutti i giorni. (Edoardo sai tarde do escritório todos os dias.)
Questi prodotti non valgono niente. (Estes produtos não valem nada.)
Pierluigi viene a cena stasera. (Pierluigi vem jantar hoje à noite.)
Voglio un po' di frutta fresca. (Quero um pouco de fruta fresca.)

PLURAIS PARTICULARES

Substantivos e adjetivos terminados em:

	Singular	Exemplo	Plural	Exemplo
Masculino	CO	il medico	CI	i medici
	GO	l'asparago	GI	gli asparagi
Quando a palavra é proparoxítona. Exceções:		il carico		i carichi
		il valico		i valichi
		il profugo		i profughi
Masculino	CO	il cuoco	CHI	i cuochi
	GO	il lago	GHI	i laghi
Quando a palavra é paroxítona. Exceções:		il nemico		i nemici
		l'amico		gli amici
Masculino	CA	il duca	CHI	i duchi
	GA	il collega	GHI	i colleghi
Feminino	CA	l'amica	CHE	le amiche
	GA	la bottega	GHE	le botteghe
Feminino	CIA	la camicia	CIE	le camicie
	GIA	la valigia	GIE	le valigie
	Vogal + – cia ou – gia			
Feminino	CIA	la freccia	CE	le frecce
	GIA	la spiaggia	GE	le spiagge
	Consoante + – cia ou – gia			
Feminino	CIA	la farmacia	CIE	le farmacie
	GIA	la bugia	GIE	le bugie
	Quando o i é tônico			
Masculino	IO	l'esercizio	I	gli esercizi
Masculino	IO	lo zio	II	gli zii
	Quando o i é tônico			

Exemplos de uso em frases contextualizadas:

È un pubblico difficile./ Sono (dei) pubblici difficili. (É um público difícil./ São públicos difíceis.)
Il dialogo è tranquillo./ I dialoghi sono tranquilli. (O diálogo é tranquilo./ Os diálogos são tranquilos.)

L'orologio di mia madre è antico./ Gli orologi di mia madre sono antichi. (O relógio de minha mãe é antigo./ Os relógios de minha mãe são antigos.)

Stiamo sempre in un albergo moderno./ Stiamo sempre in alberghi moderni. (Ficamos sempre em um hotel moderno./ Ficamos sempre em hotéis modernos.)

Il monarca va in Austria./ I monarchi vanno in Austria. (O monarca vai para a Áustria./ Os monarcas vão para a Áustria.)

Il collega di Matteo è brasiliano./ I colleghi di Matteo sono brasiliani. (O colega de Matteo é brasileiro./ Os colegas de Matteo são brasileiros.)

Oggi la banca è chiusa./ Oggi le banche sono chiuse. (Hoje o banco está fechado./ Hoje os bancos estão fechados.)

È una lunga storia./ Sono (delle) lunghe storie. (É uma longa história./ São longas histórias.)

Lei vuole una camicia bianca./ Lei vuole (delle) camicie bianche. (Ela quer uma camisa branca./ Ela quer camisas brancas.)

Mauro porta una valigia pesante./ Mauro porta (delle) valigie pesanti. (Mauro leva uma mala pesada./ Mauro leva malas pesadas.)

Lo studente ha una bella pronuncia./ Gli studenti hanno delle belle pronunce. (O estudante tem uma pronúncia bonita./ Os estudantes têm pronúncias bonitas.)

Oggi la pioggia è forte in Calabria./ Oggi le piogge sono forti in Calabria. (Hoje a chuva está forte na Calábria./ Hoje as chuvas estão fortes na Calábria.)

La farmacia è aperta./ Le farmacie sono aperte. (A farmácia está aberta./ As farmácias estão abertas.)

È una nevralgia che dà fastidio./ Sono (delle) nevralgie che danno fastidio. (É uma nevralgia que incomoda./ São nevralgias que incomodam.)

Lo specchio è antico./ Gli specchi sono antichi. (O espelho é antigo./ Os espelhos são antigos.)

Il ronzio del motore è noioso./ I ronzii dei motori sono noiosi. (O zumbido do motor é enfadonho./ Os zumbidos dos motores são enfadonhos.)

PRONOMES DIRETOS ÁTONOS E TÔNICOS

Pessoais	Diretos Átonos	Diretos Tônicos
io	mi	me
tu	ti	te
Lei	La	Lei
lui	lo	lui
lei	la	lei
noi	ci	noi
voi	vi	voi
loro	li/le	loro

Os pronomes diretos podem ser átonos (*atoni*) ou tônicos (*tonici*) e são usados para substituir um objeto direto.

1. Pronomes diretos átonos
Substituem um objeto direto e, **em geral**, antecedem o verbo.

Guardi sempre il telegiornale? Sì, lo guardo ogni sera.
(lo = il telegiornale)
(Você vê sempre o telejornal? Sim, eu o vejo toda noite.)

Para a forma de cortesia, se usa o pronome direto **La**, tanto para o masculino quanto para o feminino.

Signora, La chiamo domani mattina. (La = Lei – Signora)
(Senhora, eu a chamo amanhã de manhã.)
Signor Rossi, La vedo domenica? (La = Lei – Signore)
(Sr. Rossi, eu o vejo domingo?)

Nota: o pronome direto também pode substituir uma frase inteira.

Sai dov'è Carlo? No, non lo so. (lo = dov'è Carlo)
(Você sabe onde está Carlo? Não, não sei.)

Às vezes o pronome direto é usado junto com o objeto direto, de forma enfática, para ressaltar o objeto.

Il gelato? Lo compro io. (lo = il gelato)
(O sorvete? Eu o compro.)

La mozzarella la vuole? (la = la mozzarella)
(A mozarela, você a quer?)

I ragazzi? Li chiamo domani. (li = i ragazzi)
(Os rapazes? Eu os chamo amanhã.)

Le composizioni le fai per domani? (le = le composizioni)
(As composições, você as faz para amanhã?)

Gli studenti li avvisi tu? (li = gli studenti)
(Os estudantes, você os avisa?)

Exemplos de uso em frases contextualizadas:

Senza occhiali lui non mi vede. (Sem óculos ele não me vê.)
Io lo accompagno alla stazione. (Eu o acompanho à estação.)
Luigi ti ama molto. (Luigi te ama muito.)
Quando la vedo, la saluto. (Quando a vejo, cumprimento-a.)
Quando andiamo al mare li portiamo sempre con noi. (Quando vamos para a praia levamo-os sempre conosco.)
Lui ci telefona sempre. (Ele nos telefona sempre.)
Pietro e Monica, vi prego di prenotare un tavolo al ristorante. (Pietro e Monica, peço-lhes para reservar uma mesa no restaurante.)
Signor Rocco, La chiamano dal Brasile. (Senhor Rocco, chamam-no do Brasil.)

2. Pronomes diretos tônicos
São usados depois do verbo, quando se quer dar uma ênfase ao pronome.

Chi vuoi avvertire <u>me</u> o <u>lui</u>? (me = io/ lui = lui)
(Quem você quer avisar, eu ou ele?)

Exemplos de uso em frases contextualizadas:

Quel signore aspetta te. (Aquele senhor espera você.)
Il professore chiama noi, non voi. (O professor chama nós, não vocês.)
Il direttore saluta lei, non loro. (O diretor cumprimenta ela, não eles.)

USO DE *"CI"* COMO ADVÉRBIO DE LUGAR

Em italiano, uma das funções da partícula *"ci"* é de *particella avverbiale di luogo* ou *ci locativo*. É usado sempre antes do verbo, para não repetir um **lugar** mencionado anteriormente.

CI = in questo o in quel luogo
Nota: em geral se usa *"ci"*, mas é também possível usar *"vi"*.

Vai <u>al cinema</u>? Sì, <u>ci</u> vado. (*ci* = al cinema)
(Você vai ao cinema? Sim, vou.)

Exemplos de uso em frases contextualizadas:

Quando vai <u>a Milano</u>? <u>Ci</u> vado domani.
(Quando você vai a Milão? Vou [a Milão] amanhã.)
Restate <u>a casa</u> oggi? Sì, <u>ci</u> restiamo.
(Vocês ficam em casa hoje? Sim, ficamos [em casa.])
Luisa torna <u>in Italia</u> quest'anno? No, <u>ci</u> torna solo l'anno prossimo.
(Luisa volta para a Itália este ano? Não, volta [para a Itália] só no próximo ano.)
Con chi vai <u>a scuola</u>? <u>Ci</u> vado con Emilia.
(Com quem você vai à escola? Vou [à escola] com Emilia.)
Quanto tempo rimanete <u>in Germania</u>? <u>Vi</u> rimaniamo un anno.
(Quanto tempo vocês ficam na Alemanha? Ficamos [na Alemanha] um ano.)

USO DE *"NE"* COMO PARTITIVO

Como partitivo, a partícula *"ne"* substitui um substantivo (termo) do qual se indica uma quantidade, seja determinada (*uno* = um, *due* = dois, *venti* = vinte etc.), indeterminada, parte de um todo (*alcuni* = alguns, *pochi* = poucos, *molti* = muitos etc.) ou a negação da quantidade (*nessuno/a* = nenhum/a, *niente* = nada etc.). Nesses casos **ele** se comporta como um pronome direto.

Exemplos de uso em frases contextualizadas:

Quanti alberghi conosci in Italia? Ne conosco uno.
(Quantos hotéis você conhece na Itália? Conheço um.)
Quanti libri vuoi? Ne voglio tre.
(Quantos livros você quer? Quero três.)
Vuoi un po' di pane? No, grazie, non ne voglio.
(Quer um pouco de pão? Não, obrigado/a, não quero (um pouco do pão).)
Che belle rose! Ne compro una dozzina.
(Que rosas lindas! Compro uma dúzia (das rosas).)

Nota: No caso de *nessuno* (nenhum) *nessuna* (nenhuma), usa-se o partitivo *ne*.

Conosci un buon albergo a Venezia? No, non ne conosco nessuno.
(Você conhece um bom hotel em Venezia? Não, não conheço nenhum (dos hotéis).)

No caso de *tutti* (todos) e *tutte* (todas), usam-se os pronomes *li* e *le*.

Quanti panini vuoi? Li voglio tutti.
(Quantos sanduíches você quer? Quero todos.)
Quante mele porti a casa? Le porto tutte.
(Quantas maçãs você leva para casa? Levo todas.)

VOCABOLARIO SISTEMATICO 3

GRADI DI PARENTELA

padre (pai)
papà (papai)
madre (mãe)
mamma (mamãe)
genitori (pais)
matrigna (madrasta)
patrigno (padrasto)
parenti (parentes)
marito (marido)
moglie (esposa)
figlio/a (filho/a)
figli (filhos)
figliastro/a (enteado/a)
fratello (irmão)
sorella (irmã)
nonno/a (avô/ vovô/ avó/ vovó)
nonni (avôs)
nipote (neto/a, sobrinho/a)
nipoti (netos/sobrinhos)
cognato/a (cunhado/a)
zio/a (tio/a)
cugino/a (primo/a)
suocero/a (sogro/a)
genero (genro)
nuora (nora)

MEZZI DI TRASPORTO

metropolitana/ metro (metrô)
autobus (ônibus)
pulmann (ônibus para viagem)
corriera (ônibus intermunicipal)
treno (trem)
macchina/automobile (carro)

aereo (avião)
nave (navio)
motocicletta/moto (moto)
bicicletta/bici (bicicleta)
motorino (tipo de moto de baixa cilindrada)
scooter (tipo de moto pequena)

Ex.: **Come vieni al lavoro?** (Como você vem ao trabalho?)
Vengo al lavoro in metro. (Eu venho ao trabalho de metrô.)

ESERCIZI PRATICI 3

🎵 12   I. Ascolta le domande e cerchia la risposta giusta.

1.   a) Ci vado in treno.
     b) Va in treno.
     c) Ci va in treno.

2.   a) Li mangio due.
     b) Ne mangio due.
     c) Le mangio due.

3.   a) Ci vieni in motorino.
     b) Ci vengo in motorino.
     c) Ci venite in motorino.

4.   a) Li vedo a Natale.
     b) Lo vedo a Natale.
     c) Vi vedo a Natale.

5.   a) Chiamano me.
     b) Chiama me.
     c) Mi chiama.

6. a) Le farmacie sono chiuse.
   b) I farmaci sono chiusi.
   c) Le farmace sono chiuse.

7. a) Sì, la aiuto.
   b) Sì, li aiuto.
   c) Sì, lo aiuto.

8. a) Non ne ho nessuno.
   b) Li ho due.
   c) Non li ho nessuno.

9. a) Ne prendo tutti.
   b) Li prendo tutti.
   c) Li prendo uno.

10. a) I colleghi di Alberto sono simpatici.
    b) I collegi di Alberto sono simpatici.
    c) I colleghi di Alberto sono simpatiche.

ılı|ılı 13 II. Dettato: ascolta le frasi e scrivile.

1. _____

2. _____

3. _____

4. _____

5. _____

III. Sostituisci le parole sottolineate per un pronome.
Es.: **Lei compra <u>la verdura</u> al mercato? Lei <u>la</u> compra al mercato?**

1. Io non capisco <u>Francesco</u>. Io non _____ capisco.

2. Quando Susanna invia <u>la lettera</u>? Quando Susanna _____ invia?

3. Vedo <u>Elisabetta e Sandra</u> tutti i giorni. _____ vedo tutti i giorni.

4. Quante <u>riviste</u> compri? _____ compro tre.

5. Non conosciamo <u>quei signori</u>. Non _____ conosciamo.

IV. Scrivi delle domande o frasi per le seguenti risposte.

1. _____?
Ne ha diciannove.

2. _____?
Mia madre è insegnante.

3. _____?
La incontro tutte le domeniche.

4. _____?
Ci vado in luglio.

5. _____?
Ci va in treno.

V. Segna la parola che non appartiene alla serie.

1. sorella – padre – ragazzo – figlia – zia – cugino
2. autobus – metropolitana – treno – nave – aereo – marito
3. ne – lo – la – li – le – come
4. lei – mi – tu – io – voi – lui
5. agosto – martedì – venerdì – mercoledì – lunedì – sabato

LEZIONE 4

🔊 14 **DIALOGO 4**
Un fine settimana in campagna!

Roberto: Questo fine settimana mio fratello Elio con Angela, Enrico e Lucia vengono con noi in **campagna**.
Simona: Ottima idea! Se il tempo è bello, noi **donne** possiamo prendere un **po'** di sole e voi potete **giocare** a tennis.
Roberto: Andiamo con mio fratello perché devo lasciare la nostra macchina dal meccanico.
Simona: Domani parlo con Angela e Lucia per **metterci d'accordo**. Comunque **cominciamo** a pensare a cosa preparare da **mangiare** per **cena**. Non **dimentichiamo**, però, che a Elio non piace il **pollo**.
Roberto: Hai ragione, ma gli prepariamo delle **pietanze** senza il pollo come il **vitello tonnato** per **antipasto**.
Simona: Secondo me, come primo prepariamo una bella **pasta al sugo**, ci mettiamo **magari** i **funghi porcini** che piacciono a tutti.
Roberto: E **come secondo**, la **carne arrosto** con le **patate** al forno.
Simona: Invece per il **pranzo** di domenica, come antipasto serviamo gli **affettati** e come primo facciamo il risotto con la **salsiccia nostrana**. Cosa suggerisci come secondo?
Roberto: Ah! **Sto pensando** all'**arista di maiale** con verdura passata in **padella**.
Simona: Per i dolci parlo con Angela e Lucia.
Roberto: Per il vino e le altre **bevande lasciamo fare a** Elio e Enrico.

Simona: Mannaggia! Dopo questa **abbuffata**, dobbiamo andare in **palestra** e fare qualche **camminata!**

▶ Veja a tradução desse diálogo na p. 384.

OCCHIO AL VOCABOLARIO, ALLE FRASI ED ESPRESSIONI 4

Questo: este
Campagna: campo, interior
Donna/e: mulher/es
Po' = poco: pouco
Giocare (v. infinito): jogar, brincar
Metterci d'accordo (v. mettere – infinito + pron. riflessivo): combinar
Cominciamo (v. cominciare – 1ª pers. pl. imperativo) = iniziare: vamos começar, iniciar
Mangiare (v. infinito) = comer
Cena = jantar
Dimentichiamo (v. dimenticare – 1ª pers. pl. imperativo) = scordare: vamos esquecer
Pollo: frango
Pietanza/e = secondo piatto: o que é servido à mesa como segundo prato
Vitello tonnato = vitello lessato e ricoperto con salsa di tonno: prato à base de vitela e creme de atum
Antipasto = Assortimento di vivande stuzzicanti che sono servite all'inizio del pasto: Série de petiscos servidos antes da refeição, antepasto, entrada
Secondo me = a mio parere: na minha opinião, por mim
Come primo: como primeiro prato
Pasta al sugo: massa ao molho de tomates
Magari = forse, eventualmente: talvez, quem sabe
Funghi porcini: tipo de cogumelo
Come secondo: como segundo prato
Carne arrosto = carne cotta nella casseruola: carne assada na panela
Patata/e: batata/s
Pranzo: almoço

Affettati: frios
Salsiccia: linguiça
Nostrano/a = nostrale: produto alimentício local
Sto pensando (v. stare + pensare – 1ª pers. presente progressivo)
= estou pensando
Arista di maiale: lombo de porco
Padella = utensile da cucina usato per friggere: frigideira
Bevanda/e: bebida/s com ou sem álcool
Lasciamo fare a (v. lasciare + v. fare – 1ª pers. pl. presente. ind.)
expressão verbal = vamos deixar por conta de
Mannaggia = maledizione: caramba!, nossa!, puxa vida!
Abbuffata = grande mangiata: comilança
Palestra = locale per l'allenamento sportivo: academia de ginástica
Camminata = pratica sportiva consistente nel camminare:
caminhada

ılıılı 15 **DIALOGO 4 – COMPRENSIONE DEL DIALOGO**

1. Cosa pensano di fare Roberto e Simona questo fine settimana?
2. Chi sono Elio e Angela?
3. Perché devono andare con la macchina di Elio?
4. A chi non piace il pollo?
5. Cosa portano Elio e Enrico?

GRAMMATICA APPLICATA 4

Verbo *stare* + gerúndio, plurais irregulares, pronomes indiretos átonos e tônicos, pronomes possessivos.

O verbo *stare* + gerúndio *(presente progressivo)* se usa para indicar uma ação que está acontecendo no momento em que a pessoa fala. Em italiano, seu uso é bem mais restrito que em português:

Sto studiando geografia per la prova. (Estou estudando geografia para a prova.)
Sto leggendo il giornale. (Estou lendo o jornal.)
Cosa sta dicendo il professore? (O que o professor está falando?)

Terminações do gerúndio:

-**are** = ando (**lavare** = lavando)
-**ere** = endo (**leggere** = leggendo)
-**ire** = endo (**dormire** = dormendo)

PLURAIS IRREGULARES

Alguns substantivos têm o plural irregular:

Singular	**Plural**
l'uomo (o homem)	**gli uomini** (os homens)
il bue (o boi)	**i buoi** (os bois)
l'uovo (o ovo)	**le uova** (os ovos)
il miglio (a milha)	**le miglia** (as milhas)
il migliaio (o milhar)	**le migliaia** (os milhares)
il centinaio (a centena)	**le centinaia** (as centenas)
il paio (o par)	**le paia** (os pares)
l'ala (a asa/a ala)	**le ali** (as asas/as alas)
l'arma (a arma)	**le armi** (as armas)
mille (mil)	**due mila** (dois mil)

Alguns substantivos que indicam partes do corpo também têm plural irregular:

il braccio (o braço)	**le braccia** (os braços)
il dito (o dedo)	**le dita** (os dedos)
il ginocchio (o joelho)	**le ginocchia o i ginocchi** (os joelhos)
l'orecchio (a orelha)	**le orecchie** (as orelhas)
il labbro (o lábio)	**le labbra** (os lábios)

Alguns substantivos possuem plurais duplos com significados diferentes:

il muro (a parede/o muro) **i muri** (as paredes)/
         le mura (as muralhas)
il ciglio (o cílio/a borda) **i cigli** (as bordas)/
         le ciglia (os cílios)

Lei compra le uova al mercato. (Ela compra os ovos no mercado.)
Gli uomini italiani sono eleganti. (Os homens italianos são elegantes.)
Le dita della mano sono: il pollice, l'indice, il medio, l'anulare, il mignolo. (Os dedos da mão são: polegar, indicador, médio, anular, mínimo.)
Le mura di Lucca sono bellissime. (As muralhas de Lucca são lindíssimas.)

PRONOMES INDIRETOS ÁTONOS E TÔNICOS

Os pronomes indiretos são usados para substituir uma pessoa ou um objeto, precedidos pela preposição *"a"*.

O pronome indireto átono é usado sempre antes do verbo:
Questo film non <u>mi</u> interessa. (Este filme não me interessa.)

O pronome indireto tônico é usado sempre depois do verbo:
Questo film non interessa <u>a me</u>. (Este filme não interessa a mim.)

O pronome indireto de 3ª pessoa plural tem duas formas, *gli* e *loro*.
Loro é menos comum e é usado depois do verbo:
Per l'anniversario di matrimonio, <u>gli</u> regalo una crociera. (Para o aniversário de casamento, dou-lhes de presente um cruzeiro.)
Per l'anniversario di matrimonio, regalo <u>loro</u> una crociera. (Para o aniversário de casamento, dou a eles um cruzeiro de presente.)

Pessoais	Indiretos Átonos	Indiretos Tônicos
io	mi	a me
tu	ti	a te
Lei	Le	a Lei
lui	gli	a lui
lei	le	a lei
noi	ci	a noi
voi	vi	a voi
loro/Loro	gli	a loro/a Loro

Exemplos de pronomes indiretos átonos em frases contextualizadas:

Carlo mi insegna a suonare la chitarra. (Carlo me ensina a tocar violão.)
Roberta gli indica la strada giusta. (Roberta lhe indica a estrada certa/o caminho certo.)
Signora Bargi, Le piace il nero? (Senhora Bargi, lhe agrada a cor preta?/A senhora gosta da cor preta?)
La mamma vi augura un buon viaggio. (A mamãe deseja a vocês uma boa viagem.)
Non gli piacciono i dolci. (Não lhe agradam os doces./Ele não gosta de doces.)
Se non ti dispiace, ti riporto il CD domani. (Se não te desagrada, te devolvo o CD amanhã.)
Mi pare/sembra presto per uscire. (Parece-me cedo para sair.)
A volte le capita/succede di non sentire lo squillo del telefono. (Às vezes lhe acontece (a ela) de não ouvir o toque do telefone.)
Vi occorre del denaro per mangiare? (Vocês precisam de dinheiro para comer?)
Mi mancano i soldi per comprare la macchina nuova. (Me falta dinheiro para comprar o carro novo.)
Tre giorni ci bastano per finire questo lavoro. (Três dias nos bastam para terminar este trabalho.)

Exemplos de pronomes indiretos tônicos em frases contextualizadas:

A chi A quem	serve il computer? é necessário o computador?	Serve a me. É necessário a mim.
	telefona Flavio? o Flavio telefona?	Telefona a te/a Lei. Ele telefona a você/ao senhor.
	interessa il libro di italiano? interessa o livro de italiano?	Interessa a lui. Interessa a ele.
	regali i fiori? A Gina? você dá de presente as flores? A Gina?	Sì, li regalo a lei. Sim, eu as dou de presente a ela.
	piacciono i cioccolatini? agradam os bombons?	Piacciono a noi. Agradam a nós.
	dici queste cose? A Roberto? você vai dizer estas coisas? Ao Roberto?	No, le dico a voi. Não, vou dizê-las a vocês.
	prestate la bici? vocês vão emprestar a bicicleta?	La prestiamo a loro. Vamos emprestá-la a eles.

Nota:
Dois verbos de uso frequente em italiano que pedem pronome indireto são:
▶ verbo *piacere* (agradar a) que é equivalente ao português **gostar de**.
▶ verbo *dispiacere* (desagradar a) que tem também um significado muito usado equivalente à expressão **sentir muito**.

Exemplos de uso em frases contextualizadas:

Mi piacciono i film di avventura. (Gosto de filmes de aventura.)
A me piace la verdura cotta. (Gosto de verdura cozida.)
Mi dispiace, ma non posso venire alla tua festa. (Sinto muito, mas não posso ir à sua festa.)
So che a te dispiacciono queste chiacchiere. (Sei que você não gosta dessas conversas.)

PRONOMES POSSESSIVOS

Em italiano, como em português, não há diferença entre o adjetivo e o pronome possessivo. Como **adjetivo**, diferentemente do português, é **obrigatório** o uso do artigo, **exceto** quando o possessivo precede um substantivo singular que indica nome de família. Com o possessivo *loro*, que é invariável, usa-se sempre o artigo. Na função de **pronome**, normalmente não é precedido por artigo.

	Masculino		Feminino	
	singular	plural	singular	plural
io	mio	miei	mia	mie
tu	tuo	tuoi	tua	tue
Lei*	Suo	Suoi	Sua	Sue
lui/lei	suo	suoi	sua	sue
noi	nostro	nostri	nostra	nostre
voi	vostro	vostri	vostra	vostre
loro/Loro	loro/Loro	loro/Loro	loro/Loro	loro/Loro

* Os possessivos referentes ao pronome pessoal Lei de cortesia são sempre escritos com letra maiúscula.

Exemplos de possessivos em frases contextualizadas:

1. Adjetivos
Mia sorella è insegnante./Le mie sorelle sono insegnanti.
(Minha irmã é professora./Minhas irmãs são professoras.)
Il tuo amico arriva domani?/I tuoi amici arrivano domani?
(Teu amigo chega amanhã?/ Teus amigos chegam amanhã?)
È Sua questa valigia, Signora?/Sono Sue queste valigie, Signora?
(É sua esta mala, senhora?/São suas estas malas, senhora?)
Bruno va al cinema con il suo collega./Bruno va al cinema con i suoi colleghi.
(Bruno vai ao cinema com o amigo dele./Bruno vai ao cinema com os amigos dele.
Il nostro cappotto è nuovo./I nostri cappotti sono nuovi.
(Nosso casaco é novo./Nossos casacos são novos.)

La vostra scuola è chiusa./Le vostre scuole sono chiuse.
(A escola de vocês está fechada./As escolas de vocês estão fechadas.)
Il loro cane è molto vecchio./I loro cani sono molto vecchi.
(O cachorro deles é muito velho./Os cachorros deles são muito velhos.)

2. Pronomes
Questa moto non è di Gianna. È mia.
(Esta moto não é de Gianna. É minha.)
Di chi è questo libro? È tuo?
(De quem é este livro? É teu?)
Questi occhiali sono di Mauro? No, non sono suoi.
(Estes óculos são de Mauro? Não, não são dele.)
Quella macchina verde è (la) nostra.
(Aquele carro verde é (o) nosso.)
Il mio treno arriva alle dieci. E il vostro?
(O meu trem chega às dez. E o de vocês?)
Questi computer sono nostri, quelli sono loro.
(Estes computadores são nossos, aqueles são deles.)

VOCABOLARIO SISTEMATICO 4

NUMERI 2

ventuno (21)
ventidue (22)
ventitré (23)
ventiquattro (24)
venticinque (25)
ventisei (26)
ventisette (27)
ventotto (28)
ventinove (29)
trenta (30)
quaranta (40)
cinquanta (50)

sessanta (60)
settanta (70)
ottanta (80)
novanta (90)
cento (100)
duecento (200)
trecento (300)
mille (1000)
duemila (2000)
tremila (3000)
diecimila (10.000)

Ex.: 101 – centouno
212 – duecentododici
568 – cinquecentosessantotto
1793 – millesettecentonovantatré
7256 – settemiladuecentocinquantasei

SPORT

calcio (futebol)
pallacanestro (basquetebol)
pallavolo (voleibol)
pallamano (handebol)
nuoto (natação)
baseball (beisebol)
ciclismo (ciclismo)
boccia (bocha)
golf (golfe)
hockey (hóquei)
jogging (corrida)
atletismo (atletismo)
sci (esqui)
pattinaggio (patinação)
pattinaggio sul ghiaccio (patinação no gelo)
pugilato (boxe)
alpinismo (alpinismo)
bowling (boliche)
skateboard (skatismo)
football americano (futebol americano)
tennis (tênis)
tennis da tavolo (tênis de mesa)
surfing (surfe)
automobilismo (automobilismo)
gara (competição)
tifo (torcida)
tifoso (torcedor)

ESERCIZI PRATICI 4

🎵 16 I. Ascolta le domande e cerchia la risposta giusta.

1.   a) Sto cenando.
     b) Stanno cenando.
     c) State cenando.

2.   a) Le tue sorelle sono loro.
     b) Le loro sorelle sono Giorgia e Elena.
     c) Le mie sorelle si chiamano Giorgia e Elena.

3.   a) Sì, è sua.
     b) Sì, è tua.
     c) No, non è mia.

4.   a) Cinque. Tre uomi e due donne.
     b) Cinque. Tre uomo e due donne.
     c) Cinque. Tre uomini e due donne.

5.   a) Gioca con i suoi amici.
     b) Gioca i suo amici.
     c) Gioca con i sui amici.

6.   a) Mi lo insegna.
     b) Lo insegna a me.
     c) Lo insegna a mi.

7.   a) Sì, mi piace molto.
     b) Il ciclismo.
     c) Sì, ci piace molto.

8.   a) La vostra scuola è in centro.
     b) La mia scuola è in centro.
     c) La tua scuola è in centro

9. a) I bracci.
    b) I braccia.
    c) Le braccia.

10. a) Il giro d'Italia.
    b) Il ciclismo.
    c) Giocare a scopa.

๑๒๑ 17 II. Dettato: ascolta le frasi e scrivile.

1. _____

2. _____

3. _____

4. _____

5. _____

III. Scrivi i seguenti numeri:

a) 83 _____

b) 407 _____

c) 6.354 _____

d) 9.971 _____

e) 729 _____

IV. Scrivi delle domande o frasi per le seguenti risposte.

1. _____?
Sì, quel cappotto è mio.

2. _____?
Sì, questo telefonino è suo.

3. _____?
Sì, è sua sorella.

4. _____?
No, vado in palestra il lunedì.

5. _____?
Mi piace passare le vacanze al mare.

V. Segna la parola che non appartiene alla serie.

1. nostro – mia – loro – suoi – lei – sua
2. nuoto – piscina – pallavolo – calcio – jogging – pallacanestro
3. settembre – gennaio – novembre – luglio – febbraio – lunedì
4. insegnante – dentista – avvocato – nipote – segretaria – tassista
5. Messico – Canadese – Nuova Zelanda – Brasile – Francia – Portogallo

LEZIONE 5

🔊 18 **DIALOGO 5**
Hai perso una bella festa!

Sara: Allora, com'è **andata** la festa **ieri** sera?
Stefano: Bella, molto divertente.
Sara: Federico è venuto con la sua nuova **ragazza**?
Stefano: Sì, però **è arrivato** tardi. **A proposito**, **è venuta** anche la tua amica Bruna.
Sara: Davvero? Non **sono venuta** perché **ho lavorato** fino a tardi.
Stefano: Peccato, **hai perso** un bell'incontro, **comunque** vogliamo organizzare un'altra festa al più presto.
Sara: Ottimo! Puoi inviarmi una mail con i **dettagli**?
Stefano: Certo! **Te la** mando **di sicuro** e ti aspettiamo **senz'altro**.

▶ Veja a tradução desse diálogo na p. 385.

OCCHIO AL VOCABOLARIO, ALLE FRASI ED ESPRESSIONI 5

com'è andata (v. essere + v. andare – 3ª pers. sing. passato prossimo ind.): como foi?
Ieri: ontem
Ragazza = giovane donna, giovinetta: garota, moça, namorada
È arrivato (v. essere + v. arrivare – 3ª pers. sing. passato prossimo ind.): (ele) chegou
A proposito: a propósito

73

È venuta (v. essere + v. venire – 3ª pers. sing. passato prossimo ind.): (ela) veio

Davvero? = esprime incredulità, meraviglia: é mesmo?

Sono andata (v. essere + v. andare – 1ª pers. sing. passato prossimo ind.): fui

Ho lavorato (v. avere + v. lavorare – 1ª pers. sing. passato prossimo ind.): trabalhei

Peccato = espressione di dispiacere: que pena, que dó

Hai perso (v. avere + v. perdere – 2ª pers. sing. passato prossimo ind.): (você) perdeu

Comunque = in ogni caso, in qualsiasi modo: de qualquer maneira; seja como for

Dettaglio/gli = particolare/i: detalhe/s, particularidade/s

Certo! = sicuramente!: claro!, certamente!

Te la (pron. duplo): te a

Di sicuro = senza dubbio: com certeza, é lógico, sem dúvida

Senz'altro = con certezza, senza dubbio: sem falta, sem dúvida, com certeza

ılı|ılıı 19 DIALOGO 5 – COMPRENSIONE DEL DIALOGO

1. La festa è stata divertente?
2. Con chi è andato Federico alla festa?
3. Chi è Bruna?
4. A Sara piacciono le feste?

GRAMMATICA APPLICATA 5

Pretérito perfeito do indicativo 1 *(passato prossimo)*, particípios passados regulares, substantivos com plural invariável, plural dos substantivos terminados em *-ista* e substantivos terminados em *-ore* e *-rice*, pronomes duplos (diretos + indiretos), preposições 1.

USO DO PRETÉRITO PERFEITO DO INDICATIVO
(PASSATO PROSSIMO 1)

O *passato prossimo* é uma das formas de pretérito perfeito em italiano e é a mais usada. É um tempo composto e, como todos os tempos compostos, é formado com o verbo auxiliar + particípio passado do verbo principal. No caso do *passato prossimo*, o verbo auxiliar está no presente do indicativo.

Os verbos auxiliares em italiano são: ***avere*** e ***essere***.

Angela <u>ha comprato</u> un computer nuovo.
(Angela comprou um computador novo.)
I ragazzi <u>sono arrivati</u> ieri.
(Os rapazes chegaram ontem.)

Usa-se:

➤ para exprimir uma ação ou fato do passado mais ou menos recente.
Stamattina ho trovato Marina in panetteria. (Esta manhã encontrei Marina na padaria.)

➤ com expressões temporais, como: **poco fa, da poco** (há pouco).
È uscita da poco. (Ela saiu há pouco.)

➤ para exprimir uma ação mais distante, mas com ligação com o presente.
Ho imparato l'italiano nel 1990. (Aprendi italiano em 1990.)

➤ para exprimir uma ação passada sem definição de época.
I miei genitori hanno viaggiato molto. (Meus pais viajaram muito.)

FORMAÇÃO DOS PARTICÍPIOS PASSADOS REGULARES

CONJUGAÇÃO		INFINITIVO	PARTICÍPIO PASSADO
1ª	-ARE	am**ARE**	am-**ato**
2ª	-ERE	vend**ERE**	vend-**uto**
3ª primeiro grupo	-IRE	dorm**IRE**	dorm-**ito**
3ª segundo grupo	-IRE	cap**IRE**	capi-**ito**

AVERE + PARTICÍPIO PASSADO

Ieri	ho	compr**ato**	una casa nuova.
	hai	lavor**ato**	fino a tardi.
	ha	vend**uto**	la vecchia auto.
	abbiamo	ved**uto**	una bella commedia.
	avete	fin**ito**	il rapporto mensile?
	hanno	cap**ito**	la spiegazione del testo.

ESSERE + PARTICÍPIO PASSADO

Ieri	sono	and**ato/a**	in discoteca.
	sei	cad**uto/a**	dalla scala.
	è	usc**ito/a**	tardi.
	siamo	torn**ati/e**	a casa presto.
	siete	ven**uti/e**	a piedi.
	sono	part**iti/e**	in treno.

Nota: O particípio passado dos verbos que pedem auxiliar **essere** concordam com o sujeito em gênero e número (singular/plural = *-o* → *-i/ -a* → *-e*).

Escolha do verbo auxiliar nos tempos compostos.

1. Uso do auxiliar *"avere"*
▶ com todos os verbos transitivos (diretos e indiretos). Veja exemplos:

Ieri ho mangiato una bella pizza.
(Ontem comi uma ótima pizza.)
Fabrizio, hai consegnato il libro di portoghese al professore?
(Fabrizio, você entregou o livro de português para o professor?)

▶ com vários verbos intransitivos (que não precisam de complemento) e que têm, sozinhos, um sentido completo. Veja exemplos:

Abbiamo camminato molto tempo.
(Caminhamos muito tempo.)
Vincenzo e Chiara hanno passeggiato molto per la Costa Amalfitana.
(Vincenzo e Chiara passearam muito pela Costa Amalfitana.)

▶ com o próprio verbo *avere*. Veja exemplos:

La settimana scorsa ho avuto un forte raffreddore.
(Na semana passada tive um forte resfriado.)
Ieri avete avuto molto lavoro in ufficio?
(Ontem vocês tiveram muito trabalho no escritório?)

2. Uso do auxiliar *"essere"*
▶ com verbos de movimento com um ponto de partida e/ou de chegada expresso ou subentendido. Veja exemplos:

Sono andato a scuola. (Fui para a escola.)
Gianni e Enrico sono venuti tardi. (Gianni e Enrico vieram tarde.)

▶ com os verbos *rimanere* (ficar, permanecer), *restare* (ficar, permanecer), *stare* e o próprio *essere*. O verbo *essere* e *stare* têm o mesmo particípio passado. Veja exemplos:

Luigi è stato tre anni in Italia.
(Luigi ficou três anos na Itália.)
Alessandra è stata simpatica.
(Alessandra foi simpática.)

Loro sono restati a cena dai suoi.
(Eles ficaram para jantar na casa dos pais.)

▶ com os verbos que indicam mudanças físicas ou mentais, como: *nascere* (nascer), *morire* (morrer), *crescere* (crescer), *ingrassare* (engordar), *dimagrire* (emagrecer), *impazzire* (enlouquecer) *diventare* (tornar-se). Veja exemplos:

Il bambino è nato in Francia.
(O menino nasceu na França.)
Gloria è impazzita dalla gioia.
(Gloria enlouqueceu de alegria.)

▶ com os seguintes verbos: *accadere* (acontecer), *succedere* (acontecer, ocorrer), *avvenire* (acontecer), *bastare* (bastar, ser suficiente), *sembrare* (parecer), *occorrere* (necessitar, precisar, ser necessário), *piacere* (gostar), *interessare* (interessar), *costare* (custar). Veja exemplos:

È successo un incidente. (Aconteceu um acidente.)
La borsa è costata troppo. (A bolsa custou demais.)

▶ com verbos reflexivos. Veja exemplo: (Ver Lezione 11, pag. 163)

A che ora si sono alzati gli ospiti?
(A que horas os convidados se levantaram?)

▶ com os verbos que indicam fenômenos atmosféricos, como: *piovere* (chover), **nevicare** (nevar), *diluviare* (diluviar, chover copiosamente), *grandinare* (cair granizo), *lampeggiare* (reluzir, relampejar), *tuonare* (trovejar); contudo, é frequentemente usado e aceito o auxiliar **avere**. Veja exemplos:

Domenica è piovuto. (Domingo choveu.)
Domenica ha piovuto. (Domingo choveu.)

SUBSTANTIVOS COM PLURAL INVARIÁVEL

1. quando terminam com vogal tônica:

la città → le città
il caffè → i caffè

Exemplos:

È una città grande e importante./ Sono (delle) città grandi e importanti.
(É uma cidade grande e importante./ São cidades grandes e importantes.)
Il caffè del bar è buono./ I caffè del bar sono buoni.
(O café do bar é bom./ Os cafés do bar são bons.)

2. quando terminam em -i:

l'ipotesi → le ipotesi
l'analisi → le analisi

Exemplos:

È un'ipotesi improbabile./ Sono (delle) ipotesi improbabili.
(É uma hipótese improvável./ São hipóteses improváveis.)
È un'analisi particolare./ Sono (delle) analisi particolari.
(É uma análise especial./ São análises especiais.)

3. quando terminam em consoante (em geral são de origem estrangeira):

il bar → i bar
lo sport → gli sport

Exemplos:

Il bar è pieno di gente./ I bar sono pieni di gente.
(O bar está cheio de gente./ Os bares estão cheios de gente.)
All'italiano piace lo sport./ Agli italiani piacciono gli sport.
(O italiano gosta de esporte./ Os italianos gostam de esportes.)

4. quando são palavras abreviadas:

la moto → le moto (motocicletta)
il cinema → i cinema (cinematografo)

Exemplos:

La moto è veloce./ Le moto sono veloci.
(A moto é veloz./ As motos são velozes.)
Il cinema è aperto il lunedì./ I cinema sono aperti il lunedì.
(O cinema está aberto segunda-feira./ Os cinemas estão abertos se-
gunda-feira.)

5. quando terminam em -*ie*.

la specie → le specie
la serie → le serie
la moglie → le mogli
la superficie → le superfici

Exemplos:

**È una specie di insetto tropicale./ Sono (delle) specie di insetti tro-
picali.**
(É uma espécie de inseto tropical./ São espécies de insetos tropicais.)
È una serie interessante./ Sono (delle) serie interessanti.
(É uma série interessante./ São séries interessantes.)

La moglie dell'ambasciatore è arrivata ieri./ Le mogli degli amba-sciatori sono arrivate ieri.
(A mulher do embaixador chegou ontem./ As mulheres dos embaixa-dores chegaram ontem.)
La superficie del terreno è piana./ Le superfici dei terreni sono piane.
(A superfície do terreno é plana./ As superfícies dos terrenos são planas.)

6. quando forem monossilábicos:

il re → i re
il tè → i tè

Exemplos:

Il re è vecchio./ I re sono vecchi.
(O rei é velho./ Os reis são velhos.)
Il tè inglese è famoso./ I tè inglesi sono famosi.
(O chá inglês é famoso./ Os chás ingleses são famosos.)

PLURAL DOS SUBSTANTIVOS TERMINADOS EM *-ISTA*

il pianista → i pianisti   la pianista → le pianiste
l'artista → gli artisti   l'artista → le artiste
il protagonista → i protagonisti   la protagonista → le protagoniste

Exemplos:

È una brava pianista./ Sono (delle) brave pianiste.
(É uma ótima pianista./ São ótimas pianistas.)
È un artista famoso./ Sono (degli) artisti famosi.
(É um artista famoso./ São artistas famosos.)

PLURAL DOS SUBSTANTIVOS TERMINADOS EM -ORE, -RICE

il direttore → i direttori   la direttrice → le direttrici
l'attore → gli attori   l'attrice → le attrici

Exemplos de uso em frases contextualizadas:

Il direttore è sempre occupato./ I direttori sono sempre occupati.
(O diretor está sempre ocupado./ Os diretores estão sempre ocupados.)
Il professore è arrivato in ritardo./ I professori sono arrivati in ritardo.
(O professor chegou atrasado./ Os professores chegaram atrasados.)

PRONOMES DUPLOS (DIRETOS + INDIRETOS)

Em italiano, os verbos são quase sempre acompanhados de seus complementos e, portanto, os pronomes diretos e indiretos são muito mais usados do que no português. Quando devemos usar o pronome direto e o pronome indireto na mesma frase, os dois se unem formando um pronome duplo *(pronomi accoppiati)*.

Os pronomes indiretos *mi, ti, Le, le, gli, ci, vi, gli* quando seguidos do pronome direto, sofrem uma transformação:

Pronomes Indiretos	Pronomes Diretos + ne	Pronomes Duplos
mi → me		me lo/ me la/ me li/ me le/ me ne
ti → te	lo	te lo/ te la/ te li/ te le/ te ne
Le → glie le → glie gli → glie	la	glielo/ gliela/ glieli/ gliele/ gliene I pronomi combinati di 3ª persona formano una sola parola
ci → ce	li	ce lo/ ce la/ ce li/ ce le/ ce ne
vi → ve	le	ve lo/ ve la/ ve li/ ve le/ ve ne
gli → glie (a loro)	ne	glielo/ gliela/ glieli/ gliele/ gliene I pronomi combinati di 3ª persona formano una sola parola

Exemplos de uso em frases contextualizadas:

Mi dai il libro, per favore? (a me) (il libro)
(Você **me** dá **o livro**?)
Sì, te lo do. (a te) (il libro)
(Sim, **te** dou **o livro**.)
Quando inviate a Fabrizio la e-mail? (a lui) (la e-mail)
(Quando vocês vão enviar **o e-mail para** Fabrizio?)
Gliela inviamo subito. (a lui) (la e-mail)
(Vamos enviar **o e-mail para ele** imediatamente.)
La bicicletta è rotta, non te la posso prestare. (a te) (la bicicletta)
(A bicicleta está quebrada, não posso emprestá-**la a você**.)
I dati? Me li devi inviare oggi stesso. (a me) (i dati)
(Os dados? Você tem que enviá-**los** ainda hoje **para mim**.)
Non sappiamo come arrivare a casa di Bruna, la strada ce la spieghi tu? (a noi) (la strada)
(Não sabemos como chegar na casa da Bruna, você **nos** explica **o caminho**?)
Quanti libri ci manda Marco? (a noi) (di libri)
(**Quantos livros** Marco nos manda?)
Ve ne manda 15. (a voi) (di libri)
(**Vos** manda 15.)

PREPOSIÇÕES 1

A – se usa para indicar:

1. Movimento a um lugar:
Dopo il lavoro vado a casa.
(Depois do trabalho vou para casa.)
Gli studenti devono arrivare presto a scuola.
(Os alunos devem chegar cedo na escola.)
Domani vado a Parigi*.
(Amanhã vou a Paris.)
* com os nomes de cidades se usa sempre a preposição A

2. Estar em um lugar:
Ornella è nata a Torino. (Ornella nasceu em Torino.)
Il supermercato è a destra. (O supermercado é à direita.)

3. Objeto indireto:
Consegna la lettera a mio zio.
(Entregue a carta ao meu tio.)
Oggi non rispondo a nessuna e-mail.
(Hoje não respondo a nenhum e-mail.)

4. Tempo determinado, ocasião, idade:
La lezione finisce a mezzogiorno.
(A aula termina ao meio-dia.)
A Capodanno molta gente va in vacanza.
(No Ano-Novo muita gente sai de férias.)
Ho cominciato a lavorare a 20 anni.
(Comecei a trabalhar aos 20 anos.)

5. Modo, condição:
La macchina è costosa, ma la pago a rate.
(O carro é caro, mas eu o pago à prestação.)
Ha finito di leggere il libro a fatica.
(Terminou de ler o livro com dificuldade.)

6. Meio ou instrumento:
La mia stufa è a gas. (O meu aquecedor é a gás.)
Questo ricamo è fatto a mano. (Este bordado é feito à mão.)

7. Medida, distância, preço:
Qui si può guidare a 120 km l'ora.
(Aqui se pode dirigir a 120 km por hora.)
Abita a pochi metri da qui.
(Mora a poucos metros daqui.)
In quel negozio ci sono delle magliette a € 15,00.
(Naquela loja há camisetas a € 15,00.)

8. Fim ou escopo:
Hanno messo un vigile a guardia della piazza.
(Colocaram um guarda para fazer a segurança na praça.)

9. Qualidade:
La macchina nuova di Marco è a quattro porte.
(O carro novo de Marco é de quatro portas.)

10. Causa:
Quest'anno, a causa della siccità, le verdure costano molto.
(Este ano, por causa da seca, as verduras custam muito.)

11. Situação:
Qui non mi sento a mio agio. (Aqui não me sinto à vontade.)

12. Limitação ou comparação:
A mio parere, hai sbagliato con tuo figlio.
(Na minha opinião, você errou com seu filho.)
Lui non si sente inferiore a nessuno.
(Ele não se sente inferior a ninguém.)

PREPOSIÇÃO *A*

A preposição *"a"*, na sua forma simples, adquire um *"d"* transformando-se em *"ad"* quando precede uma palavra que inicia com a vogal *"a"*. Essa mudança não é necessária quando a palavra inicia com outras vogais, com exceção da expressão consolidada *"ad esempio"*.

Exemplos:

Passiamo ad altro. (Passemos a outro assunto.)
Andare ad Assisi. (Ir para Assisi.)

DI – se usa para indicar:

1. Especificação, especificação partitiva e denominação:
Al supermercato ho trovato vari tipi di formaggio.
(No supermercado encontrei vários tipos de queijo.)
C'è qualcosa di vero in quello che dici.
(Há algo de verdade naquilo que você diz.)
La città di Palermo è il capoluogo della Sicilia.
(A cidade de Palermo é a capital da Sicilia.)

2. Partitivo:
Chi di voi può fare la prova? (Quem de vocês pode fazer a prova?)

3. Origem e proveniência:
Giuseppe è un uomo di modeste origini.
(Giuseppe é um homem de origem modesta.)
La famiglia di Nicoletta è di Torino.
(A família de Nicoletta è de Torino.)

4. Meio ou instrumento e matéria:
I litiganti si sono ricoperti di insulti.
(Os litigantes se cobriram de insultos.)
Per San Valentino, il marito di Anna le ha regalato un anello d'oro.
(Para o Dia dos Namorados, o marido de Anna deu-lhe de presente um anel de ouro.)

5. Comparação (no comparativo de superioridade e inferioridade):
Luigi è più forte di Giovanni. (Luigi é mais forte do que Giovanni.)

6. Causa:
Rita era tanto contenta che saltava di gioia.
(Rita estava tão contente que pulava de alegria.)

7. Limitação:
I genitori non l'hanno privata di niente.
(Os pais não a privaram de nada.)

8. Modo:
È partito di corsa. (Ele partiu correndo.)

9. Argumento:
Parlare di politica mi dà noia. (Falar de política me aborrece.)

10. Tempo determinado, duração, idade:
A Elena non piace guidade di notte.
(Helena não gosta de dirigir à noite.)
Le visite guidate sono di 45 minuti.
(As visitas guiadas são de 45 minutos.)
Mio fratello ha una nipotina di 4 anni.
(Meu irmão tem uma netinha de 4 anos.)

11. Quantidade (peso, preço, estimativa, medida)
Ho preso una confezione di zucchero di 2 kg.
(Peguei um pacote de açúcar de 2 kg.)

DA – se usa para indicar:

1. Ponto de partida (origem, proveniência, separação, afastamento e distância)
Da dove viene il vescovo? Viene da Bari.
(De onde vem o bispo? Ele vem de Bari.)
Silvana si è separata da suo marito.
(Silvana se separou do seu marido.)
Possiamo tornare a piedi, l'albergo non è lontano da qui.
(Podemos voltar a pé, o hotel não é longe daqui.)

2. Voz passiva:
Il romanzo "I Promessi Sposi" è stato scritto da A. Manzoni.
(O romance "I Promessi Sposi" foi escrito por A. Manzoni.)

3. Movimento a um lugar:

Mi dispiace, non posso fermarmi perché devo andare <u>da</u> Salvo*.
(Sinto muito, não posso ficar porque preciso ir na casa do Salvo.)

4. Estar em um lugar:

Mangi sempre <u>da</u> tua madre*?
(Você come sempre na [casa da] sua mãe?)
* Subentende-se um lugar (na casa de...)

5. Tempo:

Non vedo mia nonna <u>da</u> due anni. (Não vejo minha avó há dois anos.)

6. Fim ou escopo:

Questi pantaloni sono <u>da</u> uomo o da donna?
(Estas calças são de homem ou de mulher?)

7. Qualidade, valor, preço:

Non ho speso quasi niente, è una cosa <u>da</u> poco.
(Não gastei quase nada, é algo que vale pouco.)
È una borsa <u>da</u> € 200,00. (É uma bolsa de € 200,00.)

8. Causa:

Accidenti! Tremo <u>dal</u>** freddo! (Caramba! Estou tremendo de frio!)

9. Meio:

Puoi mandarmi il pacco <u>dal</u>** corriere.
(Você pode me mandar o pacote pelo correio expresso.)

10. Elemento predicativo:

<u>Da</u> ragazzo, avevo intenzione di diventare medico.
(Quando eu era jovem, tinha a intenção de me tornar médico.)

** Preposição articulada (da + il = dal)

▶ Ver explicação pag. 116

CON – se usa para indicar:

1. Companhia, união:
Stasera esco con i miei amici.
(Hoje à noite vou sair com os meus amigos.)

2. Meio:
La prova deve essere fatta con la penna.
(A prova deve ser feita com caneta.)

3. Modo:
Loro ci hanno trattato con molta gentilezza.
(Eles nos trataram com muita gentileza.)

4. Qualidade:
È una donna con i capelli lunghi e biondi.
(É uma mulher com cabelos longos e loiros.)

5. Circunstância:
È pericoloso guidare con la neve.
(É perigoso guiar com neve.)

6. Relação:
Domani ho un appuntamento con il dentista.
(Amanhã tenho hora marcada com o dentista.)

VOCABOLARIO SISTEMATICO 5

ESPRESSIONI DI TEMPO

oggi (hoje)
stasera (hoje à noite)
tutti i giorni/ogni giorno (todos os dias/cada dia)
tutte le settimane/ogni settimana (todas as semanas/cada semana)

tutti i mesi/ogni mese (todos os meses/cada mês)
tutti gli anni/ogni anno (todos os anos/cada ano)
domani (amanhã)
domani sera (amanhã à noite)
ieri (ontem)
ieri sera (ontem à noite)
la settimana scorsa (a semana passada)
il mese scorso (o mês passado)
l'anno scorso (o ano passado)
lunedì scorso (segunda-feira passada)
domenica scorsa (domingo passado) etc.

Ex.: **Che giorno è oggi?** (Que dia é hoje?)
Oggi è mercoledì. (Hoje é quarta.)
Cosa ha fatto Davide ieri sera?
(O que Davide fez ontem à noite?)
Ha giocato a carte con i suoi amici.
(Ele jogou cartas com os amigos.)

ABBIGLIAMENTO E CALZATURE

camicia (camisa)
maglietta (camiseta)
pantaloni (calças)
vestito (vestido)
gonna (saia)
camicetta (blusa de mulher)
cappotto (casaco)
giubbotto (jaqueta)
calze (meias)
felpa (moletom)
completo (terno)
mutande (cueca)
boxer (cueca samba-canção)
mutandine (calcinha)
reggiseno (sutiã)
sciarpa (cachecol)

cappello (chapéu)
cravatta (gravata)
pantaloncini (shorts)
costume da bagno (maiô)
scarpe (sapatos)
stivali (botas)
pantofole/ciabatte (chinelos)
scarpe da calcio (chuteiras)
scarpe da tennis (tênis)
sandali (sandálias)

Ex.: **Il tuo nuovo vestito rosso è bello.**
(Seu novo vestido vermelho é bonito.)
Questa camicia verde è mia.
(Esta camisa verde é minha.)

COLORI

blu (azul-marinho)
celeste (azul claro)
azzurro (azul)
rosso (vermelho)
giallo (amarelo)
verde (verde)
arancione (laranja)
rosa (rosa)
marrone (marrom)
grigio (cinza)
nero (preto)
bianco (branco)

Ex.: **Di che colore è?**
(De que cor é?)
Di chi sono quei pantaloni neri?
(De quem é aquela calça preta?)
Quei pantaloni neri sono di Filippo.
(Aquela calça preta é do Filippo.)

ESERCIZI PRATICI 5

🔊 20 I. Ascolta le domande e cerchia la risposta giusta.

1. a) Abbiamo giocato a calcio.
    b) Ho giocato a calcio.
    c) Siamo giocato a calcio.

2. a) Ha andata all'Accademia.
    b) È andata all'Accademia.
    c) È andato all'Accademia.

3. a) Ci è andati Vincenzo e Matteo.
    b) Ci è andato Vincenzo e Matteo.
    c) Ci sono andati Vincenzo e Matteo.

4. a) È la direttrice della scuola di italiano.
    b) È la direttora della scuola di italiano
    c) È la direttore della scuola di italiano.

5. a) Ce la regala per Natale.
    b) Gliela regala per Natale.
    c) La regala per Natale.

6. a) Ve li invia domani.
    b) Ce li invia domani.
    c) Li inviano domani.

7. a) A Capri.
    b) Da Capri.
    c) Di Capri.

8. a) È arrivato a mezzanotte.
    b) È arrivato in mezzanotte.
    c) È arrivato da mezzanotte.

9. a) Nasce a Piemonte.
   b) Nasce fra Piemonte.
   c) Nasce in Piemonte.

10. a) È andato a giocare con il calcio.
    b) È andato a giocare a calcio.
    c) È andato a giocare calcio.

◁|◁|◁ 21 II. Dettato: ascolta le frasi e scrivile.

1. _____

2. _____

3. _____

4. _____

5. _____

III. Completa le seguenti domande.

1. _____ il prossimo treno? Arriva fra un'ora.

2. _____ l'appartamento di Fabio? È piccolo, ma bello.

3. _____ il concerto? Finisce fra un'ora.

4. _____ le vacanze? Sono cominciate ieri.

5. _____ Giulia a sua sorella? Le ha comprato un libro.

IV. Scrivi delle domande o frasi per le seguenti risposte.

1. _____?
Carolina è di Bergamo.

2. _____?
No, la gonna verde non è mia.

3. _____?
Il regalo a mia cugina? Sì, gliel'ho comprato ieri.

4. _____?
Sabato sono andata al mare.

5. _____?
Studio l'italiano da due anni.

V. Segna la parola o espressione che non appartiene alla serie.

1. per – con – il – su – di – da
2. vestito – gonna – camicia – maglietta – pantaloni – rivista
3. farmacista – dentista – artista – pianista – protagonista – attrice
4. blu – bianco – rosso – sandali – giallo – nero
5. la settimana scorsa – oggi – l'ano scorso – domani – ieri sera – cappello

LEZIONE 6

🔊 22 DIALOGO 6
Abbiamo fatto veramente un bel viaggio!

Nicoletta: Come sono andate le vostre vacanze?
Claudio: Eccezionali. Abbiamo fatto veramente un bel viaggio. **Siamo andati** in Liguria.
Nicoletta: Bello! E cosa **avete visto**?
Claudio: Abbiamo finalmente **conosciuto** le Cinque Terre!
Nicoletta: Davvero? E **siete andati** in macchina?
Claudio: Sì, **abbiamo noleggiato** una macchina piccola e **abbiamo visitato** le cinque località famose: Monterosso, Vernazza, Corniglia, Manarola e Riomaggiore.
Nicoletta: Che meraviglia! Quanto tempo ci **siete rimasti**?
Claudio: Ci siamo rimasti dieci giorni perché abbiamo visitato tutta la costa fino a Sanremo.
Nicoletta: Dicono che su questa costa c'è una grande coltivazione di **fiori** e che **da quelle parti** si mangia molto bene.
Claudio: I fiori sono bellissimi e il **pesto alla genovese** è **squisito**!
Nicoletta: Eh! Lo so. **E poi** il vino Granaccia è buonissimo!
Claudio: Sì, noi **l'abbiamo bevuto** in una cena a Portofino che è un posto **stupendo**.

▶ Veja a tradução desse diálogo na p. 385.

OCCHIO AL VOCABOLARIO, ALLE FRASI ED ESPRESSIONI 6

Come sono andate...? (v. andare – 3ª pers. pl. passato prossimo ind.): como foram...?

Eccezionale/i = singolare/i; straordinario/a/ri/rie: fantástico/s, fantástica/s

Abbiamo fatto (v. fare – 1ª pers. pl. passato prossimo ind.): fizemos

Veramente = proprio; davvero: realmente

Siamo andati (v. andare – 1ª pers. pl. passato prossimo ind.): fomos

Avete visto (v. vedere – 2ª pers. pl. passato prossimo ind.): (vocês) viram

Abbiamo conosciuto (v. conoscere – 1ª pers. pl. passato prossimo ind.): conhecemos (pret. perf.)

Siete andati (v. andare – 2ª pers. pl. passato prossimo ind.): (vocês) foram

Abbiamo noleggiato (v. noleggiare – 1ª pers. pl. passato prossimo ind.): alugamos (pret. perf.) (alugar um bem móvel)

Abbiamo visitato (v. visitare – 1ª pers. pl. passato prossimo ind.): visitamos (pret. perf.)

Siete rimasti (v. rimanere – 2ª pers. pl. passato prossimo ind.): (vocês) ficaram

Fiore/i: flor/es

Da quelle parti = in quel luogo: por lá, por aqueles lados

Pesto alla genovese = salsa al basilico: pesto à genovesa (molho típico genovês com manjericão)

Squisito = eccellente; prelibato: delicioso, excelente (para comidas)

E poi = e dopo; in seguito: e depois, e além disso

L'abbiamo bevuto (v. bere – 1ª pers. pl. passato prossimo ind.): o bebemos (pret. perf.)

Stupendo = magnifico; meraviglioso: estupendo, magnífico, maravilhoso

---

🔊 23 **DIALOGO 6 – COMPRENSIONE DEL DIALOGO**

1. Come sono andate le vacanze di Claudio?

2. Dove sono stati?
3. Che posti hanno visitato?
4. Quanto tempo ci sono rimasti?
5. Che piatto squisito hanno provato?

GRAMMATICA APPLICATA 6

Pretérito perfeito do indicativo 2 *(Passato prossimo)*, particípios passados irregulares, concordância dos pronomes diretos e partitivo *"ne"* nos tempos compostos, preposições 2, uso do verbo *"fare"*.

USO DO PRETÉRITO PERFEITO *(PASSATO PROSSIMO 2)*

➤ Veja explicação na Lezione 5 pag. 74

Formação dos Particípios Passados Irregulares – lista dos verbos principais			
Infinitivo	**Part. Pass.**	**Infinitivo**	**Part. Pass.**
accendere (acender)	**acceso**	piangere (chorar)	**pianto**
apparire (aparecer)	**apparso**	prendere (tomar, pegar)	**preso**
aprire (abrir)	**aperto**	riassumere (resumir)	**riassunto**
attendere (esperar)	**atteso**	ridere (rir)	**riso**
bere (beber)	**bevuto**	ridurre (reduzir)	**ridotto**
chiedere (pedir, perguntar)	**chiesto**	rimanere (ficar)	**rimasto**
chiudere (fechar)	**chiuso**	risolvere (resolver)	**risolto**
correggere (corrigir)	**corretto**	rispondere (responder)	**risposto**
correre (correr)	**corso**	scegliere (escolher)	**scelto**
decidere (decidir)	**deciso**	scendere (descer)	**sceso**
dipingere (pintar)	**dipinto**	scoprire (descobrir)	**scoperto**
dire (dizer)	**detto**	scrivere (escrever)	**scritto**
dividere (dividir)	**diviso**	spegnere (desligar)	**spento**
essere (ser, estar)	**stato**	spendere (gastar)	**speso**
fare (fazer)	**fatto**	spingere (empurrar)	**spinto**
leggere (ler)	**letto**	stringere (apertar)	**stretto**

97

mettere (pôr, colocar)	**messo**	succedere (acontecer)	**successo**
morire (morrer)	**morto**	togliere (tirar)	**tolto**
nascere (nascer)	**nato**	tradurre (traduzir)	**tradotto**
nascondere (esconder)	**nascosto**	trascorrere (transcorrer)	**trascorso**
offendere (ofender)	**offeso**	vedere (ver)	**visto, veduto**
offrire (oferecer)	**offerto**	venire (vir)	**venuto**
perdere (perder)	**perso, perduto**	vincere (vencer)	**vinto**
piacere (agradar)	**piaciuto**	vivere (viver)	**vissuto**

Exemplos de uso em frases contextualizadas:

I bambini hanno acceso le luci del garage.
(As crianças acenderam as luzes da garagem.)
Abbiamo aperto lo sportello della macchina.
(Abrimos a porta do carro.)
Hanno bevuto due bottiglie di prosecco.
(Beberam duas garrafas de *prosecco*.)
Mamma mi ha chiesto a che ora arrivo.
(Mamãe me perguntou que hora eu chego.)
Guarda se ho chiuso la finestra della camera.
(Veja se eu fechei a janela do quarto.)
Stamattina sono corso a scuola per parlare con il professore.
(Hoje de manhã corri à escola para falar com o professor.)
Leonardo da Vinci ha dipinto dei bellissimi quadri.
(Leonardo da Vinci pintou belíssimos quadros.)
Il professore ci ha detto che dobbiamo studiare di più.
(O professor nos disse que devemos estudar mais.)
Ho preso un tè perché fa freddo.
(Tomei um chá porque está frio.)
Hai risposto alla mail di Federica?
(Você respondeu ao e-mail de Federica?)
Anna Maria ha scelto un vestito molto bello.
(Anna Maria escolheu um vestido muito bonito.)

Rita è scesa al piano terra.
(Rita desceu ao térreo.)
Abbiamo speso troppo al supermercato questo mese.
(Gastamos muito no supermercado este mês.)
Hai visto che pizza grande Walter ha mangiato?
(Você viu o tamanho da pizza que o Walter comeu?)
La vostra squadra ha vinto il campionato?
(O time de vocês venceu o campeonato?)

CONCORDÂNCIA DOS PRONOMES DIRETOS E PARTITIVO *"NE"* NOS TEMPOS COMPOSTOS

➤ Ver tabela pronomes diretos na Lezione 3, pag. 46

O particípio passado de um verbo **concorda em gênero e número** com o pronome direto que o precede. O mesmo acontece quando o pronome é duplo, mantendo a concordância sempre com o pronome direto.

Veja exemplos abaixo:

Hai comprato il pane? (Você comprou o pão?)
Sì, l'ho comprato. (Sim, eu o comprei.)
E Lucia, l'hai vista? (E Lucia, você a viu?)
Signor Rocco, L'hanno avvertita della riunione?
(Sr. Rocco, avisaram-no sobre a reunião?)
Signora Ferrero, L'hanno chiamata al cellulare poco fa.
(Sra. Ferrero, ligaram para a senhora no celular há pouco.)
Abbiamo incontrato i nostri amici e li abbiamo invitati a cena.
(Encontramos os nossos amigos e os convidamos para jantar.)
Le chiavi, le ho perse al mercato. (As chaves, perdi-as no mercado.)
Il postino ti ha consegnato il pacco?
(O carteiro te entregou o pacote?)
Me l'ha consegnato stamattina.
(Me entregou (o pacote) hoje de manhã.)
Luca ha aperto la porta a Giovanna?
(Luca abriu a porta para Giovanna?)

Sì, gliel'ha aperta. (Sim, ele a abriu para ela.)
Vi hanno portato i mobili? (Trouxeram os móveis para vocês?)
Sì, ce li hanno portati. (Sim, nos trouxeram os móveis.)
Le ragazze hanno raccontato a Luisa le novità?
(As garotas contaram a Luisa as novidades?)
Sì, gliele hanno raccontate. (Sim, elas as contaram a Luisa.)

CONCORDÂNCIA DO PARTITIVO *"NE"*

Partitivo *"ne"* + verbo em tempo composto.

Quanti libri ti hanno prestato? Me ne hanno prestato solo uno.
(Quantos livros te emprestaram? Me emprestaram só um.)
Avete conosciuto gli amici di Camilla? Ne abbiamo conosciuti solo due.
(Vocês conheceram os amigos de Camilla? Conhecemos só dois.)
Quanto ne vuole di pancetta, Signora? Ne voglio due etti affettata sottile, sottile.
(Quanto a senhora quer de toicinho? Quero duzentos gramas fatiados finos, finos.)
Vuoi una fetta di torta? No, grazie, ne ho già mangiate due.
(Quer uma fatia de bolo? Não, obrigado, já comi duas.)
Sono buoni i dolci? Non lo so, non ne ho provato nessuno.
(São bons os doces? Não sei, não provei nenhum.)

PREPOSIÇÕES 2

IN – se usa para indicar:

1. Estar em um lugar:
Comprerò una casa in campagna.
(Vou comprar uma casa no campo.)
Domenico è andato in Brasile.
(Domenico foi para o Brasil.)
*com os nomes de países se usa sempre a preposição **IN**

2. Movimento a um lugar:
Fra un po' devo andare in panetteria.
(Daqui a pouco tenho que ir à padaria.)
Nota: Com os nomes terminados em *-eria* que, em geral indicam lugares, se usa a preposição *IN*: in pizzeria, in lavanderia, in macelleria, in profumeria.

3. Movimento em um lugar:
Giovanni ha girato in Europa e in America.
(Giovanni passeou pela Europa e pela América.)

4. Tempo determinado:
Sono nata in primavera.
(Nasci na primavera.)

5. Tempo continuado:
Ho letto il libro in poche ore.
(Li o livro em poucas horas.)

6. Modo:
Chi frequenta la palestra è sempre in forma.
(Quem frequenta academia está sempre em forma.)

7. Limitação, matéria:
È bravissimo in matematica.
(Ele é muito bom em matemática.)
È un libro rilegato in cuoio.
(É um livro encadernado de couro.)

8. Meio:
I miei genitori preferiscono viaggiare sempre in treno.
(Os meus pais preferem viajar sempre de trem.)

9. Fim ou escopo:
Quella bella villa è in vendita.
(Aquela linda mansão está à venda.)

PER – se usa para indicar:

1. Movimento por um lugar:
Andando a San Gimignano, passerò per Siena.
(Indo para San Gimignano, vou passar por Siena.)

2. Movimento a um lugar:
Quando parte il prossimo treno per Firenze?
(Quando parte o próximo trem para Florença?)

3. Tempo determinato:
Penso di ritornare per le dieci.
(Acho que retorno por volta das dez.)

4. Tempo continuato:
Ho studiato pianoforte per sei anni.
(Estudei piano por seis anos.)

5. Meio:
Preferisco ricevere i libri per posta.
(Prefiro receber os livros pelo correio.)

6. Causa e culpa:
Non è ritornato per orgoglio.
(Não voltou por orgulho.)

7. Preço, medida:
Sono riuscito a comprare una Fiat per € 15.000,00.
(Consegui comprar um Fiat por € 15.000,00)
Per via del ghiaccio la strada è interrotta per 5 km.
(Por causa do gelo a estrada está interrompida por 5 km.)

8. Limitação:
Per questa volta ti perdono.
(Desta vez eu te perdoo.)

9. Fim ou escopo, vantagem e desvantagem:
Non è bene lavorare solo per denaro.
(Não é bom trabalhar só por dinheiro.)
Peggio per loro se non piove entro fine mese.
(Pior para eles se não chover até o final do mês.)

10. Modo:
Loro hanno chiamato i candidati per ordine alfabetico.
(Eles chamaram os candidatos por ordem alfabética.)

11. Substituição:
Ti ho scambiato per tuo fratello.
(Confundi você com seu irmão.)

12. Elemento distributivo:
La scheda deve essere compilata riga per riga.
(A ficha deve ser preenchida linha por linha.)

13. Culpa:
Ha subito un processo per furto.
(Sofreu um processo por roubo.)

SU – se usa para indicar:

1. Estar sobre um lugar :
La signora è seduta su quella poltrona.
(A senhora está senta naquela poltrona.)

2. Movimento a um lugar:
Puoi mettere il giornale su quel tavolo.
(Você pode colocar o jornal sobre aquela mesa.)

3. Argumento:
Hanno discusso su tutti i temi.
(Discutiram sobre todos os temas.)

4. Idade, tempo, valor e quantidade:

È una donna sui* sessant'anni.

(É uma mulher que tem por volta de 60 anos.)

Ci vediamo oggi sul* tardi.

(Nos vemos hoje bem mais tarde.)

La casa è costata sui* € 300.000,00.

(A casa custou por volta de € 300.000,00.)

Per fare quel vestito occorrono sui* 2m di stoffa.

(Para fazer aquele vestido são necessários aproximadamente 2m de tecido.)

* Preposições articuladas: (su + i = sui) (su + il = sul).

▶ Veja explicações na pag. 116

5. Modo:

Ci parliamo più tardi su Skype.

(Nos falamos mais tarde pelo Skype.)

FRA O TRA – se usa para indicar:

1. Lugar:

Abita fra Bologna e Firenze.

(Mora entre Bologna e Firenze.)

2. Tempo, distância:

Fra due mesi vado negli Stati Uniti.

(Daqui a dois meses vou para os Estados Unidos.)

Lei può girare a sinistra; fra duecento metri c'è il benzinaio.

(O senhor pode virar à esquerda; a duzentos metros tem um posto de gasolina.)

3. Partitivo:

È il più bravo fra tutti i miei studenti.

(É o melhor entre todos os meus alunos.)

4. Relação, reciprocidade, companhia:
È una famiglia unita, si aiutano sempre <u>tra</u> loro.
(É uma família unida, se ajudam sempre entre si.)
Qui possiamo parlare <u>tra</u> amici.
(Aqui podemos falar entre amigos.)

5. Causa, modo:
Ho speso € 150,00 <u>fra</u> l'albergo e il mangiare.
(Gastei € 150,00 entre hotel e comida.)

DIVERSOS USOS DO VERBO *"FARE"*

O verbo **fare** é usado em várias expressões, algumas correspondem e outras não, ao português:

a) **Fare l'ingegnere:** trabalhar como engenheiro, exercer a profissão de engenheiro.
b) **Fare bene a...:** fazer bem em/ fazer bem para...
c) **Fare presto a + v. no infinitivo:** fazer rápido/ logo alguma coisa.
d) **Fare tardi:** atrasar.
e) **Fare prima:** terminar logo
f) **Fare tardi a + substantivo:** chegar atrasado.
g) **Fare tardi a + v. no infinitivo:** realizar alguma coisa num prazo maior do que se espera.
h) **Fare colazione:** tomar café da manhã
i) **Mi faccia vedere/ Mi faccia controllare:** deixe-me ver, deixe-me conferir.
j) **Quanto fa:** Quanto é?/ Quanto dá?
k) **Fare + v. infinitivo:** mandar fazer alguma coisa

Nota: Diferentemente do português, o verbo *fare* deve ser usado quando quem pratica a ação for um sujeito diferente da oração anterior.

Ex.: **Vado dalla sarta a <u>farmi fare</u> un vestito per la festa.**
(Vou à costureira para mandar fazer/ para fazer um vestido para a festa.)

Exemplos em frases contextualizadas:

a) **Io faccio l'insegnante.**
(Eu sou professor. Trabalho como professor.)
b) **Fai bene a non mangiare troppo la sera.**
(Você faz bem em não comer muito à noite.)
c) **Fai presto a preparare la cena?**
(Você prepara o jantar rapidamente?)
d) **Se non partiamo subito, facciamo tardi.**
(Se não sairmos agora, vamos nos atrasar.)
e) **Oggi Piero ha fatto tardi al lavoro.**
(Hoje Piero chegou atrasado ao trabalho.)
f) **Scusate, ho fatto tardi?**
(Desculpem, demorei?)
g) **Enrico fa colazione molto presto.**
(Enrico toma café da manhã muito cedo.)
h) **La mamma ha fatto entrare gli amici di Giovanni.**
(A mamãe mandou os amigos de Giovanni entrarem.)
i) **Vado dal parrucchiere a farmi fare la tinta ai capelli.**
(Vou ao cabeleireiro tingir os cabelos.)
j) **Mi faccia vedere la sua patente, per favore.**
(Deixe-me ver/ deixe-me conferir a sua habilitação, por favor.)
k) **Quanto fa 56 – 13?**
(Quanto dá 56 – 13?/ Quanto é 56 – 13?)

VOCABOLARIO SISTEMATICO 6

LE ORE

Che ore sono? (Que horas são?)
Sono le sette (del mattino). (São sete horas da manhã.)
Sono le sette (di sera)./ Sono le diciannove.
(São sete horas da noite./ São dezenove horas.)
Sono le sette e cinque. (São sete e cinco.)

Sono le sette e quindici./ Sono le sette e un quarto.
(São sete e quinze.)
Sono le sette e venti. (São sete e vinte.)
Sono le sette e mezza. (São sete e meia.)
Sono le sette e quarantacinque./ Sono le otto meno un quarto.
(São sete e quarenta e cinco./ São quinze para as oito.)
Sono le sette e cinquanta./ Sono le otto meno dieci.
(São sete e cinquenta./ São dez para as oito.)
È mezzogiorno./ Sono le dodici. (É meio-dia.)
È mezzanotte./ Sono le ventiquattro (É meia-noite.)
orologio da polso (relógio de pulso)
il mio orologio è avanti (di) (meu relógio está adiantado)
il mio orologio è in ritardo (di) (meu relógio está atrasado)
sono le otto in punto/ sono le otto precise/ sono le otto spaccate
(são oito horas em ponto)

ESERCIZI PRATICI 6

ıılılı 24   I. Ascolta le domande e cerchia la risposta giusta.

1.   a) Filippo ha chiuso il cofano della macchina.
     b) Filippo ha chiuduto il cofano della macchina.
     c) Filippo ha chieduto il cofano della macchina.

2.   a) L'ho mettuta sul tavolo.
     b) L'ho messa sul tavolo.
     c) L'ho mettita sul tavolo.

3.   a) Sì. Lo abbiamo ascoltata.
     b) Sì. Li abbiamo ascoltate.
     c) Sì. Le abbiamo ascoltate.

4.   a) Abbiamo comprati 4.
     b) Ne abbiamo comprati 4.
     c) Abbiamo comprato 4.

5. a) Sono quindici alle otto.
   b) È le otto meno un quarto.
   c) Sono le otto meno un quarto.

6. a) Fa 48.
   b) Fanno 48.
   c) Ne fa 48.

7. a) È da Teresa.
   b) È di Teresa.
   c) È per Teresa.

8. a) Vado in treno.
   b) Vado di treno.
   c) Vado da treno.

9. a) No, è fatto tardi di nuovo.
   b) No, ha fatti tardi di nuovo.
   c) No, ha fatto tardi di nuovo.

10. a) No, li ha dipinti sua sorella.
    b) No, li ha dipinto sua sorella.
    c) No, li è dipinti sua sorella.

ıılı‖ı 25 II. Dettato: ascolta le frasi e scrivile.

1. _____

2. _____

3. _____

4. _____

5. _____

III. Cerchia la risposta giusta.

1. Dove siete andati ieri sera?
   a) In teatro.
   b) In pizzeria.
   c) Da panetteria.

2. Che ore sono?
   a) È mezzanotte.
   b) Sono la mezzanotte.
   c) È a mezzanotte.

3. Dove è andato Dino?
   a) Ha sceso in cantina.
   b) È sceso in cantina.
   c) È scenduto in cantina.

4. Cosa è andato a fare Antonio dal barbiere?
   a) È andato a farsi fare la barba.
   b) È andato a fare la barba.
   c) È andato fare la barba.

5. I gemellini di Paolo sono già nati?
   a) Sono nasciuti la settimana scorsa.
   b) Sono nati la settimana scorsa.
   c) Hanno nati la settimana scorsa.

IV. Scrivi delle domande o frasi per le seguenti risposte.

1. _____?
Ne ho tradotte venti.

2. _____?
Ci sono andato con Mirella.

3. _____?
Quella camicia è costata cinquanta euro.

4. _____?
Sì, le ho risposte.

5. _____?
Fa la parrucchiera.

V. Segna la parola o espressione che non appartiene alla serie.

1. architetto – segretaria – ingegnere – figlia – cantante – cameriere
2. rosa – bianco – giallo – marrone – grigio – glielo
3. Italia – Francia – Svizzera – Inghilterra – Portogallo – Palermo
4. genero – studente – nonno – cugino – figlio – fratello
5. luglio – martedì – febbraio – dicembre – maggio – novembre

LEZIONE 7

26 DIALOGO 7
Un corso a Venezia

Claudio: Ciao Giancarlo. Dov'**eri**?
Giancarlo: Ero a Venezia per un corso di storia dell'arte.
Claudio: Ma, non l'**avevi già fatto** l'**anno scorso**?
Giancarlo: Sì, ne avevo già fatto uno sul Rinascimento, ma questo era sul Manierismo.
Claudio: Interessante! **Oltre** al corso che **facevi** nelle **ore libere**?
Giancarlo: Quella città è **particolare**! **Passavo** delle ore **a girare** e a conoscere i suoi locali principali.
Claudio: Che sono **tanti**, **vero**?
Giancarlo: Eccome! Sapevi che Venezia è formata da 118 **isolette** e per **collegarle** ci sono quasi 400 ponti?
Claudio: Non lo sapevo, ma so che Venezia ha una storia gloriosa di vita commerciale e **marinara**.
Giancarlo: Lì vicino ci sono altre **isole** più grandi e famose: la Giudecca, Murano, Burano e Torcello.
Claudio: Non **eri già andato** a Murano?
Giancarlo: Sì, però **non ero ancora andato** a vedere il Museo del Vetro.
Claudio: Bello?
Giancarlo: Bellissimo. Poi sono andato a vedere **pure** le **botteghe del vetro soffiato**.
Claudio: Ho saputo che in quelle botteghe ci sono **veri** artisti.

Giancarlo: Infatti, li ho visti mentre lavoravano, così non ho resistito e ho comprato un bel **soprammobile** di vetro **colorato**.

▶ Veja a tradução desse diálogo na p. 386.

OCCHIO AL VOCABOLARIO, ALLE FRASI ED ESPRESSIONI 7

Eri (v. essere – 2ª pers. sing. imperfetto ind.): (você) estava
Trovavo (v. trovare – 1ª pers. sing.imperfetto ind.): (eu) encontrava
Ero (v. essere – 1ª pers. sing. imperfetto ind.): (eu) estava
Avevi già fatto (v. avere + già + v. fare – 2ª pers. sing. trapassato prossimo ind.): (você) já tinha feito
Anno scorso: ano passado
Oltre = in più di: além
Facevi (v. fare – 2ª pers. sing. imperfetto ind.): (você) fazia
Ore libere = tempo libero: horas livres, tempo livre
Quella: aquela
Particolare = notevole, rilevante: especial, relevante
Passavo (v. passare – 1ª pers. sing. imperfetto ind.): (eu) passava
A girare (v. – infinito) = a passeggiare; a camminare: passeando, caminhando
Tanti = molti: tantos, muitos
Vero: verdade, é mesmo
Eccome = certamente; senza dubbio: sem dúvida, certamente
Sapevi (v. sapere – 2ª pers. sing. imperfetto ind.): (você) sabia
Isolette = piccole isole: ilhas pequenas
Collegarle (v. collegare + le) = unirle; connetterle: ligá-las, uni-las
Marinara = di mare: marítima
Isola/e: ilha/s
Eri già andato (v. essere + già + v. andare – 2ª pers. sing. trapassato prossimo ind.): (você) já tinha ido
Non ero ancora andato (v. essere + ancora + v. andare – 1ª pers. sing. trapassato prossimo ind.): (eu) ainda não tinha ido
Pure = anche: também
Bottega/botteghe = studio; officina d'artigiano; piccolo negozio alimentari: estúdio/s de artesão/s, pequeno comércio de alimentos

Vetro soffiato: vidro assoprado
Vero/i = genuino/i; autentico/i: verdadeiro/s, auntêntico/s
Infatti = in realtà: de fato, na verdade
Soprammobile: enfeite de móvel, adorno
Colorato = dotato di molti colori: colorido

ılı|ılı 27 DIALOGO 7 – COMPRENSIONE DEL DIALOGO

1. Perché Claudio non ha trovato Giancarlo?
2. Che cosa faceva Giancarlo a Venezia?
3. Quanti ponti e isolette ci sono a Venezia?
4. Cosa faceva Giancarlo nelle ore libere?

GRAMMATICA APPLICATA 7

Verbo *"esserci"* (haver), indicativo – pretérito imperfeito, uso do pretérito perfeito + imperfeito, pretérito mais-que-perfeito e preposições articuladas

VERBO ESSERCI

Esserci (**v. essere** + **ci**) significa **haver** no sentido de **existir**. Indica a presença de pessoas ou objetos em um determinado lugar. Ao contrário do português, em que o verbo **haver** (ou o verbo **ter**, coloquialmente) como **existir** é usado só no singular, em italiano se usa no singular e no plural. Exemplo:

Singular	Plural
c'è un libro (há um livro)	**ci sono** vari libri (há vários livros)
c'è stata una festa	**ci sono state delle feste**
(houve uma festa)	(houve festas)
c'era un re (havia um rei)	**c'erano** dei re (havia uns reis)

Exemplos de uso em frases contextualizadas:

C'è poca luce in questa aula.
(Há pouca luz nesta classe.)
Ci sono molti quadri su questa parete.
(Há muitos quadros nesta parede.)
Ieri c'è stata una pioggia forte in campagna.
(Ontem houve uma chuva forte no campo.)
L'anno scorso ci sono stati due corsi di culinaria.
(No ano passado houve dois cursos de culinária.)
Nella scuola di Roma c'era uno studente giapponese.
(Na escola de Roma havia um aluno japonês.)
Non c'erano molte persone nella Fiera del Libro, perché pioveva molto.
(Não havia muitas pessoas na Feira do Livro, porque chovia muito.)

INDICATIVO PRETÉRITO IMPERFEITO *(IMPERFETTO)*

O uso do imperfeito *(imperfetto)* em italiano é igual ao português. Indica uma ação habitual e repetida no passado.

VERBOS REGULARES			
	1ª Conjugação	2ª Conjugação	3ª Conjugação	
	-ARE	-ERE	-IRE	
	abit**ARE**	legg**ERE**	dorm**IRE**	prefer**IRE**
	morar	ler	dormir	preferir
io	abit-**avo**	legg-**evo**	dorm-**ivo**	prefer-**ivo**
tu	abit-**avi**	legg-**evi**	dorm-**ivi**	prefer-**ivi**
lui/lei/Lei	abit-**ava**	legg-**eva**	dorm-**iva**	prefer-**iva**
noi	abit-**avamo**	legg-**evamo**	dorm-**ivamo**	prefer-**ivamo**
voi	abit-**avate**	legg-**evate**	dorm-**ivate**	prefer-**ivate**
loro/Loro	abit-**avano**	legg-**evano**	dorm-**ivano**	prefer-**ivano**

Obs.: Na 1ª e 2ª pessoa do plural a sílaba tônica sofre um deslocamento. Veja a seguir um exemplo de conjugação com a tônica destacada.
abitavo, abitavi, abitava, abitavamo, abitavate, abitavano

VERBOS IRREGULARES						
INFINITIVO	io	tu	lui/lei/Lei	noi	voi	loro/Loro
ESSERE (ser, estar)	ero	eri	era	eravamo	eravate	erano
BERE (beber)	bevevo	bevevi	beveva	bevevamo	bevevate	bevevano
DIRE (dizer)	dicevo	dicevi	diceva	dicevamo	dicevate	dicevano
COMPORRE (compor)	componevo	componevi	componeva	componevamo	componevate	componevano
ESPORRE (expor)	esponevo	esponevi	esponeva	esponevamo	esponevate	esponevano
FARE (fazer)	facevo	facevi	faceva	facevamo	facevate	facevano
TRADURRE (traduzir)	traducevo	traducevi	traduceva	traducevamo	traducevate	traducevano

Exemplos de uso em frases contextualizadas:

Quando ero piccola, andavo al mare tutti gli anni.
(Quando eu era pequena, ia para a praia todos os anos.)
Cosa prendevi a colazione quando eri in Italia?
(O que você tomava no café da manhã quando estava na Itália?)
Mia mamma diceva sempre di non arrivare tardi.
(Minha mãe sempre dizia para não chegar tarde.)
Durante le vacanze ci piaceva camminare tutte le mattine.
(Durante as férias nós gostávamos de caminhar toda manhã.)
Vi ho cercato ieri, ma tuo padre ha detto che dormivate ancora.
(Ontem eu procurei vocês, mas seu pai disse que vocês ainda estavam dormindo.)
Mentre i nostri genitori cenavano, noi guardavamo la TV.
(Enquanto nossos pais jantavam, nós assistíamos TV.)

USO DO PRETÉRITO PERFEITO + IMPERFEITO
(PASSATO PROSSIMO + IMPERFETTO)

Uma ação em andamento, contínua, ainda não concluída (imperfeito) contraposta a uma ação já concluída (pretérito perfeito).

Exemplos de uso em frases contextualizadas:

Camminavo per strada quando è cominciato a piovere. (Eu caminhava pela rua quando começou a chover).
Mentre cenavano, qualcuno ha bussato alla porta. (Enquanto eles jantavam, alguém bateu na porta.)
Marisa non ha mangiato perché non aveva fame. (Marisa não comeu porque não tinha fome.)
Non siamo andati a teatro perché eravamo stanchi. (Não fomos ao teatro porque estávamos cansados.)

INDICATIVO PRETÉRITO MAIS-QUE-PERFEITO
(TRAPASSATO PROSSIMO)

O mais-que-perfeito *(trapassato prossimo)* indica um fato no passado, anterior a outro também no passado. É sempre um tempo composto, formado pelo imperfeito do verbo auxiliar seguido do particípio passado do verbo principal.

Exemplos de uso em frases contextualizadas:

Guglielmo non ha studiato perché aveva lasciato il libro a scuola.
(Guglielmo não estudou porque tinha deixado o livro na escola.)
Siamo andati a Milano a vedere la Mostra però era già finita.
(Fomos para Milão ver a Exposição, mas já tinha terminado.)
Avevo molta fame perché avevo nuotato molto.
(Eu estava com muita fome porque tinha nadado muito.)
Quando ti ho chiamato eri già andata a pranzo.
(Quando te chamei você já tinha ido almoçar.)
Ieri avevo freddo perché il tempo era cambiato improvvisamente.
(Ontem eu estava com frio porque o tempo tinha mudado de repente.)

PREPOSIÇÕES ARTICULADAS

Algumas preposições simples unem-se ao artigo, formando uma única palavra.

	il	l'	lo	la	i	gli	le
di	del	dell'	dello	della	dei	degli	delle
a	al	all'	allo	alla	ai	agli	alle
da	dal	dall'	dallo	dalla	dai	dagli	dalle
in	nel	nell'	nello	nella	nei	negli	nelle
su	sul	sull'	sullo	sulla	sui	sugli	sulle

Exemplos de uso em frases contextualizadas:

I fiori del vaso sono appassiti.
(As flores do vaso murcharam.)
Il compito dello studente è mediocre.
(A tarefa do estudante é medíocre.)
Vado al cinema con un collega.
(Vou ao cinema com um colega.)
Chiedere spiegazioni alla maestra.
(Pedir explicações à professora.)
Abbiamo parlato agli atleti dopo la partita.
(Falamos com os atletas depois do jogo.)
Sono arrivata dal medico.
(Cheguei do médico.)
Sono passata dagli zii.
(Passei na casa dos meus tios.)
Lo zucchero è nell'armadio.
(O açúcar está no armário.)
Il vino è nella cantina della nonna.
(O vinho está na adega da vovó.)
L'agenda è sulla scrivania.
(A agenda está sobre a escrivaninha.)
Ho rovesciato l'acqua sul tavolo.
(Derramei água sobre a mesa.)
Monica ha scritto un tema sugli animali della foresta.
(Monica escreveu uma composição sobre os animais da floresta.)

VOCABOLARIO SISTEMATICO 7

LA CASA

la camera da letto (dormitório)
bagno (banheiro)
salotto (sala de estar)
sala da pranzo (sala de jantar)
cucina (cozinha)
lavanderia (lavanderia)
soffitta/mansarda (sótão)
cantina (porão, subsolo)
garage (garagem)
giardino (jardim)
piscina (piscina)
recinzione (cerca)
cancello/portone (portão)
cortile/ aia (pátio)
retrocortile (quintal nos fundos da casa)

I PASTI

prima colazione (café da manhã)
pranzo (almoço)
cena (jantar)
merenda/spuntino (lanche)

LA PRIMA COLAZIONE

caffè (café)
caffè macchiato (café com leite)
caffè espresso (café expresso)
cappuccino (café com leite espumoso, cappuccino)
latte (leite)
caffelatte (leite com café)
tè (chá)
yogurt (iogurte)
acqua (água)
zucchero (açúcar)

dolcificante (adoçante)
succo (suco)
pane (pão)
brioche/cornetto (pão em forma de chifre)
fette biscottate (torradas)
torta (bolo)
muffin/tortina (bolinho, geralmente com frutas)
burro (manteiga)
marmellata (geleia)
nutella (pasta de chocolate com avelãs)
cereali (cereal)
uova strapazzate (ovos mexidos)
prosciutto (presunto)
formaggio (queijo)
formaggio fresco in fiocchi (queijo fresco tipo cottage)
ricotta (ricota)
cracker/galletta (biscoito de água e sal)
biscotto (biscoito doce/ bolacha)

Ex.: **Di solito, cosa prendi per prima colazione?**
(O que você geralmente come no café da manhã?)
In genere prendo un cappuccino e una brioche/un cornetto.
(Eu geralmente tomo um cappuccino e como uma brioche.)

ESERCIZI PRATICI 7

28 I. Ascolta le domande e cerchia la risposta giusta.

1. a) È caduto mentre è sceso le scale.
    b) È caduto mentre aveva sceso le scale.
    c) È caduto mentre scendeva le scale.

2. a) Comporreva una canzone.
    b) Componeva una canzone.
    c) Componevo una canzone.

3. a) Perché era lasciato il fuoco acceso.
   b) Perché ha lasciato il fuoco acceso.
   c) Perché aveva lasciato il fuoco acceso.

4. a) Perché faceva freddo.
   b) Perché ha fatto freddo.
   c) Perché aveva fatto freddo.

5. a) Perché comprato una macchina nuova.
   b) Perché aveva comprato una macchina nuova.
   c) Perché era comprata una macchina nuova.

6. a) Fino alle cinque.
   b) Fino le cinque.
   c) Fino alla cinque.

7. a) Era andato dal medico.
   b) Era andato nel medico.
   c) Era andato al medico.

8. b) Sono nel guardaroba.
   b) Sono del guardaroba.
   c) Sono in guardaroba.

9. a) Parte alle ore venti.
   b) Parte le ore venti.
   c) Parte nelle ore venti.

10. a) Era dall'Amazzonia.
    b) Era dell'Amazzonia.
    c) Era sull'Amazzonia.

ılıılı 29 II. Dettato: ascolta le frasi e scrivile.

1. _____

2. _____

3. _____

4. _____

5. _____

III. Cerchia la risposta giusta.

1. Perché non hai aspettato in banca?
   a) Perché c'erano troppa gente.
   b) Perché c'era troppa gente.
   c) Perché ci sono troppa gente.

2. Perché non hai cenato?
   a) Non cenavo perché non ho avuto fame.
   b) Non cenavo perché non avevo avuto fame.
   c) Non ho cenato perché non avevo fame.

3. Vedevi sempre la famiglia quando abitavi in Svizzera?
   a) Ogni fine settimana sono tornati a vedere la famiglia.
   b) Ogni due mesi tornavo a vedere la famiglia.
   c) Ogni due mesi sono tornato a vedere la famiglia.

4. Cosa facevi quando sono arrivato?
   a) Mangiavo quando sei arrivato.
   b) Ho mangiato quando sei arrivato.
   c) Ho mangiato quando arrivavi.

5. A che ora vai in palestra?
   a) Da quattro ai cinque e mezza.
   b) Dai quattro a cinque e mezza.
   c) Dalle quattro alle cinque e mezza.

IV. Scrivi delle domande o frasi per le seguenti risposte.

1. _____?
Perché avevo sete.

2. _____?
Di solito prendevo un succo, un cappuccino e mangiavo un cornetto.

3. _____?
Perché non avevo mai letto niente di quell'autore.

4. _____?
Il medico è entrato dal portone principale.

5. _____?
Ho messo le bottiglie vuote in cantina.

V. Segna la parola o espressione che non appartiene alla serie.

1. cortile – piscina – bagno – salotto – panetteria – camera
2. merenda – colazione – bar – cena – pranzo – spuntino
3. caffè – cappuccino – tè – cortile – succo – yogurt
4. vigili del fuoco – braccio – ragioniere – casalinga – infermiere – idraulico
5. pane – latte – cucina – torta – marmellata – formaggio

LEZIONE 8

🎧 30 **DIALOGO 8**
Cosa farai a Ferragosto?

Edoardo: Non **sono** ancora **sicuro** di cosa **farò** nei **festivi** di agosto. E tu, cosa **farai** a **Ferragosto**?
Marina: Prenderò dei giorni di ferie e **andrò** in Campania a vedere alcune **Sagre**.
Edoardo: Beata te! Io ci sono stato l'anno scorso e mi è piaciuta particolarmente la Sagra del Vino di Benevento. Forse quest'anno vado a vedere il **Palio di Siena**.
Marina: Sono sicura che ti piacerà molto. Il Palio è una festa meravigliosa.
Edoardo: Dopo che **sarai andata** a vedere la Sagra del Vino, ti consiglio di partecipare alla Sagra della Mozzarella di Salerno. Così farai una passeggiata bella, divertente e altrettanto buona dal punto di vista alimentare.
Marina: Vedo che sei proprio un **mangione**! **A proposito** del Palio, a quale **contrada** fai il **tifo**?
Edoardo: Sono tifoso della Contrada del Drago; mi è sempre piaciuta. E tu stai attenta a non mangiare troppo!
Marina: Mannaggia! Dopo che **avrò mangiato** tutte quelle **squisitezze**, **tornerò** a casa **almeno** tre chili più **grassa**.
Edoardo: E va beh, non preoccuparti! **Avrai** tempo per **dimagrire** quando le ferie **saranno finite**.

▸ Veja a tradução desse diálogo na p. 387.

OCCHIO AL VOCABOLARIO, ALLE FRASI ED ESPRESSIONI 8

Sono sicuro (essere + sicuro – 1ª pers. sing. presente ind.) = avere la certezza: tenho certeza

Farò (v. fare – 1ª pers. sing. futuro ind.): farei

Festivo/i = di festa: feriados

Farai (v. fare – 2ª pers. sing. futuro ind.): (você) fará

Ferragosto: 15 de agosto, feriado nacional na Itália que comemora a Assunção de Nossa Senhora. É um período de férias que compreende alguns dias antes e alguns dias depois do dia 15

Prenderò (v. prendere –1ª pers. sing. futuro ind.): pegarei/ tomarei

Andrò (v. andare – 1ª pers. sing. futuro ind.): irei

Sagra/e = festa popolare con fiera e mercato: festas populares com mercado ao ar livre

Beato/a te = fortunato/a te: sorte sua

Palio di Siena = gara equestre: é uma corrida de cavalos que ocorre na cidade italiana de Siena nos dias 2 de julho e 16 de agosto e o prêmio é um estandarte

Palio = drappo ricamato o dipinto: estandarte bordado ou pintado

Sarai andata (v. andare – 2ª pers. sing. futuro anteriore ind.): (você) tiver ido

Mangione = ghiottone; goloso: comilão, glutão, guloso

Contrada = rione; quartiere: bairro

Tifo = (1) fanatismo sportivo; (2) gruppo di malattie infettive: (1) torcida, (2) grupo de doenças infecciosas

Avrò mangiato (v. mangiare – 1ª pers. sing. futuro anteriore ind.): (eu) tiver comido

Squisitezza/e = prelibatezza/e; ghiottoneria/e: delícia/s, gulodice/s

Tornerò (v. tornare – 1ª pers. sing. futuro ind.): voltarei

Almeno = perlomeno: pelo menos, ao menos

Grasso/a: obeso/a: gordo/a, obeso/a

Avrai (v. avere – 2ª pers. sing. futuro ind.): (você) terá

Dimagrire (v. – infinito) = calare di peso: emagrecer, perder peso

Saranno finite (v. finire – 3ª pers. pl. futuro anteriore ind.) = saranno terminate: tiverem terminado

॥।॥ 31 DIALOGO 8 – COMPRENSIONE DEL DIALOGO

1. Cosa farà Marina a Ferragosto?
2. Dove andrà Edoardo?
3. In quali città saranno organizzate le Sagre?
4. Secondo Edoardo, come sarà la passeggiata di Marina?
5. Per quale contrada fa il tifo Edoardo?

GRAMMATICA APPLICATA 8

Indicativo – futuro do presente simples (*futuro semplice*), futuro do presente composto (*futuro anteriore*) dos verbos regulares e irregulares, verbos terminados em -*ciare* e -*giare*, uso de **quello** e **bello**, pronomes e adjetivos demonstrativos.

FUTURO DO INDICATIVO

Em italiano, o modo indicativo, apresenta dois tempos para o futuro: *futuro semplice* que corresponde em português ao futuro do indicativo e, em determinados casos, ao futuro do subjuntivo, tempo que não existe em italiano e o *futuro anteriore*, correspondente em português ao futuro do subjuntivo composto.

Uso do futuro do presente simples (*futuro semplice*)
Indica:
➤ uma ação que acontecerá em um tempo futuro em relação àquele em que falamos
➤ uma suposição
➤ uma incerteza
➤ uma dúvida ou um desacordo

Uso do futuro composto (*futuro anteriore*)
É um tempo composto formado pelo futuro simples do verbo auxiliar *essere* ou *avere* seguido do particípio passado do verbo principal.

Indica:
➤ uma ação futura que acontece antes de uma outra ação expressa com o futuro simples. Neste caso, é usado quase sempre depois das expressões: *appena, quando, dopo che*
➤ uma incerteza no passado:
Non trovo i miei occhiali, dove li avrò messi?
(Não encontro os meus óculos, onde [os] terei colocado?)

VERBOS REGULARES			
	1ª Conjugação	**2ª Conjugação**	**3ª Conjugação**	
	-ARE	-ERE	-IRE	
	lav**ARE**	chied**ERE**	copr**IRE**	proib**IRE**
	lavar	pedir	cobrir	proibir
io	lav-**e-rò**	chied-**e-rò**	copr-**i-rò**	proib-**i-rò**
tu	lav-**e-rai**	chied-**e-rai**	copr-**i-rai**	proib-**i-rai**
lui/lei/Lei	lav-**e-à**	chied-**e-rà**	copr-**i-rà**	proib-**i-rà**
noi	lav-**e-remo**	chied-**e-remo**	copr-**i-remo**	proib-**i-remo**
voi	lav-**e-rete**	chied-**e-rete**	copr-**i-rete**	proib-**i-rete**
loro/Loro	lav-**e-ranno**	chied-**e-ranno**	copr-**i-ranno**	proib-**i-ranno**

Tabela dos verbos irregulares mais comuns. Apresentamos apenas a 1ª pessoa do singular; para as demais basta utilizar a terminação da tabela acima.

VERBOS IRREGULARES		
AVERE (ter, possuir)	av	**-rò**
ESSERE (ser, estar)	sa	**-rò**
ANDARE (ir)	and	**-rò**
BERE (beber)	ber	**-rò**
DARE (dar)	da	**-rò**
DIRE (dizer)	di	**-rò**
DOVERE (dever)	dov	**-rò**
PORRE (pôr)	por	**-rò**
POTERE (poder)	pot	**-rò**
RIMANERE (ficar)	rimar	**-rò**
SAPERE (saber)	sap	**-rò**
STARE (ficar)	sta	**-rò**
TENERE (segurar)	ter	**-rò**
TRADURRE (traduzir)	tradur	**-rò**
VEDERE (ver)	ved	**-rò**
VENIRE (vir)	ver	**-rò**
VIVERE (viver)	viv	**-rò**
VOLERE (querer)	vor	**-rò**

Exemplos de uso em frases contextualizadas:

Marina prenderà qualche giorno di vacanza la prossima settimana.
(Marina tirará alguns dias de férias na próxima semana.)
Che ore sono? Non ho l'orologio, saranno più o meno le due.
(Que horas são? Não tenho relógio, acho que são duas horas.)
Dove starà mia figlia in questo momento?
(Onde estará minha filha neste momento?)
Sarà anche elegante, ma è troppo sgarbato.
(Ele pode ser elegante, mas é muito mal educado.)
Appena sarò tornata, mi metterò a studiare.
(Assim que eu tiver voltado, começarei a estudar.)
Andrò in Italia dopo che avrò finito questo progetto.
(Irei para a Itália, depois que eu tiver terminado este projeto.)

Dopo che avrò parlato con il direttore, ti dirò cosa dovremo fare.
(Depois que eu tiver falado com o diretor, te direi o que deveremos fazer.)

Futuro do Presente Simples dos verbos terminados em *-ciare* e *-giare*

Os verbos terminados em *-ciare* e *-giare*, no futuro do presente simples perdem o *-i*.

cominCIARE (começar)	manGIARE (comer)
cominc-**erò**	mang-**erò**
cominc-**erai**	mang-**erai**
cominc-**erà**	mang-**erà**
cominc-**eremo**	mang-**eremo**
cominc-**erete**	mang-**erete**
cominc-**eranno**	mang-**eranno**

Atenção: aos verbos terminados em *-care*, *-gare*, acrescenta-se um *"h"* em todas as pessoas:
dimenticare
dimenticherò, dimenticherai...
pagare
pagherò, pagherai...

USO DE *QUELLO* E *BELLO*

As palavras ***bello*** (belo, bonito) e ***quello*** (aquele, como **adjetivo**) seguem a regra de uso dos artigos definidos quando vêm **antes** do substantivo.

Exemplos: **il vaso** – <u>**bel**</u> **vaso** – <u>**quel**</u> **vaso**
(o vaso – belo vaso – aquele vaso)
i vasi – <u>**bei**</u> **vasi** – <u>**quei**</u> **vasi**
(os vasos – belos vasos – aqueles vasos)

lo sguardo – bello sguardo – quello sguardo
(o olhar – belo olhar – aquele olhar)
gli sguardi – begli sguardi – quegli sguardi
(os olhares – belos olhares – aqueles olhares)
l'angelo – begli angeli – quegli angeli
(o anjo – belos anjos – aqueles anjos)

Quando o adjetivo *bello* não está colocado antes do substantivo, comporta-se como os outros adjetivos e tem as seguintes formas:
bello – belli – bella – belle

Exemplo: **un vaso bello – dei vasi belli**
(um vaso bonito, [uns] vasos bonitos)
uno sguardo bello – degli sguardi belli
(um olhar bonito – [uns] olhares bonitos)
una collana bella – delle collane belle
(um colar bonito – [uns] colares bonitos)

PRONOMES E ADJETIVOS DEMONSTRATIVOS
(PRONOMI E AGGETTIVI DIMOSTRATIVI)

Quello (esse, aquele)   **Quella** (essa, aquela)
Quelli (esses, aqueles)   **Quelle** (essas, aquelas)
usados para coisas ou pessoas que estão longe de quem fala

Adjetivo	Pronome
Quel libro è mio.	**Quello è il mio libro.**
(Aquele livro é meu.)	(Aquele é o meu livro.)
Quella matita è mia.	**Quella è la mia matita.**
(Aquele lápis é meu.)	(Aquele é o meu lápis.)
Quei film sono ottimi.	**Quelli sono ottimi film.**
(Aqueles filmes são ótimos)	(aqueles são ótimos filmes)
Quelle riviste sono nuove.	**Quelle sono le riviste nuove.**
(Aquelas revistas são novas.)	(Aquelas são as revistas novas.)
Quegli orologi sono miei.	**Quelli sono i miei orologi.**
(Aqueles relógios são meus).	(Aqueles são os meus relógios).

Questo (este)   **Questa** (esta)
Questi (estes)   **Queste** (estas)
usados para coisas ou pessoas que estão perto de quem fala

Adjetivo
<u>**Questo**</u> **libro è mio.** (Este livro é meu.)
<u>**Questa**</u> **penna è mia.** (Esta caneta é minha.)
<u>**Questi**</u> **film sono ottimi.** (Estes filmes são ótimos.)
<u>**Queste**</u> **riviste sono nuove.** (Estas revistas são novas.)

Pronome
<u>**Questo**</u> **è il mio libro.** (Este é o meu livro.)
<u>**Questa**</u> **è la mia penna.** (Esta é a minha caneta)
<u>**Questi**</u> **sono ottimi film.** (Estes são ótimos filmes.)
<u>**Queste**</u> **sono le riviste nuove.** (Estas são as revistas novas.)

Exemplos de uso em frases contextualizadas:

Ho comprato un bel vestito per mia figlia.
(Comprei um lindo vestido para minha filha.)
Nel salotto ci sono dei begli specchi.
(Na sala há lindos espelhos.)
É proprio un bell'orologio.
(É realmente um lindo relógio.)
Le ho regalato un vestito bello.
(Dei a ela um vestido bonito.)
Nel salotto ci sono degli specchi belli.
(Na sala há espelhos bonitos.)
Le borse che ho comprato in Italia sono belle.
(As bolsas que eu comprei na Itália são bonitas.)
Questo film non mi piace. (Não gosto deste filme.)
Questa domenica vado in campagna.
(Este domingo vou para o campo.)
Quest'ultimo libro di Camilleri è ottimo.
(Este último livro do Camilleri é ótimo.)
Questi palazzi sono molto vecchi.

(Estes prédios são muito velhos.)
Non prendo questo treno, ma quello.
(Não tomo este trem, mas aquele.)
Quegli aranci sono fioriti.
(Aquelas laranjeiras estão floridas.)
Quelle? Sono riviste vecchie.
(Aquelas? São revistas velhas.)

VOCABOLARIO SISTEMATICO 8

LE PREVISIONI DEL TEMPO

caldo (quente)
freddo (frio)
soleggiato (ensolarado)
piovoso (chuvoso)
nuvoloso (nublado)
tira vento (está ventando)
nevica (está nevando)
mite (ameno)

Ex.: **Che tempo fa oggi?** (Como está o tempo hoje?)
Fa caldo e c'è il sole. (Está quente e tem sol.)
Qual è la previsione del tempo per il fine settimana?
(Qual é a previsão do tempo para o fim de semana?)
Farà caldo tutto il fine settimana, ma pioverà sabato sera.
(Vai fazer calor o fim de semana inteiro, mas vai chover no sábado à noite.)

LE STAGIONI DELL'ANNO

primavera (primavera)
estate (verão)
autunno (outono)
inverno (inverno)

Ex.: **Che stagione dell'anno preferisci?**
(Que estação do ano você prefere?)
Preferisco l'estate. (Prefiro o verão.)

IL PRANZO E LA CENA

antipasto (entrada)
primo piatto (primeiro prato)
secondo piatto (segundo prato)
contorno (acompanhamento)
dessert (sobremesa)
pasta (massa)
spaghetti con polpette (espaguete com almôndegas)
lasagne (lasanha)
tramezzino (sanduíche de camadas)
panino (sanduíche)
patatine fritte (batata frita)
riso e fagioli (arroz com feijão)
risotto (risoto)
uova (ovos)
insalata di lattuga e pomodoro (salada de alface e tomate)
minestrone (sopa de arroz ou massa com legumes e verduras)
zuppa di verdura (sopa de verduras)
cappelletti in brodo (sopa de cappelletti)
carne (carne)
carne arrosto (carne assada)
pollo arrosto (frango assado)
carne di maiale (carne de porco)
bistecca (bisteca)
cotoletta (bife à milanesa)
abbacchio/agnello (carneiro)
salsiccia (linguiça)
tacchino (peru)
pesce (peixe)
tonno (atum)
baccalà (bacalhau)
gambero (camarão)

salmone (salmão)
patata (batata)
oliva (azeitona)
cipolla (cebola)
aglio (alho)
carota (cenoura)
cetriolo (pepino)
melanzana (berinjela)
peperone (pimentão)
zucchina (abobrinha)
cuore di palma (palmito)
verza (repolho)
funghi (cogumelos)

Ex.: **Cosa ti piace mangiare?** (O que você gosta de comer?)
Mi piacciono le verdure e la carne. (Gosto de verduras e de carne.)
Al ristorante (No restaurante)
Cameriere: Volete ordinare?
(Garçom: Os senhores gostariam de fazer o pedido?)
Cliente: Sì, come primo risotto alla milanese e come secondo abbacchio ai funghi, grazie.
(Cliente: Sim, como primeiro prato risoto à milanesa e como segundo prato carneiro com cogumelos, obrigado.)

ESERCIZI PRATICI 8

ılı|ılı 32 I. Ascolta le domande e cerchia la risposta giusta.

1. a) Sono andata in piscina.
    b) Andrò in piscina.
    c) Andavo in piscina.

2. a) Ci andrò questo fine settimana.
    b) Ci andrai questo fine settimana.
    c) Ci andavo questo fine settimana.

3. a) Faceva caldo.
   b) Farà freddo.
   c) Fa freddo e piove.

4. a) Comincerete a cercare un lavoro.
   b) No, comincerò a cercare un lavoro.
   c) Cominceremo a cercare un lavoro.

5. a) Sì, riuscirò senz'altro.
   b) Sì, riuscirei senz'altro.
   c) Sì, riuscirà senz'altro.

6. a) È veramente bello.
   b) È veramente molto bella.
   c) È bel veramente.

7. a) Questo, l'ho comprato in centro.
   b) Questi li ho comprati in centro.
   c) Questa l'ho comprata in centro.

8. a) Quell'orologio me lo ha regalato mio padre.
   b) Quegli orologi me lo ha regalato mio padre.
   c) Questo orologio me lo ha regalato mio padre.

9. a) Se il tempo è così, certamente nevica.
   b) Se il tempo continuerà così, certamente nevicherà.
   c) Se il tempo era così, certamente nevicava.

10. a) Ci trasferiremo appena i lavori saranno terminati.
    b) Trasferiremo appena i lavori terminano.
    c) Ci trasferiamo appena i lavori terminati.

ıllıllı 33 II. Dettato: ascolta le frasi e scrivile.

1. _____

2. _____

3. _____

4. _____

5. _____

III. Cerchia la risposta giusta.

1. Quanto tempo resteranno a Torino?
   a) Ci resterò dieci giorni.
   b) Ci resteremo dieci giorni.
   c) Ci resteranno dieci giorni.

2. Lavorerete questo fine settimana?
   a) Sì, lavorerò tutto il fine settimana.
   b) Sì, lavoreremo tutto il fine settimana.
   c) Sì, lavorerai tutto il fine settimana.

3. Quando partirai?
   a) Partirò quando avrò finito di fare le valigie.
   b) Partirò quando finivo di fare le valigie.
   c) Parto quando finivo di fare le valigie.

4. Ti piace questa camicetta?
   a) Preferisco quelle.
   b) Preferisco quegli.
   c) Preferisco quella.

5. Perché non compri i pantaloni neri?
   a) Perché quei pantaloni costano troppo.
   b) Perché quelli pantaloni costano troppo.
   c) Perché quegli pantaloni costano troppo.

IV. Scrivi delle domande o frasi per le seguenti risposte.

1. _____?
No, quei giornali non sono nostri.

2. _____?
Quel bell'uomo è mio marito.

3. _____?
Sì, lei verrà alla festa.

4. _____?
Le regalerò dei fiori.

5. _____?
Cominceremo a pranzare solo dopo che Michele sarà arrivato.

V. Segna la parola o espressione che non appartiene alla serie.

1. antipasto – primo piatto – secondo piatto – contorno – dessert – primavera
2. pesce – tonno – salmone – baccalà – gambero – pollo
3. caldo – freddo – mite – piovoso – nuvoloso – inverno
4. mare – pioggia – neve – vento – nebbia – grandine
5. brasiliano – russo – tedesco – Italia – giapponese – spagnolo

LEZIONE 9

34 DIALOGO 9
Ti andrebbe di andare al cinema?

Nicola: **Ti andrebbe di** andare al cinema?
Raffaele: Sì, **danno** un bel film al Cinema Vittoria.
Nicola: Ah, sì? Che tipo di film è?
Raffaele: È un film di **fantascienza**, ti piace?
Nicola: Hum! **Mica tanto**! **Preferirei** andare a vedere una commedia.
Raffaele: Vediamo se c'è qualche commedia. Ce n'è una, però i biglietti sono già **esauriti**.
Nicola: Peccato, **avremmo dovuto** pensarci prima.
Raffaele: Hai ragione, andiamo in centro e li compriamo per domani.
Nicola: Ottima idea! Io li **comprerei** per dopodomani, però. Domani ho già un **impegno**.
Raffaele: Va bene! A che ora **vorresti** andare, alle 19:00 o alle 21:00?
Nicola: Meglio alle 19:00, così **potremmo** mangiare una pizza dopo.
Raffaele: Benissimo! **Ci sto**!

▶ Veja a tradução desse diálogo na p. 387.

OCCHIO AL VOCABOLARIO, ALLE FRASI ED ESPRESSIONI 9

Ti andrebbe di (v. andare – 3ª pers. sing. cond. semplice, con pronome 2ª pers.): Você gostaria de...? Você toparia...? Você está a fim de...?

Danno (v. dare – 3ª pers. pl. presente ind.): v. dar, aqui usado como "está passando" (filme, programa, show)

Fantascienza: ficção científica

Mica tanto = non tanto: não muito (como ênfase em uma negação)

Preferirei (v. preferire – 1ª pers. sing. cond. semplice): (eu) preferiria

Esaurito/i = interamente venduto/i: esgotado/s

Peccato = (1) esprime dispiacere; (2) trasgressione dei precetti religiosi: (1) que pena, (2) pecado

Avremmo dovuto (v. avere + v. dovere – 1ª pers. pl. cond. composto): deveríamos ter...

Comprerei (v. comprare – 1ª pers. sing. cond. semplice): (eu) compraria

Impegno = compito; incombenza: compromisso

Vorresti (v. volere – 2ª pers. sing. cond. semplice): v. querer, mas usado aqui como gostar – Você gostaria de...?

Potremmo (v. potere – 1ª pers. pl. cond. semplice): poderíamos

Ci sto (figurativo) = sono d'accordo: Eu topo! Estou dentro!

ıllıll 35 **DIALOGO 9 – COMPRENSIONE DEL DIALOGO**

1. Dove vorrebbero andare Nicola e Raffaele?
2. Che tipo di film danno al Cinema Vittoria?
3. A Nicoletta piacciono i film di fantascienza?
4. Cosa avrebbero dovuto fare per poter vedere la commedia?
5. A che ora vanno al cinema?

GRAMMATICA APPLICATA 9

Futuro do pretérito simples do indicativo *(condizionale semplice)* e futuro do pretérito composto do indicativo *(condizionale composto)* dos verbos regulares e irregulares

FUTURO DO PRETÉRITO (CONDIZIONALE)

Ao contrário do português, em italiano, o *condizionale* não é um tempo do indicativo, mas é um outro modo verbal. É correspondente ao nosso futuro do pretérito do indicativo e apresenta dois tempos: presente *(condizionale presente ou semplice)* e passado *(condizionale passato ou composto)*.

Uso do futuro do pretérito simples
(condizionale presente o semplice)
Indica:
➤ desejo
➤ intenção
➤ forma de cortesia
➤ conselho
➤ eventualidade
➤ dúvida ou fato do qual não se tem 100% certeza

Uso do futuro do pretérito composto
(condizionale passato o composto)
O *condizionale passato* ou *composto* é um tempo composto formado pelo *condizionale presente* ou *semplice* do verbo auxiliar seguido do particípio passado do verbo principal.

Corresponde em português a estruturas como "gostaria de ter ido", "poderia ter comprado", "deveria ter lido".

Indica:
➤ uma ação que não pôde ser realizada no passado
➤ uma ação que não se pode realizar nem no presente nem no futuro
➤ uma ação posterior em relação a uma outra em um tempo passado
➤ uma dúvida ou um fato passado do qual não se tem 100% certeza

VERBOS REGULARES			
	1ª Conjugação	2ª Conjugação	3ª Conjugação	
	-ARE	-ERE	-IRE	
	telefonARE	scrivERE	partIRE	capIRE
	telefonar	escrever	partir	entender
io	telefon-**e-rei**	scriv-**e-rei**	part-**i-rei**	cap-**i-rei**
tu	telefon-**e-resti**	scriv-**e-resti**	part-**i-resti**	cap-**i-resti**
lui/lei/Lei	telefon-**e-rebbe**	scriv-**e-rebbe**	part-**i-rebbe**	cap-**i-rebbe**
noi	telefon-**e-remmo**	scriv-**e-remmo**	part-**i-remmo**	cap-**i-remmo**
voi	telefon-**e-reste**	scriv-**e-reste**	part-**i-reste**	cap-**i-reste**
loro/Loro	telefon-**e-rebbero**	scriv-**e-rebbero**	part-**i-rebbero**	cap-**i-rebbero**

Futuro do pretérito simples dos verbos terminados em -*ciare* e -*giare*

Os verbos terminados em -*ciare* e -*giare*, no futuro do pretérito simples perdem o -*i*.

cominCIARE (começar)	manGIARE (comer)
cominc-**erei**	mang-**erei**
cominc-**eresti**	mang-**eresti**
cominc-**erebbe**	mang-**erebbe**
cominc-**eremmo**	mang-**eremmo**
cominc-**ereste**	mang-**ereste**
cominc-**erebbero**	mang-**erebbero**

Atenção: aos verbos terminados em -*care*, -*gare*, acrescenta-se um "*h*" em todas as pessoas:

dimenticare

dimenticherei, dimenticheresti...

pagare

pagherei, pagheresti...

Tabela com os verbos irregulares mais comuns. Apresentamos apenas a 1ª pessoa do singular; para as demais basta utilizar a terminação da tabela acima.

140

VERBOS IRREGULARES		
AVERE (ter, possuir)	av	-rei
ESSERE (ser, estar)	sa	-rei
ANDARE (ir)	and	-rei
BERE (beber)	ber	-rei
DARE (dar)	da	-rei
DIRE (dizer)	di	-rei
DOVERE (dever)	dov	-rei
PORRE (por)	por	-rei
POTERE (poder)	pot	-rei
RIMANERE (ficar)	rimar	-rei
SAPERE (saber)	sap	-rei
STARE (ficar)	sta	-rei
TENERE (segurar)	ter	-rei
TRADURRE (traduzir)	tradur	-rei
VEDERE (ver)	ved	-rei
VENIRE (vir)	ver	-rei
VIVERE (viver)	viv	-rei
VOLERE (querer)	vor	-rei

Exemplos de uso em frases contextualizadas:

Vorrei vedere i pantaloni neri che sono in vetrina.
(Gostaria de ver a calça preta que está na vitrine.)
Potrebbe chiudere la porta per favore?
(Poderia fechar a porta, por favor?)
Vi piacerebbe venire al mare con noi?
(Vocês gostariam de ir à praia com a gente?)
Ho fame, mangerei una pizza.
(Estou com fome, [eu] comeria uma pizza.)
Avrei voluto comprare un computer nuovo, ma non avevo i soldi.
(Queria ter comprado um computador novo, mas [eu] não tinha o dinheiro.)
Ti avrei telefonato ieri sera, ma ero occupata.
(Eu teria te telefonado ontem à noite, mas estava ocupada.)

Enzo mi ha detto che sarebbe venuto a prendermi a scuola.
(Enzo me disse que teria vindo me buscar na escola.)
Ieri avrei studiato di più, ma non mi sentivo bene.
(Ontem eu teria estudado mais, mas não estava me sentindo bem.)

VOCABOLARIO SISTEMATICO 9

GENERI DI FILM, PERSONAGGI, LETTERATURA

film di avventure (filmes de ação)
commedie (comédias)
film d'amore (filme romântico)
giallo (filme policial)
thriller/suspense (suspense)
film di guerra (filmes de guerra)
western (western)
fantascienza (ficção científica)
film noir (filmes noir, gênero cinematográfico que une elementos policiais e de suspense)
commedia musicale (comédia musical)
commedia all'italiana (comédia à italiana - gênero cinematográfico que surgiu nos anos 1950, combinando situações satíricas e críticas)
film kolossal (filme épico)
tragedia (tragédia)
dramma (drama)
attore (ator)
attrice (atriz)
comico (comediante)
personaggio (personagem)
giornale/quotidiano (jornal)
libro (livro)
opuscolo (opúsculo/livreto)
fascicolo (fascículo)

Ex.: **Che tipo di film preferisci?**
(Que tipo de filme você prefere/ gosta?)
Preferisco le commedie.
(Prefiro comédias.)
A me piacciono i thriller.
(Gosto de suspenses.)

Ex.: **Vai spesso al cinema?**
(Você vai sempre ao cinema?)
Vado al cinema una volta al mese circa.
(Vou ao cinema aproximadamente uma vez por mês.)

LA FRUTTA

mela (maçã)
banana (banana)
arancia (laranja)
pera (pera)
uva (uva)
limone (limão)
fragola (morango)
pesca (pêssego)
melone (melão)
pescanoce/nettarina (nectarina)
anguria/cocomero (melancia)
ciliegia (cereja)
cocco (coco)
ananas (abacaxi)
mandarino (mexerica)
pompelmo (toranja)
mango (manga)
avocado (abacate)
prugna/susina (ameixa)
guava (goiaba)
mirtillo (mirtilo)
mora (amora)
lampone (framboesa)

ribes (groselha)
nespola (nêspera)
papaia (papaia)
macedonia (salada de frutas)

ESERCIZI PRATICI 9

〰 36 I. Ascolta le domande e cerchia la risposta giusta.

1. a) Sì, mi piacerebbe.
    b) Mi piacerei andare al cinema.
    c) Io preferirei stare a casa.

2. a) No, grazie, sto bene così.
    b) No, non prenderebbe niente.
    c) Sì, prenderesti uno.

3. a) Preferisco il teatro.
    b) Adoro i film gialli.
    c) Vado al cinema tutte le settimane.

4. a) Vorrebbe andare a trovare suo fratello.
    b) Vorreste andare al mare.
    c) Vorremmo andare al cinema.

5. a) Comprerei quella con il giardino.
    b) Comprerebbe quella con il giardino.
    c) Compreremmo quella con il giardino.

6. a) No, sarebbe uscito, ma faceva troppo freddo.
    b) No, sarei uscito, ma faceva troppo freddo.
    c) No, sarebbe uscita, ma faceva troppo freddo.

7. a) Mangeresti una pesca.
    b) Mangerei volentieri una macedonia.
    c) Mangerebbero una pera.

8. a) Preferirei le commedie.
   b) No, preferiscono i thriller.
   c) No, preferisco le commedie.

9. a) Li avrei fatti, ma erano troppo difficili.
   b) Li farei, ma non ho avuto tempo.
   c) Li facevo, ma era troppo tardi.

10. a) Mi dispiace, non ce l'abbiamo.
    b) Mi dispiace, non ce l'ho.
    c) Mi dispiace, non ce l'avevamo.

ılı|l 37 II. Dettato: ascolta le frasi e scrivile.

1. _____

2. _____

3. _____

4. _____

5. _____

III. Cerchia la risposta giusta.

1. Verresti con noi a pranzo?
   a) Preferirei andare a cena.
   b) Sarebbe un piacere, volentieri.
   c) Sareste bello.

2. Quando ti piacerebbe andare a trovarli?
   a) Non lo so, domenica magari.
   b) Sì, ci andrei.
   c) Gli ho parlato ieri.

3. Berresti qualcosa?
   a) Una porzione di tagliatelle.
   b) No, berremmo un bicchiere d'acqua.
   c) Un bicchiere di acqua brillante, grazie.

4. Faresti una passeggiata adesso?
   a) Sì, farebbe bene.
   b) Sì, volentieri.
   c) La faremmo, ma siamo stanchi.

5. Ti piacciono i film western?
   a) No, preferisco i film di fantascienza.
   b) Gli piacciono.
   c) No, preferiamo i film polizieschi.

IV. Scrivi delle domande o frasi per le seguenti risposte.

1. _____?
Marta va da sua sorella almeno una volta al mese.

2. _____?
Mi piacerebbe molto andare in montagna sabato.

3. _____?
Ti presterei questi CD, ma non li ho ancora ascoltati.

4. _____?
Stasera preferirei stare a casa.

5. _____?
I film romantici mi piacciono da morire.

V. Segna la parola o espressione che non appartiene alla serie.

1. lampone – ciliegia – uva – pancetta – pera – fragola
2. thrillers – fantascienza – radio – western – storie d'amore – commedie
3. lei – loro – noi – voi – io – mio
4. commedia – dramma – tragedia – giallo – western – insegnante
5. giornale – rivista – libro – fascicolo – opuscolo – matita

DIALOGO 10
Hai fatto una dieta?

Matteo: Ciao Daniele, **è da un po' che non ci vediamo**. Come va?
Daniele: Bene, grazie. Mi sembri più magro dell'ultima volta che ci siamo visti. Hai fatto una dieta?
Matteo: Chi, io? No! Vado in **palestra** tre volte alla settimana. Hai ragione, però. Ero più grasso.
Daniele: Sicuramente ti sentirai meglio, vero? Quanti chili hai perso?
Matteo: Ne ho persi quattro. Adesso **mi sento** veramente **in forma**.
Daniele: Fantastico! Ho saputo che hai cambiato casa. Dove abiti adesso?
Matteo: Adesso abito in centro, in un appartamento più **spazioso e luminoso**, ho tutto **sotto casa** e sono più **vicino** all'**ufficio**.
Daniele: Da quanto tempo abiti lì?
Matteo: Ci abito **da sei mesi**. Mi trovo proprio bene. E tu **cosa fai di bello** ultimamente?
Daniele: Abito sempre nella stessa casa e lavoro nella stessa **azienda**. **Secondo me**, è molto **conveniente**.
Matteo: Sono **contento**!

▶ Veja a tradução desse diálogo na p. 388.

OCCHIO AL VOCABOLARIO, ALLE FRASI ED ESPRESSIONI 10

È da un po' che non ci vediamo (v. vedere – 1ª pers. pl. presente ind.) = Da quanto tempo non ci si vede: faz tempo que não nos vemos, faz tempo que a gente não se vê

Ci (v. gramática aplicada lição 10): nos (pronome reflexivo)

Bene grazie = molto bene; non c'è male: bem, obrigado/a

Palestra = locale per l'allenamento sportivo: academia de ginástica

Mi sento in forma: me sinto em forma, em boa forma física

Ne (v. gramática aplicada lição 10): pronome partitivo

Fantastico = eccellente: excelente, fantástico

Spazioso = grande: espaçoso, grande

Luminoso = chiaro: luminoso, claro

Sotto casa = vicino a casa: perto de casa

Vicino = accanto: perto

Ufficio = stanza in cui si svolge un'attività: escritório

Da sei mesi: há seis meses, faz seis meses

Davvero = veramente: realmente, de verdade

Soddisfatto = lieto, contento: satisfeito, contente

Cosa fai di bello?: o que você está fazendo de bom?

Azienda = impresa; ditta: empresa, firma

Conveniente = opportuno: conveniente, prático

Contento = lieto; allegro; soddisfatto: contente, alegre, satisfeito

---

ılı|ılı 39 **DIALOGO 10 – COMPRENSIONE DEL DIALOGO**

1. Perché Matteo è dimagrito?
2. Si sente bene?
3. Com'è il nuovo appartamento di Matteo?
4. Da quanto tempo abita lì?
5. E Daniele dove abita?

GRAMMATICA APPLICATA 10
Uso das partículas *"ci"* e *"ne"*

Em italiano os verbos transitivos são sempre acompanhados dos relativos complementos, que podem ser representados por pronomes (diretos e indiretos) ou pelas particelle (partículas) **ci** e **ne**.

USO DA PARTÍCULA *"CI" (PARTICELLA CI)*

➤ pronome direto, indireto e reflexivo da 1ª pessoa do plural (**noi**) (nós)
Obj. direto – **Lui ci saluta sempre.** (Ele sempre nos cumprimenta.)
Obj. indireto – **Luigi ci ha indicato la strada.** (Luigi nos indicou o caminho.)
Reflexivo – **In estate ci alziamo presto.** (No verão, nos levantamos cedo.)

➤ substitui expressões que iniciam com a preposição **a** (**a ciò, a questa** o **a quella cosa**) – nisso, naquilo
Sai che sta piovendo? Non ci credo! (non credo a questo.)
(Sabe que está chovendo? Não acredito nisso!)

➤ advérbio, que substitui um lugar já mencionado anteriormente (**questo o quel luogo**) – aqui, lá
Andrai a Londra? Sì, ci andrò sabato.
(Você irá a Londres? Sim, irei (lá) sábado.)

➤ acompanha o verbo **essere** formando com ele o verbo **esserci** (**esistere**, **trovarsi**) – haver, ter, existir
In questo treno c'è una carrozza bar.
(Neste trem há um vagão bar.)

➤ usa-se em locuções fixas, como **volerci** (ser necessário) e **farcela** (conseguir)
Ci vogliono due giorni per riparare l'ascensore.
(São necessários dois dias para consertar o elevador.)
Non ce la farò a finire il lavoro per domani.
(Não conseguirei terminar o trabalho para amanhã.)

151

▶ substitui expressões que começam com a preposição *con, con questa/quella persona o cosa* (com ele, com ela etc.)
Hai già parlato con il direttore? No, <u>ci</u> parlerò domani.
(Você já falou com o diretor? Não, falarei com ele amanhã.)

▶ uso pleonástico
Accendiamo le luci. Non <u>ci</u> si vede bene <u>qui</u>.
(Vamos acender as luzes. Não se vê bem aqui.)

Obs.: O *ci* é invariável em gênero e número e se usa sempre antes do verbo.

Exemplos de uso em frases contextualizadas:

Roberto ci ha visto quando uscivamo da casa.
(Roberto nos viu quando estávamos saindo de casa.)
Ornella ci ha portato un bellissimo libro.
(Ornella nos trouxe um lindo livro.)
Non ci siamo divertiti alla festa di ieri.
(Não nos divertimos na festa de ontem.)
Adriana, se vai al parco, ci vengo anch'io.
(Adriana, se você for ao parque eu também vou.)
Il mio lavoro è molto rischioso, ma io non ci penso.
(O meu trabalho é muito arriscado, mas eu nunca penso nisso.)
Non ci sono più biglietti per sabato.
(Não há mais ingressos para sábado.)
Ci vogliono pochi ingredienti per fare questa focaccia.
(São necessários poucos ingredientes para fazer esta torta.)
Hai parlato con il professore per l'esame? No, non ci ho ancora parlato.
(Você falou com o professor sobre o exame? Não, ainda não falei com ele.)
Parla più forte, perché non ci sento bene.
(Fale mais alto porque não estou ouvindo bem.)

USO DA PARTÍCULA *"NE"* (PARTICELLA NE)

▶ em geral o **ne** se usa para exprimir quantidades, números ou quantidades negativas -*niente* (nada), -*nessuno* (ninguém), etc. Neste caso o **ne** é considerado pronome partitivo e tem valor de pronome direto.
Quanti libri hai letto quest'anno? <u>Ne</u> ho letti cinque.
(Quantos livros você leu este ano? Li cinco [livros].)
Hai mandato i rapporti? No, non <u>ne</u> ho mandato nessuno.
(Você mandou os relatórios? Não, não mandei nenhum.)

▶ pronome que substitui um complemento que inicia com a preposição *di* (disso, daquilo, dele(s), dela(s)
Il calcio non mi piace, quindi non <u>ne</u> parlo mai.
(Não gosto de futebol, portanto nunca falo disso.)

▶ pronome que substitui um complemento que inicia com a preposição *da* (deste ou daquele lugar)
Rossella è andata in Scozia e <u>ne</u> è tornata ieri.
(Rossella foi para a Escócia e voltou (de lá) ontem.)

▶ pleonástico
L'hai lasciato? Sì, non me <u>ne</u> importa più niente <u>di lui</u>.
(Você o deixou? Sim, não me importa mais nada dele.)
Sai qualcosa di Enrico? Non <u>ne</u> so niente <u>di lui</u>.
(Você sabe algo do Enrico? Não sei nada dele.)

Obs.: É invariável em gênero e número e pode ser acoplado aos pronomes indiretos como abaixo:

	mi	ti	gli	le	ci	vi	gli
Ne	**me ne**	**te ne**	**gliene**	**gliene**	**ce ne**	**ve ne**	**gliene**

Exemplos de uso em frases contextualizadas.

– Marianna, quante bottiglie di vino porti a Marco?
(– Marianna, quantas garrafas de vinho você vai levar para Marco?)
– Gliene porto quattro. (– Vou levar três.)
– Vuoi un caffè? (– Você quer um café?)
– No, grazie, ne ho già presi tre.
(– Não, obrigado, já tomei três.)
– Lascia perdere. Non se ne parla più!
(– Deixa pra lá. Não se fala mais disso!)
– Sono stanco! Non ne posso più, me ne vado.
(– Estou cansado. Não aguento mais. Vou embora.)
– Se vuoi leggere un bel libro, te ne presto uno.
(– Se você quiser ler um bom livro, te empresto um.)

VOCABOLARIO SISTEMATICO 10

IL CORPO

mano/i (mão/s)
dito/dita (dedo/s)
unghia/unghie (unhas/s)
braccio/braccia (braço/s)
polso/i (pulso/s)
spalla/e (ombro/s)
stomaco (estômago)
pancia (barriga)
schiena (costas)
gomito/i (cotovelo/s)
gamba/e (perna/s)
ginocchio/ginocchia o ginocchi (joelho/s)
piede/i (pé/s)
polmoni (pulmões)
reni (rins)

fegato (fígado)
cuore (coração)
tallone/calcagno (calcanhar)
vita (cintura)
coscia/cosce (coxa/s)
petto (peito)
fianchi/anche (quadril)
caviglia (tornozelo)
pene (pênis)
vagina (vagina)

IL VISO/LA FACCIA

occhio/occhi (olho/s)
orecchio/orecchie o orecchi (orelha/s)
sopracciglio/sopracciglia o sopraccigli (sobrancelha/s)
ciglio/ciglia (cílio/s)
palpebra/e (pálpebra/s)
bocca (boca)
dente/i (dente/s)
gengiva (gengiva)
labbro/labbra (lábio/s)
lingua (língua)
naso (nariz)
testa (cabeça)
fronte (testa)
capelli (cabelos)
mento (queixo)
mascella (maxilar)
gola (garganta)
guancia (bochecha)
barba (barba)
baffi (bigodes)
pizzo (cavanhaque)
basette (costeletas)
zigomo (zigoma/maçã do rosto)
collo (pescoço)

Ex.: **Quante volte al giorno ti lavi i denti?**
(Quantas vezes ao dia você escova os dentes?)
Mi lavo i denti tre volte al giorno.
(Escovo os dentes três vezes por dia.)

I DOLORI

mal di testa (dor de cabeça)
mal di denti (dor de dente)
mal di stomaco/di pancia (dor de estômago/ barriga)
mal d'orecchio/otite (dor de ouvido/otite)
mal di schiena (dor nas costas)
mal di gola (dor de garganta)
colica (cólica)

Ex.: **Ti senti bene?** (Você está se sentindo bem?)
No, ho mal di testa, devo prendere una pastiglia di aspirina.
(Não, estou com dor de cabeça, preciso tomar um comprimido de aspirina.)

ESERCIZI PRATICI 10

40 I. Ascolta le domande e cerchia la risposta giusta.

1. a) Ne sono tornato ieri.
   b) Ci sono tornato ieri.
   c) C'è tornato ieri.

2. a) Sì, ci ho ancora una.
   b) No, ho nessuna tavoletta.
   c) Sì, ne ho ancora una tavoletta.

3. a) No, non ci ho nessuno.
   b) No, non ne ho nessuno.
   c) No, non ce ne conosco nessuno.

4. a) Sì, ne hanno conosciuti diversi.
   b) Sì, ce ne hanno conosciuti diversi.
   c) Sì, ci hanno conosciuti diversi.

5. a) Ce ne vengo anch'io.
   b) Ci vengo anch'io.
   c) Ce vengo anch'io.

6. a) Sì, ci l'ho.
   b) Sì, ce ne ho.
   c) Sì, ce l'ho.

7. a) Sì, ci sono già stato due volte.
   b) Sì, ce ne sono stato due volte.
   c) Sì, ce sono stato.

8. a) Ce ne andiamo con Marta.
   b) Ci andiamo con Marta.
   c) Ne andiamo con Marta.

9. a) Ci vado la domenica.
   b) Ne vado due la domenica.
   c) Ce ne vado la domenica.

10. a) Me ne sono contentissimo.
    b) Ce ne sono contentissimo.
    c) Ne sono contentissimo.

ıı|ıı|ıı 41 II. Dettato: ascolta le frasi e scrivile.

1. _____

2. _____

3. _____

4. _____

5. _____

III. Cerchia la risposta giusta.

1. Quante mele vuole, Signora?
   a) Ci voglio tre.
   b) Ne voglio tre.
   c) Ce ne voglio tre.

2. Sei già stata in Sardegna?
   a) No, non ci sono mai stata.
   b) No, non ne sono mai stata.
   c) No, non ce ne sono mai stata.

3. Quante persone hai invitato?
   a) Ce ne ho invitate cinque.
   b) Ci ho invitate cinque.
   c) Ne ho invitate cinque.

4. Quanti esercizi hai fatto?
   a) Ce ne ho fatti dieci.
   b) Ne ho fatti dieci.
   c) Ci ho fatti dieci.

5. Hai visto qualche film di Benigni?
   a) Ne ho visti due.
   b) Ce ne ho visti due.
   c) Ci ho visti due.

IV. Scrivi delle domande o frasi per le seguenti risposte.

1. _____?
Ci vado io a comprare il pane.

2. _____?
In vacanza ci vado con i miei genitori.

3. _____?
Ne prendo una fetta, grazie.

4. _____?
Ne voglio sei.

5. _____?
Ci vogliono due ore in treno per arrivare a Genova.

V. Segna la parola o espressione che non appartiene alla serie.

1. piede – mal di schiena – mano – braccio – gamba – petto
2. acqua – latte – pane – succo – caffè – té
3. bocca – naso – lingua – piede – occhi – orecchie
4. mal di stomaco – mal d'orecchio – mal di denti – spalla – mal di testa – mal di schiena
5. cotoletta – tonno – pollo – pesce – birra – tacchino

LEZIONE 11

42 DIALOGO 11
Mi prendo cura io dei bambini.

Sofia: Caro, devo andare a Berlino per lavoro la prossima settimana.
Leonardo: Ah! Sì? E quanto tempo **ti fermi**?
Sofia: Tre o quattro giorni. Sono preoccupata per i bambini. Come facciamo durante la mia assenza?
Leonardo: Stai tranquilla, **mi prendo cura** io dei bambini.
Sofia: Allora **stai attento** perché Alessio ama giocare al computer e Beatrice ama parlare al telefono con le amiche. Però devono **coricarsi** presto, altrimenti non si **svegliano** in tempo per andare a scuola.
Leonardo: Ci penso io! A che ora devono **alzarsi**?
Sofia: Devono alzarsi verso le 7,00, **farsi la doccia**, **vestirsi** e fare colazione. Sei sicuro che **ti ricorderai** di tutto?
Leonardo: Ma sì! Vedrai che **me la caverò** benissimo.
Sofia: Speriamo bene. Così vado tranquilla.
Leonardo: Lo so che questo viaggio è importante per il tuo lavoro. Vedrai che **ci arrangeremo**.

▶ Veja a tradução desse diálogo na p. 388.

OCCHIO AL VOCABOLARIO, ALLE FRASI ED ESPRESSIONI 11

Ti fermi (v. rifl. fermarsi – 2ª pers. sing. presente ind.) = restare: você fica, permanece

Mi prendo cura (v. rifl. prendersi + cura – 1ª pers. sing. presente ind.) = occuparsi; badare: eu cuido, tomo conta de

Stai attento (v. stare + attento – 2ª pers. sing. imperativo) = fai attenzione: tome cuidado, preste atenção

Coricarsi (v. rifl. coricarsi – infinito) = andare a letto; andare a dormire: recolher-se, ir dormir

Si svegliano (v. rifl. svegliarsi – 3ª pers. pl. presente ind.) = destarsi: acordam, despertam

Ci penso io (v. pensare + ci – 1ª pers. sing. presente ind.) = me ne occupo io: eu cuido disso, eu penso nisso, deixa comigo

Alzarsi (v. rifl. alzarsi – infinito) = levarsi: levantar-se

Farsi la doccia (v. rifl. farsi + la doccia – infinito) = lavarsi: tomar banho

Vestirsi (v. rifl. vestirsi – infinito) = indossare gli indumenti: vestir-se

Ti ricorderai (v. rifl. ricordarsi – 2ª pers. sing. futuro semplice ind.) = rammentarsi: lembrar-se, recordar-se

Me la caverò (v. cavarsela – 1ª pers. sing. futuro semplice ind.) = riuscire a: vou me sair bem, vou me virar

Ci arrangeremo (v. rifl. arrangiarsi – 1ª pers. pl. futuro semplice ind.) = riuscire a; cavarsela: nos sairemos bem

ılıllı· 43 **DIALOGO 11 – COMPRENSIONE DEL DIALOGO**

1. Dove deve andare Sofia?
2. Perché ci va e quanto tempo si ferma?
3. Chi si prenderà cura dei bambini?
4. A che ora devono alzarsi i bambini?
5. Cosa devono fare i bambini prima di andare a scuola?

GRAMMATICA APPLICATA 11

Verbos pronominais: reflexivos e recíprocos *(verbi riflessivi e reciproci)* e frases idiomáticas 1 *(frasi idiomatiche)*

VERBOS REFLEXIVOS E RECÍPROCOS

Verbos reflexivos: forma verbal em que a ação realizada pelo sujeito se reflete sobre si mesmo.

Expressa-se através de um verbo cujo sujeito executa e, ao mesmo tempo, sofre a ação do verbo (ação reflexiva).

Ex.: **La bambina <u>si è pettinata</u> ed è uscita.**
(A menina se penteou e saiu.)

Verbos recíprocos: é uma variante da voz reflexiva e indica reciprocidade na ação.

Ex.: **Loro <u>si scrivono</u> da tre anni.** (Eles se escrevem há três anos.)

Os pronomes reflexivos complementam o verbo e refletem a pessoa e o número do sujeito e são:

mi (me)	**ci** (nos)
ti (te)	**vi** (vos)
si (se) 3ª pess. sing.	**si** (se) 3ª pess. pl.

Com os verbos no infinitivo, o pronome vem depois do verbo e unido a ele. Neste caso, perde a vogal **-e** final, ex.: **pettinare – pettinarsi** (pentear-se).

Ex.: **I bambini non <u>si pettinano</u> mai quando <u>si lavano</u> i capelli.**
(As crianças nunca se penteiam quando lavam os cabelos.)

Em geral, os pronomes reflexivos vêm antes do verbo e, ao contrário do português, em italiano é possível iniciar uma frase com um pronome.

Ex.: **Mi sveglio sempre tardi la domenica.**
(Acordo sempre tarde aos domingos.)

O auxiliar dos verbos reflexivos na formação dos tempos compostos é o verbo **essere**, portanto, o particípio passado concorda em gênero e número com o sujeito da frase.

Ex.: **Marina si è vestita in fretta stamattina.**
(Marina se vestiu rapidamente hoje de manhã.)
Paolo e Giovanni si sono incontrati al bar.
(Paolo e Giovanni se encontraram no bar.)

Exemplos de uso em frases contextualizadas:

I bambini non si sono lavati stamattina.
(As crianças não se lavaram esta manhã).
Tutti i giorni, io mi alzo molto presto.
(Todos os dias, eu me levanto muito cedo.)
Luisa si veste sempre molto bene.
(Luisa se veste sempre muito bem.)
Giovanni e Ornella si sono conosciuti molti anni fa.
(Giovanni e Ornella se conheceram há muitos anos.)
Vi siete divertiti alla festa di Luca?
(Vocês se divertiram na festa de Luca?)
Raffaella e Diego si sono comportati molto male.
(Raffaella e Diego comportaram-se muito mal.)
Piero e Gabriella si vedevano ogni domenica.
(Piero e Gabriella se viam/se encontravam todos os domingos.)
Noi ci incontriamo alla fermata dell'autobus tutti i giorni alle otto.
(Nós nos encontramos no ponto de ônibus todos os dias às oito.)

FRASES IDIOMÁTICAS 1

A língua italiana é muito rica em expressões idiomáticas. A seguir apresentamos uma lista das mais usadas.

Accorgersi/accorgersene (perceber, dar-se conta, aperceber-se)
Andarsene (ir embora de algum lugar)
Avere a che fare/avere a che vedere (ter a ver)
Averne abbastanza (não aguentar mais, "estar cheio(a)")
Cavarsela (sair-se bem em uma situação, "se virar")
Cogliere l'occasione (aproveitar a oportunidade)
Dare retta (dar ouvidos, escutar, considerar)
Entrarci (ter a ver com uma situação)
Farcela (conseguir, aguentar)
Farci caso (perceber, prestar atenção)
Fare a meno (renunciar, prescindir, "deixar de")
Farlo apposta (fazer de propósito)
Farsi capire (fazer-se entender, ser claro)
Fregarsene/non importarsene (não dar importância, "não ligar", não estar "nem aí")
Prendersi cura/aver cura (cuidar, tomar conta)

Exemplos de uso em frases contextualizadas:

Non mi sono accorta che Luigi non c'era.
(Não percebi que Luigi não estava.)
Me ne vado perché non voglio arrivare in ritardo a scuola.
(Vou embora porque não quero chegar atrasado na escola.)
Non avevo niente a che fare con quella storia!
(Eu não tinha nada a ver com aquela história.)
Non voglio sentirti più, ne ho abbastanza!
(Não quero mais te ouvir, não aguento mais!)
Me la cavavo bene in quel lavoro perché ero preparato.
(Eu me saía bem naquele trabalho porque estava preparado.)
Ho colto l'occasione per dirgli che lo stimavo profondamente.
(Aproveitei a oportunidade para lhe dizer que eu o estimava profundamente.)
Se ti avessi dato retta, non avrei fatto debiti.
(Se eu tivesse te dado ouvidos, não teria feito dívidas.)
Marta non c'entra in quella faccenda.
(Marta não tem a ver com aquela situação.)

Ce la fai a finire questo rapporto per domani?
(Você consegue terminar este relatório até amanhã?)
Vittorio ti guarda in un modo diverso! Ci hai fatto caso?
(Vittorio te olha de uma maneira diferente! Você percebeu?)
Non posso fare a meno di mangiare cioccolato tutti i giorni!
(Não posso deixar de comer chocolate todos os dias!)
Scusate, non l'ho fatto apposta.
(Desculpem, não fiz de propósito.)
Bambini, non giocate a pallone qui dentro! Mi faccio capire?
(Crianças, não joguem bola aqui dentro! Fui clara?)
Adesso me ne frego di lui!
(Agora não me importo mais com ele!)
Mi prendo cura io dei bambini.
(Eu cuido das crianças.)

VOCABOLARIO SISTEMATICO 11

LE FACCENDE DOMESTICHE

pulire la casa (limpar a casa)
lavare i piatti (lavar os pratos)
passare l'aspirapolvere (passar aspirador de pó)
stirare (passar roupas)
ferro da stiro (ferro de passar roupa)
portare fuori la spazzatura (levar o lixo para fora)
pattumiera (lixeira)
spazzare (varrer)
spolverare (tirar o pó)
fare il bucato (lavar a roupa de cama, mesa e banho)
lavori domestici/ faccende di casa (serviço doméstico)
domestica/ donna di servizio/ colf (collaboratrice familiare) (empregada doméstica)

Ex.: **Aiuti tua moglie a pulire la casa?**
(Você ajuda sua esposa a limpar a casa?)
Certo, lavo sempre i piatti e porto fuori la spazzatura.
(Claro, eu sempre lavo os pratos e levo o lixo para fora.)

GLI ELETTRODOMESTICI

frigorifero (geladeira)
forno (forno)
forno a microonde (micro ondas)
caffettiera (cafeteira)
lavatrice/ lavabiancheria (máquina de lavar)
lavastoviglie (lava louça)
aspirapolvere (aspirador de pó)
asciugacapelli/ fon (secador de cabelos)
telefono (telefone)
asciugatrice (secadora)
frullatore (liquidificador)
fornello a gas (fogão)
tostapane (torradeira)
robot da cucina (batedeira, processador)

Ex.: **Hai la lavastoviglie?** (Você tem máquina de lavar louça?)
Non mi piace il forno a microonde, preferisco il forno a gas.
(Não gosto de forno de micro-ondas, prefiro o forno a gas.)

ESERCIZI PRATICI 11

ılı|||ı 44   I. Ascolta le domande e cerchia la risposta giusta.

1. a) Si sono dimenticata completamente
    b) No, me ne sono dimenticata completamente.
    c) Ci sono dimenticata completamente.

2. a) Sì, si sono iscritto la settimana scorsa.
    b) Sì, ci siamo iscritti la settimana scorsa.
    c) Sì, si è iscritto la settimana scorsa.

3.   a) Ce ne siamo resi conto troppo tardi.
     b) Ve ne siete resi conto troppo tardi.
     c) Ci abbiamo reso conto troppo tardi.

4.   a) Si sono alzati alle nove.
     b) Ci hanno alzato alle nove.
     c) Ci siamo alzati alle nove.

5.   a) Sì, si ammala molto facilmente.
     b) Sì, si ha ammalata.
     c) Sì, ci ammala molto facilmente.

6.   a) Sì, si hanno preparati bene per l'esame.
     b) Sì, perché si sono preparati bene per l'esame.
     c) Sì, ci siamo preparati bene per l'esame.

7.   a) Me la cavavo abbastanza bene.
     b) Mi sono cavata abbastanza bene.
     c) Me la sono cavata abbastanza bene.

8.   a) La nonna si prendeva cura del cane.
     b) La nonna si prende cura del cane.
     c) La nonna si ha preso cura del cane.

9.   a) Ci vuole circa 50 minuti.
     b) Si vogliono circa 50 minuti.
     c) Ci vogliono circa 50 minuti.

10. a) Mi sono fatta male con il coltello.
     b) Mi ho fatto male con il coltello.
     c) Si sono fatta male con il coltello.

45   II. Dettato: ascolta le frasi e scrivile.

1. _____

2. _____

3. _____

4. _____

5. _____

III. Cerchia la risposta giusta.

1. I bambini si sono lavati?
   a) Sì, ci sono lavati.
   b) Sì, si sono lavati.
   c) Sì, vi sono lavati.

2. Ti sei iscritto all'Università?
   a) No, non mi sono ancora iscritto.
   b) No, non me ne sono ancora iscritto.
   c) No, non si sono ancora iscritto.

3. Perché te ne sei andata così presto?
   a) Mi sono andata perché la festa era troppo noiosa.
   b) Si sono andata perché la festa era troppo noiosa.
   c) Me ne sono andata perché la festa era troppo noiosa.

4. Perché gli studenti si lamentano?
   a) Ci lamentiamo perché, secondo loro, gli esercizi sono troppo difficili.
   b) Si lamentano perché, secondo loro, gli esercizi sono troppo difficili.
   c) Si hanno lamentato perché, secondo loro, gli esercizi sono troppo difficili.

5. Dove ci incontriamo?
   a) Ci incontriamo al bar del centro.
   b) Vi siamo incontrati al bar del centro
   c) Si incontriamo al bar del centro.

IV. Scrivi delle domande o frasi per le seguenti risposte.

1. _____?
Mio padre si è arrabbiato perché sono arrivata tardi.

2. _____?
Sì, mi sono perso perché non avevo la cartina della città.

3. _____?
Bruno se n'è andato verso le dieci.

4. _____?
I bambini si sono comportati proprio bene.

5. _____?
Le ragazze si sono bagnate perché sono uscite senza ombrello.

V. Segna la parola o espressione che non appartiene alla serie.

1. microonde – lavatrice – forno – divano – caffettiera – frigorifero
2. lavare i piatti – stirare – portare fuori la spazzatura – spolverare
   – fare il compito – pulire la casa
3. fon – robot da cucina – frullatore – tostapane – frigorifero –
   spazzatura
4. gamberetto – pesce – pasta – carne – vino – pollo
5. salotto – cucina – camera da letto – bagno – sala da pranzo –
   lavastoviglie

LEZIONE 12

46 DIALOGO 12
È uno studente bravo come il fratello.

Sig.ra Giorgi: Buongiorno Signorina Cosentino, sono venuta per sapere di Lorenzo.
Sig.na Cosentino: Buongiorno Signora. **Senta**, suo figlio è un bravo studente. Lei non deve preoccuparsi.
Sig.ra Giorgi: Lei sa come sono le mamme. A volte **mi rendo conto** che esagero un po'.
Sig.na Cosentino: La capisco, ma Lorenzo è uno studente esemplare **così bravo come** il fratello.
Sig.ra Giorgi: Grazie signorina. Ero preoccupata perché lui non studia **tanto quanto** il fratello.
Sig.na Cosentino: Per certi studenti **ci vogliono** più ore di studio e per altri basta fare attenzione alle spiegazioni durante le lezioni.
Sig.ra Giorgi: La ringrazio. Tra l'altro Lorenzo mi parla sempre bene di Lei.
Sig.na Cosentino: Mi fa piacere Signora, grazie.

▶ Veja a tradução desse diálogo na p. 389.

OCCHIO AL VOCABOLARIO, ALLE FRASI ED ESPRESSIONI 12

Senta (v. sentire – 3ª pers. sing. imperativo) = (1) udire; (2) annusare: escute, sinta

Mi rendo conto (espressione verbale rendersi conto) = accorgersi: me dou conta, percebo
Così... come = tanto... quanto: tão... quanto/como
Bravo = competente; capace; abile: bom, capaz, competente
Tanto... quanto = così... come: tão... quanto/como
Ci vogliono (espressione verbale volerci) = essere necessario; occorrere: precisa, são necessários/as
Mi fa piacere (v. fare – 3ª pers. sing. presente ind. con pronome 1ª pers.) = sono contenta: fico contente, me dá prazer

ılı|ı|ı 47 **DIALOGO 12 – COMPRENSIONE DEL DIALOGO**

1. Perché la Signora Giorgi è andata alla riunione della scuola?
2. Cosa ha detto l'insegnante?
3. Perché la mamma è preoccupata?
4. Perché l'insegnante è contenta?

GRAMMATICA APPLICATA 12

Graus dos adjetivos 1 – comparativo de igualdade e frases idiomáticas 2.

COMPARATIVO DE IGUALDADE
(COMPARATIVO DI UGUAGLIANZA)

O comparativo de igualdade *(uguaglianza)* é usado quando a qualidade expressa pelo adjetivo está presente em igual medida nos dois termos de comparação.

É formado em italiano por *(tanto)... quanto* ou *(così)...come*.

Silvia è <u>tanto</u> alta <u>quanto</u> Natalia.
Mario è <u>così</u> studioso <u>come</u> Leonardo.

Usa-se para fazer comparações entre nomes, pronomes, verbos no infinitivo e adjetivos.

172

Os advérbios que antecedem o adjetivo podem ser suprimidos, mas *come* e *quanto* são obrigatórios.

Il mio cane è (tanto) grande quanto il tuo.
Madrid è (così) bella come Londra.

Exemplos de uso em frases contextualizadas:

Marco è tanto intelligente quanto Giovanni.
(Marco é tão inteligente quanto Giovanni.)
Chiara è tanto bella quanto simpatica.
(Chiara é tão bonita quanto simpática.)
Marzo è tanto lungo quanto maggio.
(Março é tão comprido quanto maio.)
La rosa è tanto bella quanto profumata.
(A rosa é tão linda quanto perfumada.)
È così bella come sua madre.
(É tão bonita como a mãe dela.)
È un lavoro tanto interessante quanto utile.
(É um trabalho tão interessante quanto útil.)
Monica è così brava come sua sorella.
(Monica é tão boa quanto a irmã.)

FRASES IDIOMÁTICAS 2

Metterci (levar tempo, demorar)
Mettersi a proprio agio (ficar à vontade)
Non poterne più (não aguentar mais, "estar cheio")
Prendere in giro (caçoar, "tirar sarro", gozar de alguém)
Prendersela (ficar chateado, aborrecer-se)
Rendersi conto (dar-se conta)
Sbrigarsi (apressar-se)
Sentirsi a disagio (não estar à vontade)
Sentirsi a proprio agio (estar à vontade)
Volerci (ser necessário, precisar, levar tempo)

Exemplos de uso em frases contextualizadas:

Quanto <u>ci metti</u> per arrivare in ufficio?
(Quanto tempo você leva para chegar no escritório?)
Prego, vieni pure, <u>mettiti a tuo agio</u>!
(Pois não, entre, fique à vontade!)
Basta per oggi, <u>non ne posso più</u>, sono stanca!
(Chega por hoje, não aguento mais, estou cansada!)
Ma che dici? Mi <u>prendi in giro</u>?
(O que você está dizendo? Está me gozando?)
Gianni è permaloso. Ho sempre paura che <u>se la prenda</u>.
(Gianni é melindroso. Tenho sempre medo que ele fique chateado.)
<u>Ti rendi conto</u> di cosa hai fatto?
(Você se dá conta do que fez?)
<u>Sbrigati</u>, altrimenti arriviamo in ritardo!
(Apresse-se, se não chegamos atrasados!)
Si vedeva che loro <u>si sentivano a disagio</u>.
(Percebia-se que eles não estavam à vontade.)
<u>Mi sento a mio agio</u> quando vado da loro.
(Sinto-me à vontade quando vou na casa deles.)
Quanto tempo <u>ci vuole</u> per preparare questa ricetta? – <u>Ci voglio-</u>
<u>no</u> venti minuti.
(Quanto tempo leva para preparar esta receita? – Leva vinte minutos.)

VOCABOLARIO SISTEMATICO 12

MANTENENDO LA FORMA

fare esercizi fisici (fazer exercícios físicos, treinar)
correre/fare jogging (correr)
corsa (corrida)
esercitarsi/allenarsi (treinar/ "malhar")
fare aerobica (fazer aeróbica)
nuoto (natação)

ciclismo (ciclismo)
palestra (academia)
essere in forma (estar em boa forma física)
flessioni (flexões)
addominali (abdominais)
fare dieta (fazer dieta)
ingrassare/mettere su qualche chilo/mettere su peso (engordar; aumentar o peso; ganhar peso)
dimagrire/perdere qualche chilo/perdere peso (emagrecer, perder peso)

Ex.: **Ti vedo in forma!** (Você está em forma.)
Quante volte alla settimana vai in palestra?
(Quantas vezes por semana você vai para a academia?)
Cosa fai per mantenerti in forma
(O que você faz para se manter em forma?)
Faccio un giro in bicicletta di almeno mezz'ora tutti i giorni.
(Eu ando de bicicleta por aproximadamente meia hora todos os dias.)
Vado a correre/faccio jogging tre volte alla settimana.
(Eu corro três vezes por semana.)

ESERCIZI PRATICI 12

〜〜 48 I. Ascolta le domande e cerchia la risposta giusta.

1. a) È simpatica suo fratello.
   b) Sì, è simpatica come suo fratello.
   c) Sì, è così simpatica suo fratello.

2. a) Sì, è tanto generosa quanto buona.
   b) Sì, è tanto buona.
   c) Sì, è generosa come buona.

3. a) Vado a nuotare.
    b) Non mi piace la bicicletta.
    c) Circa quattro volte alla settimana.

4. a) Credo di no, sembra tanto grasso quanto prima.
    b) Va sempre in palestra.
    c) Non frequenta la piscina.

5. a) Faccio gli addominali.
    b) Non mi piace nuotare.
    c) Sì, ma ho tempo solo il fine settimana.

6. a) È veloce così la tua.
    b) È tanto veloce come la tua.
    c) È veloce tanto la tua.

7. a) Sì, ne ho bisogno.
    b) Sì, sono vegetariana.
    c) Non mi piace la palestra.

8. a) Sì, è serio.
    b) È troppo caro.
    c) Sì, è tanto bravo quanto serio.

9. a) Di solito nuoto.
    b) Di solito faccio 50 flessioni.
    c) Di solito dormo.

10. a) Sì, Luca è simpatico quanto Matteo.
    b) Luca è simpatico.
    c) Luca e Matteo sono tanto studiosi quanto intelligenti.

🎵 49 II. Dettato: ascolta le frasi e scrivile.

1. _____

2. _____

3. _____

4. _____

5. _____

III. Cerchia la risposta giusta.

1. Perché Carlo è a dieta?
   a) Perché gli piace mangiare.
   b) Perché deve dimagrire.
   c) Perché vuole fare esercizi.

2. Cosa fai per stare in forma?
   a) Faccio jogging tutti i giorni.
   b) Mangio cioccolato.
   c) Dormo fino a tardi.

3. Perché Simona non va in piscina?
   a) Simona non mangia la frutta.
   b) Perché non le piace nuotare.
   c) Simona va a scuola tutte le sere.

4. La casa di Teresa è bella?
   a) È lontana dal centro.
   b) È tanto bella quanto accogliente.
   c) La casa di Teresa è grande.

5. Stefano è alto?
   a) È molto simpatico.
   b) È tanto alto me.
   c) È alto quanto me.

IV. Scrivi delle domande o frasi per le seguenti risposte.

1. _____?
Donatella è alta come Flavia.

2. _____?
Ho fatto jogging tre volte la settimana scorsa.

3. _____?
No, non mi piace andare in palestra.

4. _____?
Sì, la nuova insegnante è tanto simpatica quanto l'altra.

5. _____?
Lo spettacolo di Jovannotti è stato tanto dinamico quanto ottimo.

V. Segna la parola o espressione che non appartiene alla serie.

1. nuotare – fare esercizi fisici – fare esercizi aerobici – correre – andare in bicicletta – stirare
2. sole – pioggia – frigorifero – nuvola – neve – vento
3. fidanzato – singolo – famiglia – sposato – divorziato – separato
4. collo – ginocchio – mano – gamba – dito – carne
5. vestito – gonna – pantaloni – pallavolo – camicia – maglione

LEZIONE 13

🔊 50 DIALOGO 13
Non ho niente di nuovo da mettermi.

Patrizia: **Si avvicina** il matrimonio di Chiara e io non ho niente di nuovo da mettermi.
Susanna: Che dici? Hai un vestito **più** bello **dell'**altro. Il tuo armadio è **pieno zeppo** di vestiti.
Patrizia: So che sono una **sciocca**, ma **secondo me**, non ho nessun vestito **adatto** per questa occasione.
Susanna: Io invece, devo comprarmi una **camicetta** di seta da abbinare a una gonna nera. Andiamo in quella boutique nuova in Piazza Bologna?
Patrizia: Andiamoci. Dicono che hanno dei **capi di abbigliamento** più eleganti di quelli **delle** altre boutique.
Susanna: Mi hanno detto che sono **prezzi di apertura** e per questo, sono **meno** cari di quelli **degli** altri negozi.
Patrizia: Andiamo a vedere. **Senz'altro** troveremo qualcosa di interessante.

Nel negozio...
Patrizia: Quei due vestiti mi sono piaciuti. Uno è più bello dell'altro.
Susanna: Davvero! Ma ora **vanno di moda** gli **abiti** corti.
Patrizia: Hai ragione, l'azzurro è meno corto del rosso.

Susanna: Provali e vediamo quale ti sta meglio. **In ogni modo**, puoi chiedere di **accorciarlo**.
Patrizia: Ok. Dov'è il **camerino**?

▶ Veja a tradução desse diálogo na p. 390.

OCCHIO AL VOCABOLARIO, ALLE FRASI ED ESPRESSIONI 13

Si avvicina (v. rifl. avvicinarsi – 3ª pers. sing. presente ind.) = andare vicino; farsi vicino: aproxima-se, avizinha-se
Più... dell': mais... do que
Pieno zeppo = estremamente pieno; pienissimo: lotado, totalmente cheio, repleto
Sciocca = scema; tonta; citrulla; grulla: tola, boba, tonta
Adatto = adeguato; appropriato; conveniente; opportuno: adequado, apropriado, conveniente, oportuno
Camicetta = camicia da donna: blusa, camisa feminina
Capi di abbigliamento = vestiario; indumenti: peças de vestuário
Prezzi di apertura: preços de inauguração
Meno... degli: menos... do que
Senz'altro = certamente, senza alcun dubbio: certamente, sem dúvida alguma
Davvero = veramente: é mesmo, realmente
Vanno di moda = sono alla moda: estão na moda
Abiti = vestiti; capo di abbigliamento: vestidos, roupas em geral
In ogni modo = comunque: de qualquer maneira, em todo caso
Accorciarlo (v. accorciare – infinito + lo) = tagliare, abbreviare: encurtá-lo
Camerino = stanzetta riservata: provador

🔊 51 DIALOGO 13 – COMPRENSIONE DEL DIALOGO

1. Cosa deve comprarsi Patrizia per il matrimonio?
2. Dove decidono di andare?
3. Quali abiti vanno di moda?
4. Com'è il vestito azzurro?

GRAMMATICA APPLICATA 13
Graus dos adjetivos 2 – comparativo de superioridade
e inferioridade

COMPARATIVO DE SUPERIORIDADE *(MAGGIORANZA)*
E DE INFERIORIDADE *(MINORANZA)*

Geralmente os comparativos de superioridade e inferioridade são
formados pelos termos *"più... di"* (mais... do que) e *"meno... di"*
(menos... do que) para comparar:

a) substantivos:
Alberto è più comunicativo di Alessandro.
(Alberto é mais comunicativo do que Alessandro.)
Il treno è meno veloce dell'aereo.
(O trem é menos veloz do que o avião.)

b) pronomes pessoais:
Tu sei più bella di lei.
(Você é mais bonita do que ela.)

c) pronomes possessivos:
La mia macchina è più nuova della tua.
(O meu carro é mais novo do que o teu.)

Nota: Quando a preposição *"di"* vem depois do adjetivo, pode apa-
recer na forma não articulada, como, por exemplo, antes de nomes
próprios ou pronomes pessoais.

Geralmente se usa *"più... che"* e *"meno... che"* para comparar:

a) adjetivos:
Ex.: **Renata è più appariscente che bella.**
(Renata é mais atraente do que bonita.)

b) verbos:
Ex.: **Capire una lingua straniera è <u>meno</u> difficile <u>che</u> scriverla**
(Entender uma língua estrangeira é menos difícil do que escrevê-la.)

c) advérbios:
Ex.: **È <u>più</u> bello là <u>che</u> qua.** (É mais bonito lá do que aqui.)

d) nomes precedidos por preposição:
Ex.: **Mi piace <u>più</u> andare al cinema <u>che</u> a teatro.**
(Gosto mais de ir ao cinema do que ao teatro.)

e) quantidades:
Ex.: **In Italia ci sono <u>più</u> donne <u>che</u> uomini.**
(Na Itália há mais mulheres do que homens.)

Exemplos de uso em frases contextualizadas:

Il Brasile è <u>più</u> grande dell'Argentina.
(O Brasil é maior do que a Argentina.)
Carlo è <u>più</u> alto <u>di</u> Mario.
(Carlo é mais alto do que Mário.)
Il caffè italiano è <u>più</u> forte <u>del</u> caffè americano.
(O café italiano é mais forte do que o café americano.)
A San Paolo ci sono <u>più</u> grattacieli <u>che</u> villette.
(Em São Paulo há mais prédios do que casas.)
Tu sei <u>meno</u> alto <u>di</u> me.
(Você é menos alto do que eu.)
Mio fratello è <u>più</u> giovane <u>del</u> tuo.
(Meu irmão é mais jovem/novo do que o teu.)
Quella gonna è <u>più</u> cara <u>che</u> bella.
(Aquela saia é mais cara do que bonita.)
Mangiare un panino è <u>meno</u> sano <u>che</u> (mangiare) un piatto di pasta.
(Comer um sanduíche é menos saudável do que [comer] um prato de massa.)
Studiare è <u>meno</u> divertente <u>che</u> andare al cinema.
(Estudar é menos divertido do que ir ao cinema.)

È più comodo andare al centro che nel mio quartere.
(É mais fácil ir ao centro do que no meu bairro.)
Ho letto meno romanzi che novelle.
(Li menos romances do que novelas.)
Mio padre legge più giornali che riviste.
(Meu pai lê mais jornais do que revistas.)

VOCABOLARIO SISTEMATICO 13

GUIDANDO

patente (di guida) (carteira de habilitação)
semaforo (semáforo)
strada a senso unico (rua de mão única)
strada a doppio senso (rua de mão dupla)
ingorgo/intasamento (congestionamento, engarrafamento)
ora di punta (hora do rush)
corsia (pista, faixa)
pedaggio (taxa de pedágio a pagar)
autostrada a pedaggio (rodovia pedagiada)
multa (multa)
uscita (saída)
incrocio (cruzamento)
svincolo (desvio)
dosso (lombada, quebra-molas)
incidente d'auto, scontro, (colisão, batida de veículo)
urto (batida sem maiores consequências; "batidinha"; "arranhão")
tamponamento (engavetamento)
scorciatoia (atalho)
bordo della strada (acostamento)
limite di velocità (limite de velocidade)
strada dissestata (estrada com problemas: buracos, asfalto ruim, em mau estado etc.)
casello (cabines onde se paga a taxa do pedágio)

parcheggio per disabili (estacionamento para deficientes físicos)
tangenziale o raccordo stradale (rodoanel)
circonvallazione (estrada que circula em volta de uma cidade)

Ex.: **Sai se c'è qualche scorciatoia per il centro?**
(Você sabe se existe algum atalho para o centro?)
Attenzione ai dossi più avanti!
(Cuidado com as lombadas à frente!)
Devo passare al bancomat perché non ho soldi per il pedaggio.
(Preciso passar no caixa automático porque não tenho dinheiro para
o pedágio.)
Quella è una strada a quattro corsie.
(Aquela è uma estrada de quatro pistas.)
La nostra è l'uscita 21. Forse è già la prossima.
(A nossa é a saída 21. Talvez seja a próxima.)

L'AUTOMOBILE

volante (volante)
cruscotto (painel)
tacchimetro (velocímetro)
portabagagli (porta malas)
cric (macaco)
fanali, fari anteriori (faróis dianteiros)
paraurti (para choque)
gomma, pneumatico (pneu)
gomma bucata/forata (pneu furado)
ruota di scorta, ruota di ricambio (estepe)
cintura di sicurezza (cinto de segurança)
servosterzo idraulico (direção hidráulica)
clacson (buzina)
ruota (roda)
cofano (capô)
tergicristallo (limpador de para brisa)
parabrezza (para brisa)
motore (motor)
freno (freio)

frizione (embreagem)
noleggiare un'auto (alugar um carro)
scuolaguida/ autoscuola (autoescola)

Ex.: **Dovete noleggiare una macchina con un portabagagli grande.**
(Vocês precisam alugar um carro com um porta-malas grande.)
Siamo senza benzina/combustibile.
(Estamos ficando sem gasolina/combustível.)

DAL BENZINAIO/ DISTRIBUTORE

combustibile, carburante (combustível)
benzina (gasolina)
gasolio/diesel (diesel)
metanolo (metanol/álcool)
fare benzina (colocar gasolina)
fare il pieno (encher o tanque)
controllare l'olio (verificar o óleo)
calibrare le gomme (calibrar os pneus)

Ex.: **Devo fermarmi dal distributore per fare il pieno.**
(Preciso parar em um posto de gasolina para encher o tanque.)
Può fare il pieno, per cortesia?
(Pode encher o tanque/completar, por favor?)
Può controllare l'olio, per cortesia? (Pode checar o óleo, por favor?)
Può verificare le gomme, per favore?
(Pode checar os pneus, por favor?)
Potrebbe lavare il parabrezza, per favore?
(Poderia lavar o para-brisa, por favor?)

ESERCIZI PRATICI 13

𝄚 52 I. Ascolta le domande e cerchia la risposta giusta.

1.   a) Sì, siamo fatti stamattina.
     b) Sì, abbiamo fatto il pieno stamattina.
     c) Sì, l'ho fatto stamattina.

2. a) No, è più piccolo.
   b) No, è grande.
   c) No, è più grasso.

3. a) Sono le uscite 21.
   b) Sono le 21.
   c) È l'uscita 21.

4. a) No, è meno interessante degli altri.
   b) No, è meno interessante che altri.
   c) No, è interessante degli altri.

5. a) È simpatica che bella.
   b) È più simpatica che bella.
   c) È più simpatica di bella.

6. a) È una strada senza semafori.
   b) È una strada con molti semafori.
   c) No, è un'autostrada a pedaggio.

7. a) Sì, perché ha la carta di credito.
   b) No, perché non ha ancora diciotto anni.
   c) Lei sa guidare.

8. a) Sì, è più bella dell'altra.
   b) Sì, è più brutta.
   c) Sì, è insegnante.

9. a) Il Po è grande del Tevere.
   b) Il Po è piccolo del Tevere.
   c) Sì, è più lungo del Tevere.

10. a) Il mio lavoro è più utile di piacevole.
    b) Il mio lavoro è più utile che piacevole.
    c) Il mio lavoro è utile che piacevole.

꜀꜀꜀ 53 II. Dettato: ascolta le frasi e scrivile.

1. _____

2. _____

3. _____

4. _____

5. _____

III. Cerchia la risposta giusta.

1. Questa è un'autostrada a pedaggio?
   a) Sì, lo pago.
   b) Sì, ed è caro.
   c) Sì, é un pedaggio.

2. Hai già la patente?
   a) No, frequento ancora la scuolaguida.
   b) No, la patente è nuova.
   c) No, la scuolaguida è lontana.

3. Secondo te, la Nutella è più buona del cioccolato amaro?
   a) Sì, la Nutella è più buona del cioccolato amaro.
   b) Sì, la Nutella è più amara.
   c) Sì, la Nutella è più buona cioccolato amaro.

4. Ha fatto molto caldo quest'estate?
   a) No, quest'anno ha fatto di più freddo.
   b) No, quest'estate ha fatto meno caldo dell'anno scorso.
   c) No, quest'anno piove molto.

5. Chi è più famoso, Andrea Bocelli o Sergio Endrigo?
a) Andrea Bocelli è famoso di Sergio Endrigo.
b) Andrea Bocelli è un cantante famoso.
c) Andrea Boccelli è più famoso di Sergio Endrigo.

IV. Scrivi delle domande o frasi per le seguenti risposte.

1. _____?
Il Monte Bianco è più alto del Monte Rosa.

2. _____?
Carlo lavora meno di Paolo.

3. _____?
Ho noleggiato una Ypsilon.

4. _____?
Londra è più piovosa di Milano.

5. _____?
La Ferrari è più veloce della Reanult.

V. Completa le frasi con le espressioni /le parole della lista.

ora di punta   limite di velocità
portabagagli   patente   multa

1. La macchina che vogliamo noleggiare deve avere il _____
grande. Abbiamo molte valigie.
2. Qual è il _____ su questa autostrada?
3. Nell' _____ c'è troppo traffico.
4. Valeria ha già preso la _____ ?
5. – Mariangela, perché ti hanno fatto una _____ ?
– Perché ho superato il limite di velocità.

LEZIONE 14

54 DIALOGO 14
Ho saputo che sei stato in Sicilia.

Pietro: Ciao Giancarlo. Ho saputo che sei stato in Sicilia! Ti sei trovato bene?
Giancarlo: Benissimo.
Pietro: Cosa hai visto di bello?
Giancarlo: Ho visitato le città più conosciute: Palermo, Agrigento, Siracusa, Catania, Taormina.
Pietro: Ci sei andato in treno o in aereo?
Giancarlo: Ci sono andato in treno ed in **traghetto**. Il viaggio è stato **bellissimo**.
Pietro: Ci credo. La Sicilia è la **maggiore** isola d'Italia con una storia **millenaria** che le ha regalato un grandissimo patrimonio artistico e architettonico.
Giancarlo: Ho visitato Taormina con il suo teatro greco, città che per la sua bellezza viene considerata la **"perla** del Mediterraneo"
Pietro: Hai visitato l'Etna?
Giancarlo: Come no? Sono anche salito sull'Etna.
Pietro: Cosa hai mangiato di speciale, visto che la cucina siciliana è **tanto famosa**?
Giancarlo: Di tutto un po' e non ho potuto **fare a meno di** mangiare gli **arancini siciliani** e i **buonissimi** dolci tipici, come i **cannoli**!

Pietro: Vedo che è stata veramente una vacanza **straordinaria**!

▶ Veja a tradução desse diálogo na p. 390.

OCCHIO AL VOCABOLARIO, ALLE FRASI ED ESPRESSIONI 14

Benissimo = molto bene: muito bem, ótimo/a
Traghetto = ferry-boat: balsa
Grandissimo = molto grande; assai grande: muito grande, enorme
Bellissimo = molto bello: lindíssimo, belíssimo
Ci credo (v. credere + ci – 1ª pers. sing. presente ind.): acredito (nisso)
Maggiore = più grande: maior
Millenaria = che ha mille anni: milenar
Perla: pérola
Come no = certamente: como não, certamente
Tanto famosa = molto famosa: tão famosa
Di tutto un po': um pouco de tudo
Fare a meno di (espressione idiomatica) = privarsene: deixar de, privar-se de
Arancini siciliani = specialità della cucina siciliana: bolinhos de arroz recheados
Buonissimi = gustosi; saporiti: muito gostosos, saborosos, deliciosos
Cannolo/ i = specialità della pasticceria siciliana; cannoncino: doce siciliano cilíndrico recheado de creme
Straordinario/a = favoloso/a: extraordinário/a, fabuloso/a

🔊 55 **DIALOGO 14 – COMPRENSIONE DEL DIALOGO**

1. Dov'è andato Giancarlo in vacanza?
2. Che posti ha visitato?
3. Quale città viene considerata la "perla del Meditarreno"?
4. Che piatti speciali ha mangiato della cucina siciliana?

GRAMMATICA APPLICATA 14
Grau dos adjetivos 3 – Superlatividade, comparativos e superlativos – formas especiais.

Em italiano o grau superlativo dos adjetivos apresenta as seguintes modalidades:

1. Superlativo relativo (relativo) – formado pelas estruturas:

artigo definido + substantivo + *più o meno* **+ adjetivo +** *di/fra*

A preposição *"di"* pode estar articulada, como nos exemplos abaixo.

Ex.: – **È la torre più alta della città.** (É a torre mais alta da cidade.)
– È l'esercizio meno difficile fra quelli presentati dal professore.
(É o exercício menos difícil entre os apresentados pelo professor.)

Nota: O adjetivo pode preceder o substantivo e a estrutura fica:

artigo definido + *più* **+ adjetivo + substantivo +** *di*

A preposição *"di"* pode estar articulada, como no exemplo abaixo.

Ex.: **È il più bel vestito del negozio.**

2. Superlativo absoluto (assoluto)

▶ formado pelos sufixos: *-issimo, -issimi, -issima, -issime*
Ex.: **È un signore gentilissimo.** (É um senhor gentilíssimo.)

▶ formado com o acréscimo das palavras: *molto, tanto* e *assai*
Ex.: **È una signora tanto simpatica.** (É uma senhora muito simpática.)

▶ pode ser formado acrescentando-se alguns prefixos ao adjetivo:

arci-, *stra-*, *ultra-*, *sopra-*, *super-*

Ex.: **È una macchina <u>ultramoderna</u>.** (É um carro ultramoderno.)

▶ pode ser formado pela repetição do adjetivo:
Ex.: **È una ragazza <u>piccola piccola</u>.** (É uma moça bem pequena.)

▶ pode ser formado usando *"tutto/a/i/e"*:
Ex.: **Emilia era <u>tutta</u> contenta.** (Emilia estava toda contente.)

▶ pode ser formado com certas expressões idiomáticas: *stanco morto* (morto de cansaço), *ricco sfondato* (podre de rico), *bagnato fradicio* (ensopado), *pieno zeppo* (abarrotado), *innamorato cotto* (apaixonadíssimo).
Ex.: **Luigi è <u>innamorato cotto</u> di Gabriella.**
(Luigi é apaixonadíssimo por Gabriela)

3. Comparativos e Superlativos – formas especiais

adjetivo	comparativo	superlativo relativo	superlativo absoluto
buono	più buono/**migliore**	il più buono/**il migliore**	buonissimo/**ottimo**
cattivo	più cattivo/**peggiore**	il più cattivo/**il peggiore**	cativissimo/**pessimo**
grande	più grande/**maggiore**	il più grande/**il maggiore**	grandissimo/**massimo**
piccolo	più piccolo/**minore**	il più piccolo/**il minore**	piccolissimo/**minimo**
alto	più alto/**superiore**	il più alto/**il superiore**	altissimo/**sommo**/ **supremo**
basso	più basso/**inferiore**	il più basso/**l'inferiore**	bassissimo/ **infimo**

Ex.: **Questo vino è <u>migliore</u> dell'altro.**
(Este vinho é melhor que o outro.)
Questo vino è <u>il migliore</u> dell'enoteca.
(Este vinho é o melhor da enoteca.)
Questo vino è <u>ottimo</u>. (Este vinho é ótimo.)

Exemplos de uso em frases contextualizadas:

Roberto è lo studente più intelligente della classe.
(Roberto é o estudante mais inteligente da classe.)
Messina è la città meno grande fra quelle che ho visitato.
(Messina é a menor cidade entre aquelas que visitei.)
È stato il più bel film del festival.
(Foi o filme mais bonito do festival.)
Patrizia e Roberto sono bravissimi in informatica.
(Patrizia e Roberto são ótimos em informática.)
La ragazza di Enzo è bellissima.
(A namorada do Enzo é belíssima.)
Quelle sono persone molto gentili.
(Aquelas são pessoas muito gentis.)
È un attore arcifamoso.
(É um ator super famoso.)
È un bambino tranquillo tranquillo.
(É uma criança muito tranquila.)
Guido era tutto felice.
(Guido estava todo feliz.)
Mara ha trovato un marito ricco sfondato.
(Mara encontrou um marido podre de rico.)
È migliore il risotto ai funghi che quello allo zafferano.
(É melhor o risoto de cogumelos do que o de açafrão.)
Il gelato ai frutti di bosco è il migliore della gelateria.
(O sorvete de frutas vermelhas é o melhor da sorveteria.)
Il cioccolato italiano è ottimo.
(O chocolate italiano é ótimo.)

VOCABOLARIO SISTEMATICO 14

ALL'AEROPORTO

passaporto (passaporte)
biglietto (passagem)

partenza/e (saída/s)
arrivo/i (chegada/s)
valigia/valigetta (mala, maleta)
bagaglio/i (bagagem, bagagens)
bilancia (balança)
bagaglio a mano (bagagem de mão)
bagaglio non accompagnato (bagagem desacompanhada)
deposito bagagli (guarda volumes)
bagaglio in eccesso (excesso de bagagem)
visto (visto)
carta d'imbarco (cartão de embarque)
uscita (portão, saída)
volare (voar)
volo (voo)
fuso orario (fuso horário)
oblò/ finestrino dell'aereo (janela do avião)
posto vicino al finestrino (assento da janela)
posto vicino al corridoio (assento do corredor)
posto centrale (assento do meio)
schienale (encosto da poltrona)
cappelliera/compartimento portabagagli/compartimento superiore (bagageiro)
assistente di volo/di bordo (comissário/a de bordo)
comandante (comandante)
allacciare la cintura di sicurezza (afivelar/apertar o cinto de segurança)
imbarcare (embarcar)
decollare (decolar)
decollo (decolagem)
atterrare (aterrissar)
atterraggio (aterrissagem)
equipaggio (tripulação)
ritardo (atraso)
in orario (no horário previsto)
scalo (escala)
jet lag (jet lag, sensação de desconforto após longas viagens de avião)

dogana (alfândega)
permesso di soggiorno (visto de permanência)

Ex.: **Il volo AZ 2014 è già atterrato?**
(O voo AZ 2014 já aterrissou?)
Sai dove si trova il deposito bagagli?
(Você sabe onde é o guarda-volumes?)
Lei vuole un posto vicino al finestrino o al corridoio?
(O senhor deseja um lugar perto da janela ou no corredor?)
Posso portare questa valigetta come bagaglio a mano?
(Posso levar esta maleta como bagagem de mão?)
Scusi, mi sa dire se ci saranno dei ritardi?
(Desculpe, saberia me dizer se vai haver algum atraso?)
Lei dovrà presentarsi all'uscita 12, mezz'ora prima della partenza.
(A senhora deverá se apresentar no portão de embarque 12, meia hora antes do embarque.)
Preghiamo i signori passeggeri di allacciare la cintura di sicurezza.
(Solicitamos aos senhores passageiros que apertem os cintos de segurança.)
Assistenti volo, prepararsi per il decollo/l'atterraggio.
(Tripulação, preparar para a decolagem/aterissagem.)

ESERCIZI PRATICI 14

ılı|ı 56 I. Ascolta le domande e cerchia la risposta giusta.

1. a) Sì, è molto buono.
    b) Sì, sono migliori.
    c) Sì, sono buonissimi.

2. a) Parte alle 18,30.
    b) L'uscita è la 12.
    c) È in ritardo.

3. a) È molto grande.
   b) È una delle città più calde d'Italia.
   c) È una città molto bella.

4. a) Sì, è ottimo.
   b) Sì, è nuovissimo.
   c) È un libro di Camilleri.

5. a) È il più alto d'Italia.
   b) Sì, è il vulcano più attivo d'Europa.
   c) Sì, è caldo.

6. a) È simpaticissimo.
   b) Lei è molto gentile.
   c) È innamorato cotto.

7. a) Lo preferisco vicino al finestrino.
   b) No, non mi piace.
   c) No, è pessimo.

8. a) È una città bellissima.
   b) È la città più piovosa della Sicilia.
   c) È una città caldissima.

9. a) Sì, era gustosissima.
   b) Era molto grande.
   c) Era migliore.

10. a) Siamo arrivati tardissimo.
    b) La giornata era molto bella.
    c) È stata molto divertente.

🔊 57 II. Dettato: ascolta le frasi e scrivile.

1. _____

2. _____

3. _____

4. _____

5. _____

III. Cerchia la risposta giusta.

1. Può mettere i suoi bagagli nel cappelliere, per favore?
   a) Certo!
   b) Non sono sicuro.
   c) Sì, sono miei.

2. Gli spaghetti erano buoni?
   a) Almeno due volte alla settimana.
   b) Ottimi!
   c) Erano molto piccoli.

3. A che ora parte il tuo volo?
   a) Alle 20,00.
   b) C'è uno scalo.
   c) Una volta alla settimana.

4. Chi è il marito di Adriana?
   a) È un industriale ricco sfondato.
   b) È peggiore.
   c) È più buono.

5. Il bambino di Raffaella è buono?
   a) È piccolo piccolo.
   b) Sì, è tranquillo tranquillo.
   c) È tutto contento.

IV. Scrivi delle domande o frasi per le seguenti risposte.

1. _____?
Il mio computer è ultramoderno.

2. _____?
Sì, Cristina si alza prestissimo.

3. _____?
Solo un valigetta.

4. _____?
Sì, il teatro era pieno zeppo.

5. _____?
È stato l'esame meno difficile di tutti.

V. Completa le frasi con le espressioni /le parole della lista.

migliore partenza
assistente di bordo   orario   uscita

1. Qual è l'orario di _____ del volo per Milano?
2. "L' _____ è la 41", ci hanno detto al check-in.
3. Siamo arrivati a destinazione in _____ .
4. Carolina è l'_____ più simpatica di tutte.
5. Questo vino è il _____ della regione.

LEZIONE 15

58 **DIALOGO 15**
Vacanze invernali.

Salvo: Vai a fare la **settimana bianca**?
Domenico: Arriva **la mia ragazza** dal Brasile che non ha mai visto **né** la neve **né** una pista da **sci**. Penso di portarla in una **stazione sciistica** dove può imparare a **sciare**.
Salvo: Bene! So che sei un praticante dello sci, ma in quale località sciistica pensi di andare con lei?
Domenico: Non ho ancora deciso. Non so se vado a Cortina d'Ampezzo in Veneto o Courmayeur in Val d'Aosta.
Salvo: Le stazioni **lassù** sono molto belle! Mi divertivo molto quando sciavo.
Domenico: Hai smesso di sciare?
Salvo: Sì, da ragazzino andavo **raramente** a sciare ad Abetone in Toscana, poi **ho subito** un **incidente**, **mi sono impaurito** e da quella volta, **ho smesso**.
Domenico: Cosa è successo esattamente?
Salvo: Durante la **discesa**, nel fare una curva, ho sbandato e per la velocità che avevo preso, **sono stato lanciato** fuori dalla pista. **Mi sono rotto** una gamba e allora ho detto **basta** agli sci!
Domenico: Che disastro! Per fortuna a me non è mai successo niente di così grave.

199

Salvo: Comunque, prendi un istruttore per la tua ragazza, è più sicuro e si sentirà a suo agio fra altri principianti.

Domenico: Hai ragione! Sarò più tranquillo anch'io, trascorreremo una settimana divertente!

▶ Veja a tradução desse diálogo na p. 391.

OCCHIO AL VOCABOLARIO, ALLE FRASI ED ESPRESSIONI 15

Settimana bianca = vacanza d'inverno trascorsa in montagna per svolgere attività sciistiche: férias de inverno na montanha para praticar esqui

(La mia) ragazza = fidanzata: namorada

Né... né: nem... nem

Sci: esqui

Sciare (v.– infinito): esquiar

Stazione sciistica = posto attrezzato per la pratica dello sci: lugar para praticar esqui

Bene = ottimo: legal, ótimo

Lassù = là in alto: lá em cima, no Norte

Raramente = di rado; rare volte: raramente, raras vezes

Ho subito (v. subire – 1ª pers. sing. passato prossimo ind.) = patire: sofri, passei por

Incidente = infortunio: acidente

Mi sono impaurito (v. rifl. impaurirsi – 1ª pers. sing. passato prossimo ind.) = allarmarsi: amedrontei-me, fiquei com medo

Ho smesso (v. smettere – 1ª pers. sing. passato prossimo ind.) = interrompere; cessare: parei, cessei

Discesa = calata: descida

Ho sbandato (v. sbandare - 1ª pers. sing. passato prossimo ind.) = deviare: derrapei

Sono stato lanciato (v. lanciare – 1ª pers. sing. forma passiva) = buttare; gettare: fui lançado, jogado, arremessado

Mi sono rotto (v. rifl. rompersi – 1ª pers. sing. passato prossimo ind.) = fratturarsi: quebrei, fraturei

Basta: chega, basta

Che disastro = che disgrazia: que desgraça, que lástima

ılıllı 59 DIALOGO 15 – COMPRENSIONE DEL DIALOGO

1. Da dove arriva la ragazza di Domenico?
2. Domenico, dove pensa di portarla in vacanza?
3. Dove vanno?
4. Perché Salvo non va a sciare?
5. Cosa consiglia Salvo a Domenico?
6. Cosa risponde Domenico?

GRAMMATICA APPLICATA 15

Advérbios e locuções adverbiais
(Avverbi e locuzioni avverbiali)

Como em português, em italiano, os advérbios são todos invariáveis e são assim classificados:

➤ modo (modo):
Advérbios em -*mente*: **rapidamente** (rapidamente), **lentamente** (lentamente), **raramente** (raramente)
Outros advérbios: **bene** (bem), **male** (mal), **volentieri** (com prazer)
Ex.: **La donna camminava lentamente.**
(A mulher caminhava lentamente.)

➤ locuzioni avverbiali di modo (locuções adverbiais de modo):
di solito (normalmente), **di corsa** (correndo), **in fretta** (depressa).
Ex.: **Sono uscita di corsa, perché ero in ritardo.**
(Saí correndo, porque estava atrasada.)

➤ tempo (tempo):
adesso (agora), **oggi** (hoje), **prima** (antes), **dopo** (depois), **ieri** (ontem), **domani** (amanhã), **poi** (depois), **ancora** (ainda), **sempre** (sempre), **mai** (nunca), **ora** (agora), **spesso** (frequentemente), **ogni tanto** (de vez em quando), **già** (já) etc.
Ex.: **Ora sono occupato.** (Agora estou ocupado.)
Ieri ho lavorato molto. (Ontem trabalhei muito.)

Ho mangiato, ma ho <u>ancora</u> fame.
(Comi, mas ainda estou com fome.)

▶ locuzioni avverbiali di tempo (locuções adverbiais de tempo):
d'un tratto (de repente), **di quando in quando** (de vez em quando.)
Ex.: **L'idea gli è venuta fuori <u>d'un tratto</u>.**
(A ideia lhe apareceu de repente.)

▶ luogo (lugar):
giù (embaixo), **su** (em cima), **qui** (aqui), **quaggiù** (aqui embaixo), **quassù** (aqui em cima) – que indicam um lugar perto de quem fala
Ex.: **Il libro che cerchi è <u>quaggiù</u>.**
(O livro que você procura está aqui embaixo)

lì (ali), **là** (lá), **laggiù** (lá embaixo), **lassù** (lá em cima) – que indicam lugar distante de quem fala ou de quem escuta
Ex.: **Ho dimenticato la borsa lassù.** (Esqueci a bolsa lá em cima.)

fuori (fora), **dentro** (dentro), **dietro** (atrás), **davanti** (na frente), **sopra** (sobre), **sotto** (sob), **vicino** (perto), **lontano** (longe).
Ex.: **La scuola è <u>davanti</u> alla chiesa.** (A escola é na frente da igreja.)
Daniele lavora <u>lontano</u> dal centro.
(Daniele trabalha longe do centro.)

Nota: são também advérbios de lugar as partículas **ci, vi** e **ne**.
Ex.: **Al cinema? <u>Ci</u> vado domani.** (Ao cinema? Vou amanhã.)
Venezia è bellissima, <u>vi</u> andrò appena possibile.
(Veneza é belíssima, irei lá assim que possível.)
Paola è venuta e se <u>ne</u> è andata subito.
(Paola veio e foi embora logo.)

▶ locuzioni avverbiali di luogo (locuções adverbiais de lugar):
di là (por lá), **di qua** (por aqui), **di sopra** (em cima), **di sotto** (embaixo), **in su** (para cima), **in giù** (para baixo).
Ex.: **Puoi sistemare il quadro più <u>in su</u>?**
(Você pode colocar o quadro mais para cima?)

➤ quantità (quantidade):
poco (pouco), **troppo** (demais), **molto** (muito), **parecchio** (bastante) etc.
Ex.: **Oggi a pranzo ho mangiato <u>troppo</u>.** (Hoje no almoço comi demais.)

➤ locuzioni avverbiali di quantità (locuções adverbiais de quantidade):
più o meno (mais ou menos), **all'incirca** (por volta de), **press'a poco** (cerca de, mais ou menos).
Ex.: **Lo spettacolo dura <u>più o meno</u> un'ora.**
(O show dura mais ou menos uma hora.)

➤ avverbi di affermazione (advérbios afirmação):
certo (claro), **certamente** (certamente), **sicuro** (com certeza, seguramente).
Ex.: – **Verrai domenica a pranzo? – <u>Certo</u>!** (– Você virá domingo para o almoço? – Claro!)

➤ avverbi di negazione (advérbios de negação):
no (não), **non** (não), **neanche** (nem), **nemmeno** (nem).
Ex.: – **Hai visto il direttore? – <u>No</u>!** (– Você viu o diretor? – Não!)

➤ avverbi di dubbio (advérbios de dúvida): **forse** (talvez), **quasi** (quase), **probabilmente** (provavelmente), **eventualmente** (eventualmente).
Ex.: **<u>Forse</u> verrà con noi pure Simone.**
(Talvez venha com a gente também Simone.)

➤ locuzioni avverbiali di affermazione, negazione (locuções adverbiais de afirmação, negação):
di certo (decerto, por certo), **di sicuro** (seguramente), **neanche per idea** (nem por sonho).
Ex.: **Martina, <u>di sicuro</u>, arriverà in orario.**
(Martina, com certeza, chegará no horário.)
– **Ti hanno dato l'aumento? – <u>Neanche per idea</u>.**
(– Te deram o aumento? – Nem por sonho.)

➤ avverbi interrogativi (advérbios interrogativos):
come (como), **dove** (onde), **quando** (quando), **quanto** (quanto), **perché** (por que)

Ex.: **Perché non sei venuto alla festa?**
(Por que você não veio na festa?)

GRAUS E ALTERAÇÕES DOS ADVÉRBIOS
(GRADI E ALTERAZIONI DEGLI AVVERBI)

Positivo	Comparativo	Superlativo relativo	Superlativo assoluto
rapidamente	più/meno rapidamente	nel modo più rapido	rapidissimamente
fortemente	più/meno fortemente	nel modo più forte	fortissimamente
bene	meglio	nel modo migliore	benissimo o ottimamente
male	peggio	nel modo peggiore	malissimo o pessimamente
molto	più	il più possibile	moltissimo
poco	meno	il meno possibile	pochissimo

Ex.: **Ha cominciato a piovere fortemente.**
(Começou a chover fortemente.)
Oggi sto meglio di ieri. (Hoje estou melhor do que ontem.)
Ho mangiato pochissimo. (Comi pouquíssimo.)

POSIÇÃO DO ADVÉRBIO

Os advérbios são colocados geralmente próximos da palavra à qual se referem. Nos tempos compostos, a posição do advérbio é, em geral, entre o verbo auxiliar e o particípio passado.

Ex.: **Giovanni dormiva profondamente.**
(Giovanni dormia profundamente.)
Non ho mai visto quel film. (Nunca vi aquele filme.)

Exemplos de uso em frases contextualizadas:

Vado al mare sempre volentieri.
(Vou à praia sempre com prazer.)
Marcello viene in Italia di quando in quando.
(Marcello vem à Itália de vez em quando.)
I bambini stanno giocando laggiù.
(As crianças estão bricando lá embaixo.)
Mattia è entrato in osteria e ne è uscito completamente ubriaco.
(Mattia entrou na cantina e saiu de lá completamente bêbado.)
C'erano press'a poco ottanta persone nell'auditorio.
(Havia aproximadamente oitenta pessoas no auditório.)
– Frequenterai il corso d'italiano? – Sicuro. Inizio la prossima settimana.
(– Você vai frequentar o curso de italiano? – Lógico. Inicio na semana que vem.)
– Non ho mangiato il dolce oggi. – Nemmeno io.
(– Não comi doce hoje. – Nem eu.)
Nelle nostre vacanze siamo quasi arrivati in Germania.
(Nas nossas férias, nós quase chegamos na Alemanha.)
Lui di sicuro venderà la casa prima di trasferirsi all'estero.
(Ele seguramente vai vender a casa antes de se transferir para o exterior.)
– Quando farete il trasloco? – Faremo il trasloco il più rapidamente possibile.
(– Quando vocês farão a mudança? – Faremos a mudança o mais rapidamente possível.)
Il negozio va male. Non si vende niente.
(A loja vai mal. Não se vende nada.)
Gli alunni hanno avuto pochissimo tempo per prepararsi per l'esame.
(Os alunos tiveram pouquíssimo tempo para se preparar para o exame.)

VOCABOLARIO SISTEMATICO 15

TEMPO LIBERO E INTRATTENIMENTO

riposare (descansar)
vacanze, ferie (férias)
luna park (parque de diversão)
giostra/e (brinquedo/s em parque de diversão)
montagna russa/ottovolante (montanha russa)
andare a sciare (ir esquiar)
bastoncino (bastão)
casco (capacete)
scarponi (botas para esqui)
gancio/ganci (gancho/s)
andare in campeggio (acampar)
roulotte (trailer rebocado)
camper (trailer dirigido)
tenda (barraca)
materassino (colchonete)
sacco a pelo (saco de dormir)
pescare (pescar)
camminata (caminhada)
fare trekking (fazer trilha)
pista ciclabile (ciclovia)
cascata (cachoeira)
fare una crociera (fazer um cruzeiro)
giocare al casinò (jogar no cassino)
gioco d'azzardo (jogo de azar)
scommettere/puntare (apostar)
prendere il sole/ fare un bagno di sole (tomar banho de sol)
crema solare/filtro solare (protetor solar)
abbronzatura, tintarella (bronzeado)
giro turistico (passeio turístico)
museo (museu)
negozio di regali/negozio di souvenir (lojinha de presentes)
mercatino di Natale (feira de artesanato de Natal)
recita/spettacolo teatrale (peça teatral)

andare a teatro (ir ao teatro)
andare al cinema (ir ao cinema)

Ex.: **Ti piace fare trekking?** (Você gosta de fazer trilha?)
È più sicuro praticare il ciclismo su una pista ciclabile.
(É mais seguro praticar ciclismo em uma ciclovia.)
Il sole di montagna è forte, bisogna proteggersi con il filtro solare.
(O sol de montanha é forte, é necessário proteger-se com o filtro solar.)
Il negozio di souvenir è molto caro.
(A lojinha de presentes é muito cara.)
Quando sono andata in crociera, ho giocato al casinò della nave.
(Quando fui em um cruzeiro, joguei no cassino do navio.)

ESERCIZI PRATICI 15

〰 60 I. Ascolta le domande e cerchia la risposta giusta.

1. a) La macchina procedeva lenta.
    b) La macchina è lenta.
    c) La macchina procedeva lentamente.

2. a) Ci sono andato con la roulotte.
    b) Ci sono andato con il sacco a pelo.
    c) Ci sono andato per sciare.

3. a) Perché mi aspetta.
    b) Perché è spesso occupato.
    c) È importante.

4. a) No, non ancora.
    b) No, non allora.
    c) No, non adesso.

5. a) Giocano a pallone.
    b) Giocano quassù.
    c) Dormono.

6. a) Ho portato gli sci, i bastoncini e il casco.
   b) Un panino, una frutta e acqua.
   c) Ho portato la tavola, i sandali e la macchina fotografica.

7. a) Non viene nessuno.
   b) Di sicuro alle sei.
   c) Ci saranno tutti.

8. a) Sì, migliore di ieri.
   b) Sì, grazie. Meglio di ieri.
   c) Più benissimo.

9. a) No, non l'ho più sentita.
   b) No, non più l'ho sentita.
   c) No, più non l'ho sentita.

10. a) Più bene.
    b) Molto bene.
    c) Mai bene.

ıılıılı 61 **II. Dettato: ascolta le frasi e scrivile.**

1. _____

2. _____

3. _____

4. _____

5. _____

III. Cerchia la risposta giusta.

1. Vai spesso a teatro?
   a) Ci vado lentamente.
   b) Ci vado meglio.
   c) Ci vado ogni tanto.

2. Dov'è la Facoltà di Lettere?
   a) Più o meno lì.
   b) Davanti alla biblioteca pubblica.
   c) Due volte all'anno.

3. Quando pensi di andare in Canada?
   a) Ci vado ieri.
   b) Ci sono già andato il mese scorso.
   c) Non mi piace.

4. Sono già arrivate le giostre?
   a) No, non ci sono.
   b) Ci sono già.
   c) No, non sono ancora arrivate.

5. Hai dormito bene stanotte?
   a) Sì, ho dormito profondamente.
   b) Ho dormito ieri.
   c) Ho dormito più.

IV. Scrivi delle domande o frasi per le seguenti risposte.

1. _____?
Forse Alessandro farà il trasloco in primavera.

2. _____?
Secondo me, il tiramisù è buonissimo.

3. _____?
Marianna era di corsa perché pioveva forte.

4. _____?
I regali li vado a comprare nel Mercatino di Natale della mia città.

5. _____?
Anna non ha risposto al telefono perché dormiva profondamente.

V. Completa le frasi con le espressioni /le parole della lista.

| oggi | mai | probabilmente |
| pescare | volentieri |

1. Valeria è molto stanca. Andrebbe _____ a casa.
2. _____ fa estremamente caldo.
3. Il papà di Margherita ama andare a _____ .
4. Non partirò per le vacanze adesso. Partirò _____
   fra due settimane.
5. Rita e Giovanni non escono _____ il fine settimana.

LEZIONE 16

62 **DIALOGO 16**
Vorrei un giorno diventare una grande stilista!

Riccardo: Allora Eleonora, **puoi prendere** qualche giorno di vacanza?
Eleonora: Purtroppo no; devo ancora dare due esami per **poter iscrivermi** ad un altro corso di moda.
Riccardo: Ancora? Non finisci mai di studiare?
Eleonora: No caro, sono una appassionata di moda e devo mantenermi aggiornata. **Vorrei diventare** una grande stilista!
Riccardo: Allora **devi dedicarti** al massimo per raggiungere questo obiettivo?
Eleonora: Certo! Ora **voglio imparare** un po' di più di **modellistica** dell'abbigliamento e di **taglio.**
Riccardo: Capisco. So che sei brava a disegnare e anche nel **cucito.**
Eleonora: Ma non basta. Io **vorrei prepararmi** bene per **candidarmi** a lavorare in una grande casa di moda, come Gucci, Armani, Valentino.
Riccardo: Brava! Ce la farai, ne sono sicuro. **Chissà** che fra qualche anno ti vedremo alla Settimana della Moda di Milano.
Eleonora: Me lo auguro! La Settimana della Moda è l'evento principale dell'industria del settore.

▶ Veja a tradução desse diálogo na p. 392.

OCCHIO AL VOCABOLARIO, ALLE FRASI ED ESPRESSIONI 16

Puoi prendere (v. potere – 2ª pers. sing. presente ind. +
v. prendere – infinito) = avere la possibilità di prendere:
você pode tirar
Poter iscrivermi (v. potere – infinito + v. rifl. iscriversi – infinito)
= avere la possibilità di iscrivermi: poder me inscrever
Vorrei diventare (v. volere – 1ª pers. sing. condizionale semplice
+ v. diventare – infinito) = avere voglia di divenire: gostaria de me
tornar
Devi dedicarti (v. dovere – 2ª pers. sing. presente ind. + v. rifl.
dedicarsi – infinito) = dovere impegnarsi: você tem que se dedicar
Voglio imparare (v. volere – 1ª pers. sing. presente ind. +
v. imparare – infinito) = avere voglia di apprendere: quero
aprender
Modellistica = disegno di moda: modelagem
Taglio = (1) come tagliare un pezzo di stoffa; (2) incisione: (1) ato de
cortar uma peça de vestuário, (2) corte, incisão
Cucito: costura
Vorrei prepararmi (v. volere – 1ª pers. sing. condizionale
semplice + v. rif. prepararsi – infinito) = mettersi in grado:
gostaria de me preparar
Candidarmi (v. rifl. candidarsi – infinito) = presentarsi come
candidato: candidatar-me
Chissà = può darsi; forse: quem sabe
Me lo auguro (v. rifl. augurarsi + me + lo – 1ª pers. presente ind.)
= sperare qualcosa per sé o per altri: espero que sim

ılıılı 63 **DIALOGO 16 – COMPRENSIONE DEL DIALOGO**

1. Perché Eleonora non può prendere qualche giorno di vacanza?
2. Lei ama quello che fa?
3. Qual è la sua massima aspirazione professionale?
4. A quali attività deve dedicarsi ancora?
5. Dove vorrebbe lavorare?
6. Qual è l'evento principale dell'industria della moda?

GRAMMATICA APPLICATA 16

Verbos modais: **dovere**, **potere** e **volere**, pronomes reflexivos, diretos, indiretos e duplos com os verbos modais.

Em italiano os verbos modais são chamados *verbi servili* e servem de apoio ou regem o infinitivo de outro verbo, do qual indicam uma "modalidade", como necessidade, possibilidade e vontade.

Ex.: **Devo andare.** (Tenho que ir.) – necessidade
Posso comprare. (Posso comprar.) – possibilidade
Voglio studiare. (Quero estudar.) – vontade

Auxiliar + verbo servile
Nos tempos compostos, os verbos modais (*servili*) adotam o auxiliar exigido pelo verbo que está no infinitivo.

Ex.: **Sono dovuto andare.** (Tive que ir.)
Ho potuto comprare. (Pude comprar.)
Ho voluto studiare. (Quis estudar.)

Nota: é frequente encontrar verbos modais com auxiliar **avere**, mesmo quando o infinitivo pede o auxiliar **essere**.

Ex.: **Sono entrato → Ho dovuto (potuto, voluto) entrare**
(Entrei → Tive que /pude/ quis entrar.)

Exemplos de uso em frases contextualizadas:

Mauro doveva decidere subito.
(Mauro tinha que decidir logo.)
Possiamo rimanere tre giorni in Spagna.
(Podemos ficar três dias na Espanha.)
Volevano provare il gelato italiano.
(Queriam experimentar o sorvete italiano.)
Hanno voluto studiare a Siena.
(Quiseram estudar em Siena.)

Non siete potuti venire prima?
(Vocês não puderam vir antes?)
Dovrò andare al Bancomat.
(Terei que ir ao caixa eletrônico.)

VERBOS MODAIS COM PRONOMES REFLEXIVOS, DIRETOS, INDIRETOS E DUPLOS

Verbos modais + pronomes reflexivos
Quando um verbo modal rege um verbo reflexivo ou recíproco, o pronome pode ser colocado antes do auxiliar ou unido ao verbo principal no infinitivo. A posição do pronome determina a escolha do verbo auxiliar, como nos exemplos a seguir:

Ci siamo dovuti alzare alle otto.
(Tivemos que nos levantar às oito horas.)
Abbiamo dovuto alzarci alle otto.
(Tivemos que nos levantar às oito horas.)

Verbos modais + pronomes diretos
Scusa, non ti ho potuto prendere alla stazione.
(Desculpe, não pude te buscar na estação.)
Scusa, non ho potuto prenderti alla stazione.
(Desculpe, não pude te buscar na estação.)

Verbos modais + pronomes indiretos
La mamma gli ha voluto fare una sorpresa.
(A mãe quis lhe fazer uma surpresa.)
La mamma ha voluto fargli una sorpresa.
(A mãe quis lhe fazer uma surpresa.)

Verbos modais + pronomes duplos
Puoi restituire il CD a Loredana?
(Você pode devolver o CD para a Loredana?)
Sì, glielo posso restituire stasera.
(Sim, posso devolvê-lo [a ela] hoje à noite.)

Sì posso restituirglielo stasera.
(Sim, posso devolvê-lo [a ela] hoje à noite.)

Exemplos de uso em frases contextualizadas:

Mi devo mettere la giacca perché fa freddo.
(Tenho que vestir o paletó porque está frio.)
Devi lavarti le mani prima dei pasti.
(Você tem que lavar as mãos antes das refeições.)
Purtroppo non ci siamo potuti laureare quest'anno.
(Infelizmente não pudemos nos formar este ano.)
Non ho voluto lavarmi con l'acqua fredda.
(Não quis me lavar com água fria.)
Ti posso offrire un caffè?
(Posso te oferecer um café?)
Vogliamo parlarvi prima dell'esame.
(Queremos falar com vocês antes do exame.)
Mi voglio far tagliare i capelli, me li farò tagliare corti.
(Quero cortar o cabelo, vou cortá-los curtos.)

VOCABOLARIO SISTEMATICO 16

NEGOZI E SERVIZI

centro commerciale (shopping center)
grandi magazzini (lojas de departamentos)
boutique (butique)
negozio di regali/di souvenir (loja de presentes)
lavanderia automatica/ lavanderia a gettoni (lavanderia autosserviço)
farmacia (farmácia)
edicola (banca de jornal)
biblioteca (biblioteca)
libreria (livraria)

negozio di giocattoli (loja de brinquedos)
fabbro (chaveiro)
commissariato (delegacia de polícia)
officina (oficina)
ufficio postale/la posta (correios)
banca (banco)
Bancomat (caixa eletrônico)
prelevare soldi (sacar dinheiro)
fuori servizio (não funciona)
pausa pranzo (hora de almoço)
orario continuato (não fechar para a hora do almoço)

Ex.: **C'è un centro commerciale qui vicino?**
(Tem um shopping aqui perto?)
A che ora aprono le banche?
(A que horas os bancos abrem?)
Fate orario continuato o chiudete per la pausa pranzo?
(Vocês ficam abertos ou fecham na hora do almoço?)
Dove posso trovare una farmacia qui vicino?
(Onde posso encontrar uma farmácia aqui perto?)

ESERCIZI PRATICI 16

ılı|lı 64   I. Ascolta le domande e cerchia la risposta giusta.

1. a) No, stasera non può.
    b) Mi dispiace, stasera non posso.
    c) Grazie, veniamo volentieri.

2. a) Perché ha dovuto studiare per l'esame.
    b) Perché è dovuta studiare.
    c) Perché hanno dovuto studiare.

3. a) Perché sono allergica.
    b) Perché sono buone.
    c) Perché non ci sono.

4. a) Mi dispiace, qui non ci sono sigarette.
   b) Non vendiamo sigarette.
   c) No, qui è vietato fumare.

5. a) No, non ne sono capace.
   b) Non andiamo mai al mare.
   c) Sì, ci vado sempre.

6. a) Dobbiamo partire domani.
   b) Alle ore 21,00.
   c) Devo partire adesso.

7. a) Volentieri, alle 20,00 va bene?
   b) Domani sera vado al cinema.
   c) Non hanno voglia.

8. a) Sì, abbiamo prelevato.
   b) No, non sono andati in banca.
   c) Non ho potuto perché il Bancomat era fuori servizio.

9. a) Perché è troppo cara.
   b) Sono troppo care.
   c) No, non può.

10. a) Lo dovete sempre tenere.
    b) Sì, altrimenti ti possono fare una multa.
    c) L'abbiamo dovuto tenere.

65 II. Dettato: ascolta le frasi e scrivile.

1. _____

2. _____

3. _____

4. _____

5. _____

III. Cerchia la risposta giusta.

1. Mi puoi fare un favore?
    a) Sì, possiamo.
    b) Certo, volentieri.
    c) Non ho potuto.

2. Hai potuto fare gli esercizi?
    a) Sì, li ho fatti tutti.
    b) Non hanno voluto farli.
    c) No, non li facciamo.

3. Mi può dire dov'è la posta?
    a) Non ha voluto dirmelo.
    b) È in fondo a questa strada, a destra.
    c) Non vado mai alla posta.

4. Perché devi telefonare a Corrado oggi?
    a) Perché è il suo compleanno.
    b) Perché dobbiamo andare a casa sua.
    c) Hanno voluto fargli una sorpresa.

5. A che ora volete venire?
    a) Non possiamo alle otto.
    b) Veniamo alle nove.
    c) Non vogliono venire.

IV. Scrivi delle domande o frasi per le seguenti risposte.

1. _____?
Sì, l'ufficio postale è in fondo alla strada a destra.

2. _____?
Purtroppo Luigi e Maria non possono arrivare più presto domani.

3. _____?
No, adesso non voglio mangiare.

4. _____?
No, non ci siamo potuti preparare in tempo.

5. _____?
No, non ho dovuto portare la macchina dal meccanico.

V. Segna la parola o espressione che non appartiene alla serie.

1. libreria – boutique – farmacia – centro commerciale – Bancomat
2. italiano – spagnolo – giapponese – francese – Belgio
3. fornello – lavatrice – lavastoviglie – microonda – fabbro
4. taglio – cucito – modellistica – abbigliamento – meccanico
5. sarta – stilista – moda – vestito – parrucchiere

LEZIONE 17

66 DIALOGO 17
Dove preferisci trascorrere le feste di fine anno?

Rodolfo: Dove **preferisci trascorrere** le feste di fine anno?
Alberto: Boh! Per me è uguale. È sempre mia moglie che organizza tutto. E tu, con la tua famiglia, cosa **desiderate fare**?
Rodolfo: Quest'anno, per Natale, ci riuniamo tutti nella casa di campagna di mia suocera.
Alberto: Restate lì anche per il **Capodanno**?
Rodolfo: Mah! Credo di sì, la casa è grande, pensiamo di approfittare della calma e dell'aria pulita della campagna, evitando così di **spostarci** e ripiombare nel traffico cittadino...
Alberto: È vero. Noi invece per il Capodanno **preferiamo andare** in montagna per poter sciare un po'.
Rodolfo: Voi **sapete sciare**? Purtroppo io non so sciare e per questo **preferiamo restare** in campagna.
Alberto: Quando tornate? Perché potremmo metterci d'accordo per incontrarci all'**Epifania**.
Rodolfo: Come no! Che ne dici di fare una sorpresa ai bambini regalandogli del **carbone**?
Alberto: Certo! Tutti gli anni aspettano la **Befana** che porta caramelle e cioccolatini. **Stavolta**, invece, per **prenderli in giro**, mettiamo del carbone nelle calze.
Rodolfo: Ora ci sono pure i carboni **colorati**! **Alla fine** saranno tutti contenti **lo stesso**!

▶ Veja a tradução desse diálogo na p. 392.

OCCHIO AL VOCABOLARIO, ALLE FRASI ED ESPRESSIONI 17

Preferisci trascorrere (v. preferire – 2ª pers. sing. presente ind. + trascorrere – infinito) = dare la priorità per passare un periodo di tempo: você prefere passar

Boh = non lo so: não sei, sei lá

Per me è uguale = per me fa lo stesso: tanto faz

Desiderate fare (v. desiderare – 2ª pers. pl. presente ind. + fare – infinito) = voler fare: vocês querem fazer

Capodanno = primo giorno dell'anno: Ano-Novo

Mah! = (1) esprime dubbio; (2) esprime rassegnazione o disapprovazione: Sei lá!

Spostarci (v. rifl. spostarsi – infinito + ci) = trasferirsi; muoversi dal posto, dalla posizione: deslocar-nos, mudarmos de lugar

Ripiombare (v.) = despencar, precipitar

Preferiamo andare (v. preferire – 1ª pers. pl. presente ind. + andare – infinito) = ritenere opportuno andare: preferimos ir

Sapete sciare (v. sapere – 2ª pers. pl. presente ind. + sciare – infinito) = essere in grado, essere capace di sciare: vocês sabem esquiar

Preferiamo restare (v. preferire – 1ª pers. pl. presente ind. + restare – infinito) = ritenere opportuno restare: preferimos ficar

Epifania = Festa dei Re Magi: Epifania, Dia de Reis

Carbone: carvão

Befana: personagem velhinha da fantasia popular, que traz presentes para as crianças que se comportam bem e carvão para as outras, no dia de Reis

Stavolta = questa volta: desta vez

Prenderli in giro = (v. prendere – infinito + li) canzonare, burlare: gozar, tirar o sarro, zoar, caçoar de alguém

Colorati = dotati di molti colori: coloridos

Alla fine = finalmente: no final, finalmente

Lo stesso = ugualmente: da mesma forma, igualmente

ılı|ıı 67 **DIALOGO 17 – COMPRENSIONE DEL DIALOGO**

1. Dove pensa di trascorrere le feste di fine anno Rodolfo?
2. E Alberto invece, cosa farà per Natale?

3. Per Capodanno, Alberto e la famiglia dove preferiscono andare?
4. Alberto e Rodolfo cosa pensano di fare all'Epifania?
5. Cosa porta la Befana?

GRAMMATICA APPLICATA 17
Outros verbos usados como modais
sapere, preferire, desiderare

Como já visto na Lezione 16, os verbos modais, conectando-se diretamente a um verbo no infinitivo, conferem à ação expressa pelo predicado, uma especificidade, modalidade. Outros verbos modais são: **sapere** (saber) (**essere capace di**, **essere in grado di**), **preferire** (preferir), **desiderare** (desejar).

Ex.: **Preferirei andare al cinema.** (Preferiria ir ao cinema.)
Giovanna e Marisa sanno cucinare molto bene.
(Giovanna e Marisa sabem cozinhar muito bem).
I bambini desideravano tornare a casa.
(As crianças desejavam voltar para casa.)

Exemplos de uso em frases contextualizadas:

Letizia sa parlare italiano.
(Letizia sabe falar italiano.)
Desidero fare un viaggio.
(Desejo fazer uma viagem.)
I ragazzi hanno preferito mangiare a casa.
(Os rapazes preferiram comer em casa.)
Silvia sa guidare la moto. (Silvia sabe dirigir moto.)
Carlo desiderava fare il medico veterinario.
(Carlo desejava ser médico veterinário.)
Laura preferisce mangiare il pesce alla carne.
(Laura prefere comer peixe à carne.)
Desideravano partire subito.
(Desejavam partir logo.)

Dove preferisci che ti mandino la posta?
(Preferisco che me la mandino in ufficio.)
Para onde você prefere que te mandem a correspondência?
(Prefiro que a mandem para o escritório.)

VOCABOLARIO SISTEMATICO 17

FARE LE SPESE/FARE SHOPPING

svendita/liquidazione (liquidação)
saldi (saldos)
corridoio (corredor em supermercados, lojas etc.)
scaffali (prateleiras)
provare indumenti/calzature (experimentar, provar roupas ou calçados)
misura, taglia (tamanho)
numero (número)
andare bene (servir)
codice a barre (código de barras)
scanner (scanner)
camerino (provador)
specchio (espelho)
commesso/a (vendedor/a)
stretto/a (apertado/a)
attillato/a, aderente (aderente)
largo/a, ampio/a (largo/a, folgado/a)
piccolo/a (pequeno/a)
medio (médio)
grande (grande)
extra grande (extra grande)
lungo (longo, comprido)
corto (curto)
rimborso/risarcimento (reembolso)
quanto viene/costa? (quanto custa?)

Ex.: **C'è una grande svendita oggi alla Coin.**
(Tem uma grande liquidação hoje na Coin.)
Posso provare una taglia più grande?
(Posso experimentar um tamanho maior?)
Dov'è il camerino, per favore? (Onde fica o provador, por favor?)
La camicia le va bene? (A camisa serve?)
È un po' stretta. Ha una taglia più grande?
(Está um pouco apertada. O senhor/a tem um tamanho maior?)
Che taglia porta? (Que tamanho o/a senhor/a usa?)
Porto la media, di solito. (Geralmente uso tamanho médio)
Quanto viene/costa? (Quanto custa?)
Costa /viene € 26. (Custa vinte e seis euros.)

ESERCIZI PRATICI 17

🎵 68 I. Ascolta le domande e cerchia la risposta giusta.

1.   a) Alla terza fermata.
     b) È in fondo al negozio.
     c) Sì, grazie Signora.

2.   a) Preferisco mettermi a letto.
     b) Preferisco prendere un gelato.
     c) I pantaloni jeans e una maglietta.

3.   a) Penso proprio di sì.
     b) Desidero andare al mare.
     c) Pensiamo di sì.

4.   a) Preferisco dormire.
     b) Preferisco prendere la macchina.
     c) Alle tre del pomeriggio.

5.   a) È un po' stretta.
     b) È troppo larga.
     c) La seconda.

6. a) Un attimo che verifico.
   b) Sì, sono in orario.
   c) Mi dispiace, sono arrivato tardi.

7. a) Ha comprato un computer nuovo.
   b) Al centro commerciale con degli amici.
   c) Preferisce studiare.

8. a) Desidero comprarne due.
   b) La gonna è troppo corta.
   c) Veramente è un po' stretto.

9. a) Non lo so. Non ho proprio idea.
   b) Sì, mi piacerebbe.
   c) No, non vorrei.

10. a) Sì. Grazie!
    b) Non mi va bene.
    c) No, prendo l'autobus.

ıٜٛ|ٜٛ|ٜٛ|ٜٛ 69 II. Dettato: ascolta le frasi e scrivile.

1. _____

2. _____

3. _____

4. _____

5. _____

III. Cerchia la risposta giusta.

1. La gonna le va bene?
    a) Sì, è molto lontana.
    b) No, penso di andare domani .
    c) Sì, è proprio la mia taglia.

2. Chi volete invitare alla festa?
    a) Preferiamo andare al cinema.
    b) Tutti i nostri amici della scuola!
    c) Desideriamo comprare dei panini.

3. Dove preferisci fare acquisti?
    a) Preferisco andare in centro.
    b) Desidero comprare tutto nuovo.
    c) Non vado in centro.

4. Desideri inviare gli inviti ai Rossi per posta?
    a) No, gli desidero portare personalmente.
    b) No, preferisco portarglieli personalmente.
    c) No, desiderlo portare personalmente.

5. Sapete dirci dov'è il commissariato?
    a) No, ci dispiace, non ve lo sappiamo dire.
    b) Non gli sapere dirlo.
    c) Non ce lo sappiamo dire.

IV. Scrivi delle domande o frasi per le seguenti risposte.

1. _____?
Di solito la media.

2. _____?
35 euro.

3. _____?

Sì, so nuotare molto bene.

4. _____?

No, Maria non dovrebbe invitare Federico alla festa.

5. _____?

Non ho ancora comprato la roba di lana, preferisco aspettare i saldi.

V.   Completa con le parole/espressioni della lista.

> **camerino   taglia   provare**
> **svendita   quanto costa**

1. _____ ? 37 euro.
2. Desidera _____ una taglia più grande?
3. C'è una _____ nel reparto calzature. Lo sconto è del 25%.
4. Se vuole provarlo, il _____ è in fondo al negozio.
5. "Che _____ porta?", domanda la commessa.

LEZIONE 18

70 DIALOGO 18
Una coppia va al supermercato.

Renzo: Domani pomeriggio sono **libero**, se vuoi, possiamo andare al supermercato.
Rita: Pensiamo a tutto quello che ci occorre.

Al supermercato...
Renzo: Prendiamo un **carrello ciascuno**, così facciamo prima.
Rita: Vai al **reparto pulizia** e prendi la **candeggina**, il **detersivo** per la lavatrice e il **lavapiatti** e dopo mettiti in **coda** per la carne.
Renzo: Va bene, che carne devo prendere?
Rita: Prendi quattro **etti** di carne **macinata**, mezzo chilo di **costolette** di **maiale** e sei **filetti** di **manzo**.
Renzo: E tu **intanto** prendi una bottiglia di Campari e alcune **bottigliette** di **Crodino**. Dopo ci troviamo al reparto **salumeria**.

Reparto salumeria...
Commessa: Cosa le do oggi Signora?
Rita: Tre etti di gorgonzola con **mascarpone**, mezzo chilo di **Grana**, due mozzarelle di bufala.
Commessa: Niente **affettati** oggi Signora?
Rita: Come no! Due etti e mezzo di prosciutto crudo, due etti di

229

pancetta tagliata sottile e due etti di mortadella bolognese con **pistacchio.**
Commessa: Altro Signora?
Rita: Basta così, grazie.
Renzo: Fatto tutto? Possiamo andare alla **cassa?**
Rita: Mettiti in coda tu perché prima devo prendere un po' di verdura: **broccoli, spinaci, lattuga** e **pomodorini ciliegia.**
Poi ti **raggiungo.**
Renzo: D'accordo, ti aspetto alla cassa.
➤ Veja a tradução desse diálogo na p. 393.

OCCHIO AL VOCABOLARIO, ALLE FRASI ED ESPRESISONI 18

Libero: livre
Pensiamo (v. pensare – 1ª pers. pl. presente ind.): pensemos
Prendiamo (v. prendere – 1ª pers. pl. presente ind.) = pigliare: peguemos
Carrello: carrinho
Ciascuno = ognuno: cada um
Vai (v. andare – 2ª pers. sing. imperativo): vá (você)
Reparto = settore: setor
Pulizia: limpeza
Candeggina: cândida, água de lavadeira
Detersivo: sabão em pó
Lavapiatti: detergente
Coda = fila: fila
Etti (ettogrammo): unidade de peso equivalente a 100 gramas
Macinata = tritata: moída
Costoletta/e: costeleta/s
Maiale = porco: porco
Filetto/i = filé/s
Manzo = carne bovina
Intanto = nel frattempo: enquanto isso
Bottiglietta/e = garrafinha/s
Crodino: bebida sem álcool para aperitivo
Salumeria: seção de frios

Mascarpone: tipo de queijo cremoso
Grana: tipo de queijo parmesão
Affettato/i: frios fatiados
Pistacchio: pistache
Altro? = altra cosa: coloquialmente: mais alguma coisa?
Basta così: assim está bom
Tutto fatto: tudo feito, tudo pronto
Cassa: caixa (de loja, supermercado)
Mettiti (v. mettersi – 2ª pers. sing. imperativo): coloque-se, ponha-se
Broccoli: brócolis
Spinaci: espinafres
Lattuga: alface
Pomodorini ciliegia: tomatinhos-cereja
Raggiungo (v. raggiungere – 1ª pers. sing. presente ind.): alcanço, encontro

ılı|ı|ıı 71 **DIALOGO 18 – COMPRENSIONE DEL DIALOGO**

1. Dove vanno i Signori Bernini?
2. Cosa chiede di comprare la Signora Bernini al marito?
3. Che carne compra il Signor Bernini?
4. Che verdure prende la Signora Bernini?

GRAMMATICA APPLICATA 18
Imperativo informal e pronominal + advérbio *"ci"*

IMPERATIVO *(TU, NOI, VOI)*

O modo imperativo é usado para exprimir ordem, conselho ou súplica.

O imperativo informal é usado para a 2ª pessoa do singular, 1ª e 2ª do plural.

Forma negativa: é precedida pelo advérbio **"non"** e no caso da 2ª pessoa do singular, o verbo permanece no infinitivo.

	-ARE parlare	-ERE leggere	-IRE partire	-IRE finire
Tu	parla! non parlare!	leggi! non leggere!	parti! non partire!	finisci! non finire!
Noi	(non) parliamo!	(non) leggiamo!	(non) partiamo!	(non) finiamo!
Voi	(non) parlate!	(non) leggete!	(non) partite!	(non) finite!

Ex.: **Leggi questo libro per la prossima settimana!**
(Leia este livro para a próxima semana!)
Non parlare con estranei!
(Não fale com estranhos!)
Finiamo presto per andare a casa!
(Terminemos logo para ir para casa!)

IMPERATIVO PRONOMINAL + ADVÉRBIO *"CI"*

No Imperativo Informal, ou seja, na 2ª pessoa do singular, a 1ª e a 2ª do plural, o pronome vem depois do verbo formando com ele uma só palavra.

Ex.: **Le sedie, portale di là!** (As cadeiras, leve-as para lá!)
Sta parlando il direttore, ascoltiamolo!
(O diretor está falando, ouçamo-lo!)
Se volete andare al mare, andateci con l'autobus.
(Se vocês quiserem ir para a praia, vão [para lá] de ônibus.)

Exemplos de uso em frases contextualizadas:

Marco, non parlare tanto al telefono!
(Marco, não fale muito ao telefone!)
Finiamo presto questo rapporto per consegnarlo al Direttore.
(Terminemos logo este relatório para entregá-lo ao diretor.)
Scrivete una e-mail alla segreteria della scuola, scrivetela oggi stesso!
(Escrevam um e-mail para a secretaria da escola, escrevam-no hoje mesmo!)

Chiudi la porta che fa freddo!
(Feche a porta porque está frio!)
Quando arrivate in Italia, non dimenticatevi di telefonarmi!
(Quando vocês chegarem na Itália, não se esqueçam de me telefonar!)
Se vuoi andare al Vaticano, non andarci a piedi perché è lontano; prendi l'autobus!
(Se você quiser ir ao Vaticano, não vá a pé porque é longe; tome o ônibus!)

VOCABOLARIO SISTEMATICO 18

PRODOTTI DEL SUPERMERCATO E DELLA FARMACIA

dentifricio (pasta de dente)
spazzolino/i da denti (escova/s de dente)
filo interdentale (fio dental)
schiuma da barba/spuma da barba (creme de barbear)
lametta/e (lâmina/s de barbear)
saponetta/e (sabonete/s)
bagnoschiuma (espuma de banho)
deodorante (desodorante)
cotone (algodão)
cotton-fioc (cotonete)
pannolino/i (fralda/s)
carta igienica (papel higiênico)
shampoo (shampoo)
balsamo (condicionador)
tintura per capelli (tinta para cabelos)
tagliaunghie (cortador de unhas)
profilattico/i (preservativo/s)
band aid (curativo adesivo)
cerotto/i (esparadrapo/s)
kit di pronto soccorso (estojo de primeiros socorros)
pettine/i (pente/s)

forbice/i (tesoura/s)
pila/e (pilha/s)
smalto/i (esmalte/s)
acetone/solvente per smalto (acetona/removedor de esmalte)
rossetto/i (batom/batons)
medicina/e (remédio/s)
analgesico/i (analgésico/s)
fazzolettini di carta (lenços de papel)

Ex.: **Trovi il dentifricio e lo spazzolino nel corridoio 4.**
(Você encontra o creme dental e a escova de dentes no corredor 4).

ESERCIZI PRATICI 18

⊪⊩ 72 I. Ascolta le domande e cerchia la risposta giusta.

1. a) Prendono l'autobus 5.
    b) Prendete l'autobus 5!
    c) Non è aperto il lunedì.

2. a) Nel reparto frutta.
    b) Nel reparto formaggi.
    c) Nel reparto di igiene personale.

3. a) Resta ancora un po'.
    b) Restiamo ancora un po'.
    c) Restate ancora un po'.

4. a) Lo trova lì vicino.
    b) Sì, li trova nel corridoio n° 4.
    c) No, non lo trovo.

5. a) Basta così!
    b) Sì, basta!
    c) No, non mi sembra.

6. a) Prosciutto, salame e mortadella.
    b) Latte e formaggi.
    c) Candeggina e detersivi.

7. a) Fumate pure.
    b) No, è vietato fumare qui.
    c) No, non fumiamo.

8. a) Ci dispiace, non c'è pannolini.
    b) Sì, c'è pannolini.
    c) Ci dispiace, non ci sono pannolini.

9. a) Non preoccuparti, è tutto fatto.
    b) Non preoccupatevi, va tutto bene.
    c) Non ci preoccupiamo perché è tutto fatto.

10. a) La cassa 10 è libera.
    b) La cassa 10 c'è libera.
    c) Ci sono la cassa 10 libera.

꜔꜔꜔ 73 II. Dettato: ascolta le frasi e scrivile.

1. _____

2. _____

3. _____

4. _____

5. _____

III. Cerchia la risposta giusta.

1. Quando possiamo andare in pizzeria?
    a) Sì, ci vado.
    b) Andiamoci mercoledì.
    c) No, non ci vado.

2. Dove posso trovare il gorgonzola?
    a) Nel reparto panetteria.
    b) Nel corridoio farmacia.
    c) Nel reparto latticini.

3. Quali sono le previsioni del tempo per domani?
    a) Le previsioni sono di pioggia e vento forte.
    b) Preferisco il caldo.
    c) Sì, ci sono.

4. Vendete forbici e tagliaunghie?
    a) Sì, ho visto.
    b) Sì, glieli faccio vedere.
    c) No, c'è forbici e tagliaunghie.

5. Mamma, posso mancare alle lezioni oggi?
    a) No, nemmeno io!
    b) Neanche per sogno!
    c) No, neanche tu!

IV. Scrivi delle domande o frasi per le seguenti risposte.

1. _____?
No, non fumare qui.

2. _____?
Preparami solo una frittata con i funghi.

3. _____?
Sono nel reparto farmacia.

4. _____?
Sono lì accanto ai profumi.

5. _____?
La prima cassa a destra.

V. Segna la parola o espressione che non appartiene alla serie.

1. pannolino – rossetto – festa – dentifricio – filo interdentale –
    spazzolino da denti
2. schiuma da barba – lametta – deodorante – saponetta –
    shampoo – prosciutto
3. studia! – scrivi! – alzatevi! – mangiate! – bevi! – vorrei
4. cosa – potrei – dove – quando – perché – chi
5. supermercato – farmacia – salumeria – latticini – profumeria –
    fragole

LEZIONE 19

🔊 74 **DIALOGO 19**
Fa freddo e nevica!

In azienda:
Valerio: Buongiorno Signorina Annamaria, oggi fa freddo e nevica, sarà proprio una **giornataccia**. Senta, per la riunione delle 10,00, chiami anche il **ragionier** Sabena e **l'ingegner** Rossetti. Gli altri sono già **stati avvertiti**, vero?
Segretaria: Sì, sì Dottore, li chiamo subito.
Valerio: Gli **dica** di portare tutti gli **appunti** riguardanti la presente situazione della costruzione del nuovo reparto delle **Risorse Umane**.

Durante la riunione:
Valerio: Buongiorno signori, **accomodatevi**. Per questa riunione sarà presente anche la dottoressa Morandi che, come sapete, **si prende cura** dell'**Addestramento del Personale**.
Dott.ssa Morandi: Scusate il ritardo, stavo finendo un **colloquio** con un candidato a **stagista**.
Ing. Rossetti: Innanzitutto, vorrei dire che secondo il **geometra** Bonini, qui presente, il nostro piano di lavoro è in ritardo di due settimane per via del **cattivo** tempo. Stiamo attenti perché ogni

239

ritardo comporta il pagamento di alte multe. Le previsioni dicono che domani smette di nevicare.

Valerio: Magari! Così possiamo mantenere i tempi e inaugurare il reparto alla data prevista.

Dott.ssa Morandi: Vi chiederei di **mantenermi al corrente** per poter prendere i **provvedimenti** necessari per l'inaugurazione.

▶ Veja a tradução desse diálogo na p. 394.

OCCHIO AL VOCABOLARIO, ALLE FRASI ED ESPRESSIONI 19

Giornataccia: um dia "daqueles", um dia difícil

Azienda = impresa; ditta: empresa, companhia

Ragioniere = contabile: contador

Ingegnere: engenheiro

Sono già stati avvertiti (v. avvertire – 3ª pers. pl. forma passiva) = avvisare: já foram avisados

Dica (v. dire – 3ª pers. sing. imperativo): diga

Appunti = annotazioni scritte: anotações

Risorse Umane: Recursos Humanos

Accomodatevi (v. accomodarsi – 2ª pers. pl. imperativo pronominale) = mettersi a proprio agio: acomodem-se, fiquem à vontade

Si prende cura (v. rifl. prendersi – 3ª pers. sing. presente ind.) = occuparsene; averne cura: toma conta, cuida

Addestramento Personale: Treinamento de Pessoal

Scusate (v. scusare – 2ª pers. pl. imperativo): desculpem

Colloquio = conversazione fra persone: entrevista

Stagista = tirocinante: estagiário

Innanzitutto = prima di tutto: antes de tudo

Geometra = progetta e dirige lavori di costruzioni civili di modesta entità: técnico que dirige uma construção civil

Cattivo = brutto; malvagio: feio, ruim

Mantenermi (v. mantenere – infinito + pron. obj. dir.): manter-me

Al corrente = essere informato di; tenere informato: a par

Provvedimento/i: providência/s

🔊 75 DIALOGO 19 – COMPRENSIONE DEL DIALOGO

1. Cosa dice Valerio alla segretaria?
2. Quale impegno ha Valerio alle 10,00?
3. Perché i lavori sono in ritardo?
4. Cosa chiede la Dott.ssa. Morandi?

GRAMMATICA APPLICATA 19
Imperativo formal e pronominal e imperativo dos verbos irregulares

IMPERATIVO FORMAL (*LEI, LORO*)

O imperativo formal, ou de 3ª pessoa, do singular e do plural, é usado no tratamento de cortesia.

	ARE parl**are**	**ERE** leggere	**IRE** part**ire**	**IRE** fin**ire**
Lei	(non) parl**i**!	(non) legg**a**!	(non) part**a**	(non) finisc**a**!
Loro	(non) parl**ino**!	(non) legg**ano**!	(non) part**ano**!	(non) finisc**ano**!

Ex: **Sig. Bonini, <u>legga</u> il rapporto prima della riunione.**
(Sr. Bonini, leia o relatório antes da reunião!)
Professori, <u>non partano</u> con questo tempo, è pericoloso!
(Professores, não partam com este tempo, é perigoso!)

IMPERATIVO PRONOMINAL

No imperativo formal os pronomes são colocados antes do verbo.

Ex.: **Questo vino è speciale, <u>lo provino</u>!**
(Este vinho é especial, provem-no!)
Sig.na, <u>consegni</u> questa busta al direttore, <u>la consegni</u> subito!
(Srta., entregue este envelope ao diretor, entregue-o logo!)

Mi scriva una e-mail dal Canada, me la scriva appena arrivato!
(Escreva-me um e-mail do Canadá, escreva-o [a mim] assim que chegar!)

Exemplos de uso em frases contextualizadas:

Signori, aprano questo pacco!
(Senhores, abram este pacote!)
Signora, se Lei è stanca, si sieda e si riposi un po'!
(Senhora, se estiver cansada, sente-se e repouse um pouco!)
Porti la giacca dal sarto, gliela porti oggi stesso!
(Leve o paletó ao alfaiate, leve-o [a ele] hoje mesmo!)
Creda signora, il film è bellissimo!
(Creia senhora, o filme è belíssimo!)
Non mi capiscano male signori, ma è già troppo tardi!
(Não me entendam mal senhores, mas já é muito tardi!)

VERBI IRREGOLARI – IMPERATIVO

	ANDARE	DARE	FARE	STARE
tu	va (vai/ va') non andare	dà (dai/ da') non dare	fa (fai/ fa') non fare	sta (stai/sta') non stare
Lei	(non) vada	(non) dia	(non) faccia	(non) stia
noi	(non) andiamo	(non) diamo	(non) facciamo	(non) stiamo
voi	(non) andate	(non) date	(non) fate	(non) state
Loro	(non) vadano	(non) diano	(non) facciano	(non) stiano

	AVERE	ESSERE	DIRE	VENIRE
tu	abbi non avere	sii non essere	di' non dire	vieni non venire
Lei	(non) abbia	(non) sia	(non) dica	(non) venga
noi	(non) abbiamo	(non) siamo	(non) diciamo	(non) veniamo
voi	(non) abbiate	(non) siate	(non) dite	(non) venite
Loro	(non) abbiano	(non) siano	(non) dicano	(non) vengano

Dare/Fare/Dire + **pronomes**

Estes verbos, na segunda pessoa, possuem uma particularidade ortográfica, ou seja, a consoante do pronome é duplicada.

Ex.: **Da <u>a me</u> il libro** = **Dammelo** (Dê-me o livro!)
Fa <u>a noi</u> un favore = **Fac<u>ce</u>lo** (Faça-nos um favor!)
Quando arriva tua madre, dì tutto <u>a lei</u> = **Di<u>lle</u> tutto**
(Quando a sua mãe chegar, diga-lhe tudo.)

Quando os verbos *andare* e *stare* estão no imperativo e são seguidos de um infinitivo, os pronomes se comportam da seguinte forma:

Andare = **Va<u>gli</u>elo a dare!** (Vá dar-lhe isso!)
     Va' a dar<u>gli</u>elo! (Vá dar-lhe isso!)

Stare = **Sta<u>mm</u>i a sentire!** (Escute-me!)
     Sta' a sentir<u>mi</u>! (Escute-me!)

Exemplos de uso em frases contextualizadas:

Maria, abbi pazienza con il bambino!
(Maria, tenha paciência com o menino!)
Non dia sempre ragione a Raffaele!
(Não dê sempre razão a Raffaele!)
Mia madre diceva sempre: "Sii buono!"
(Minha mãe sempre dizia: "Seja bom!")
Fate i compiti! Fateli prima di dormire!
(Façam a lição! Façam-na antes de dormir!)
Va' a comprare il pane! Vallo a comprare prima di cena!
(Vá comprar pão! Vá comprá-lo antes do jantar!)
Venite subito, la cena è pronta!
(Venham logo, o jantar está pronto!)
Vi prego, ditemi la verità! Ditemela subito!
(Eu imploro! Digam-me a verdade! Digam logo!)
Per comprare i biglietti, stiamo in fila!
(Para comprar os ingressos, fiquemos na fila!)

Fai il tuo comodo!
(Fique à vontade!)
Disturbo? – Si figuri, Professore!
(Incomodo? – Imagine, Professor!)

VOCABOLARIO SISTEMATICO 19

LAVORO E CARRIERA

curricolo/curriculum (currículo)
fare una domanda di lavoro/candidarsi a un impiego (candidatar-
-se a um emprego)
candidato (candidato)
posti disponibili/posti vacanti (vagas, empregos disponíveis)
assumere/ammettere (contratar)
licenziare (despedir)
incarico (cargo)
mansione (função)
dipendente (funcionário)
impiegato (funcionário administrativo)
operaio (operário)
datore di lavoro (empregador)
collega (colega de trabalho)
mensa (refeitório em empresa)
giorno libero (dia de folga)
benefici accessori/addizionali (benefícios adicionais, "mordomias")
promozione (promoção)
turno di lavoro (turno de trabalho)
licenza per maternità (licença maternidade)
ferie (férias)
stagista/tirocinante (estagiário)
stage/tirocinio (estágio profissional)
pari/uguale (par, pessoa do mesmo grupo profissional)
pensionarsi/andare in pensione (aposentar-se)

pensionato (aposentado)
preavviso (aviso prévio)
a tempo pieno (período integral)
a tempo parziale/part-time (meio período, meio expediente)

Ex.: **Il trattamento di benefici addizionali prevede un'auto e un cellulare.**
(O pacote de benefícios adicionais inclui um carro e um celular.)
Quanti dipendenti lavorano nel turno della notte?
(Quantos funcionários trabalham no turno da noite?)
L'azienda ha assunto due nuovi impiegati.
(A empresa contratou dois novos funcionários.)
Quell'incarico è ancora libero?
(Aquele cargo ainda está disponível?)

ESERCIZI PRATICI 19

꿰꿰 76   I. Ascolta le domande e cerchia la risposta giusta.

1.   a) Perché piove.
     b) Fa freddo e nevica.
     c) C'è il sole.

2.   a) Il portinaio.
     b) Il vigile.
     c) Il ragionier Sabena e l'ingegner Rossetti.

3.   a) Stava finendo un colloquio di lavoro.
     b) Era in pausa pranzo.
     c) Era in riunione.

4.   a) Il reparto dell'Ingegneria.
     b) Il reparto delle Risorse Umane.
     c) Il reparto Amministrativo.

5. a) Della Busta paga.
   b) Dell'Amministrazione e Controllo.
   c) Dell'Addestramento del Personale.

6. a) Che il piano di lavoro è indietro.
   b) Che il piano di lavoro è in avanti.
   c) Che non c'è piano.

7. a) Di un mese.
   b) Di due settimane.
   c) Non sono in ritardo.

8. a) Perché fa freddo.
   b) Perché il tempo è nuvoloso.
   c) Perché il tempo è brutto.

9. a) Il pagamento di multe.
   b) L'acquisto di materiali vari.
   c) Il pagamento di tasse.

10. a) No, non lo inaugureranno.
    b) Nella data prestabilita.
    c) La data non è stabilita.

🔊 77 II. Dettato: ascolta le frasi e scrivile.

1. _____

2. _____

3. _____

4. _____

5. _____

III. Cerchia la risposta giusta.

1. Perché l'azienda ha ammesso un altro avvocato?
   a) Perché non c'era posto.
   b) Perché c'era un posto vacante.
   c) Perché il posto era occupato.

2. Qual è la mansione di Carmelo?
   a) È stagista.
   b) È andato in pensione.
   c) Lavora da due anni.

3. Buongiorno professore...
   a) Siedasi!
   b) Siediti!
   c) Si sieda!

4. Pierina, dà il mangiare al gatto, ma...
   a) Dalle poco!
   b) Dagliene poco!
   c) Ne dà poco!

5. Se devi dire a Mario quello che pensi...
   a) Diglielo subito!
   b) Lo digli subito!
   c) Glielo dì subito!

IV. Scrivi delle domande o frasi per le seguenti risposte.

1. _____?
Vada dritto e giri alla seconda traversa a destra.

2. _____?
Comprala dal macellaio all'angolo.

3. _____?
Scrivigliela quando vuoi.

4. _____?
Venga pure Dott. Buonarroti.

5. _____?
Dammene una bella fetta.

V. Completa con le parole/espressioni della lista.

| mensa | mansioni | a tempo pieno | benefici addizionali |
| | promozione | dipendente | incarico |

1. Queste saranno le Sue _____ per il Suo nuovo
    _____.
2. In genere mangio alla _____ perché è più comodo.
3. Lucio ha ricevuto una _____ e diversi _____ .
4. Quell'azienda ha assunto Daniela come _____
    e lei ne è contenta.
5. Antonella ha trovato un impiego _____ .

LEZIONE 20

🎧 78 **DIALOGO 20**
Cosa si può fare in tre giorni sulla Costiera Amalfitana?

Federico: Senta, posso chiederLe un consiglio?
Receptionist: Certo, prego. Mi dica!
Federico: Stando da queste parti, cosa si può fare in tre giorni sulla **Costiera Amalfitana**?
Receptionist: Partendo da Amalfi, potete **raggiungere** direttamente Vietri sul Mare in poco tempo. **Oltre ad** essere molto bella, è famosa per le ceramiche.
Norma: Ne ho già sentito parlare.
Federico: Da lì possiamo tornare **passando** per altri posti famosi. Quali ci consiglierebbe?
Receptionist: Uscendo da Vietri, dovete fermarvi a Maiori, Minori e andare a Ravello e lì **dare un'occhiata** all'Auditorium Oscar Niemeyer.
Federico: Possiamo **pernottare** lì per conoscere bene il paese e **goderci** la bellissima veduta.
Norma: Da lì torniamo qui ad Amalfi per restarci tutta la **giornata**, **altrimenti** il viaggio diventa troppo **stancante**.
Federico: Hai ragione. Mi piace guidare, però queste strade sono pericolose e piene di curve. È meglio **ripartire** il giorno dopo per Sorrento passando per Positano e conoscerla bene.

Receptionist: A Sorrento non dimenticatevi di prendere una bella e buona **granita** al limone. È **eccezionale**!

Federico: La prenderemo senz'altro. Resteremo un'altra notte a Sorrento e poi da lì torniamo direttamente a Napoli. La ringrazio tanto per le sue indicazioni.

➤ Veja a tradução desse diálogo na p. 395.

OCCHIO AL VOCABOLARIO, ALLE FRASI ED ESPRESSIONI 20

Essendo (v. essere – gerundio simples): estando

Da queste parti = di qui: por aqui

Costiera Amalfitana: costa italiana que vai de Amalfi a Vietri sul Mare perto de Napoli

Partendo (v. partire – gerundio simples): saindo, partindo

Raggiungere (v. – infinito) = arrivare: chegar

Oltre a(d) = in più di: além de

Passando (v. passare – gerundio simples): passando

Uscendo (v. uscire – gerundio simples): saindo

Dare un'occhiata (v. dare – infinito) = guardare; controllare rapidamente: dar uma olhada

Pernottare (v. – infinito) = trascorrere la notte: pernoitar

Goderci (v. godere – infinito + ci) = spassare: gozar, usufruir, divertir-nos

Giornata = periodo di tempo compreso tra l'alba e il tramonto: período do dia compreendido entre o alvorecer e o pôr-do-sol

Altrimenti = in altro modo: caso contrário

Stancante = noiosa: cansativa

Ripartire (v. – infinito): tornar a partir

Granita = ghiacciata: bebida típica feita com gelo triturado fino, sucos ou xaropes

Eccezionale = singolare; straordinario: excelente

🔊 79 **DIALOGO 20 – COMPRENSIONE DEL DIALOGO**

1. Quanto tempo si fermano Federico e Norma sulla Costiera?
2. Con chi preparano l'itinerario?

3. Perché il viaggio può essere stancante?
4. Che specialità sorrentina suggerisce il receptionist?

GRAMMATICA APPLICATA 20
Verbos no gerúndio simples, composto e gerúndio com pronomes

GERÚNDIO

1) Gerúndio simples

-ARE	-ERE	-IRE
cant**are**	legg**ere**	dorm**ire**
cant**ando**	legg**endo**	dorm**endo**

essere = essendo **avere = avendo**

a) O gerúndio simples é usado para indicar:

➤ meio:
Ex.: **Guadagno la vita <u>insegnando</u> italiano.**
(Ganho a vida ensinando italiano.)

➤ modo:
Ex.: **Luigi arrivò <u>correndo</u>.**
(Luigi chegou correndo.)

➤ contemporaneidade:
Ex.: **Mangio una pizza <u>guardando</u> un film.**
(Como uma pizza assistindo a um filme.)

➤ causa:
Ex.: **<u>Mangiando</u> troppo è ingrassato parecchio.**
(Comendo demais engordou bastante.)

➤ condição:

Ex.: **Lavorando di più, finirai il lavoro prima.**
(Trabalhando mais, você terminará antes.)

b) Em italiano, o sujeito do gerúndio é o mesmo da oração principal.

Ex.: **L'ho visto entrando nel cinema.**
(Eu o vi quando eu estava entrando no cinema.)

Em italiano, quem estava entrando no cinema era **"eu"**, sujeito de *"l'ho visto"*. Já em português, a mesma frase *"Eu o vi entrando no cinema"* é ambígua, ou seja, quem estava entrando no cinema podia ser tanto **"eu"** (sujeito de **"vi"**) quanto **"ele"** (objeto de **"vi"**).

2) Gerúndio composto

		gerundio semplice + participio passato dell'ausiliare	
-ARE	arrivare	essendo	arrivato/a/i/e
-ERE	leggere	avendo	letto
-IRE	capire	avendo	capito

essere = essendo stato/ a/i/e   **avere = avendo avuto**

a) O gerúndio composto é usado para indicar:

➤ anterioridade a respeito da ação do verbo da frase principal:
Ex.: **Avendo finito gli esami, ritornerà nel suo Paese.**
(Tendo terminado os exames, voltará ao seu País.)

➤ valor causal:
Ex.: **Avendo piovuto molto, la terra è bagnata.**
(Tendo chovido muito, a terra está molhada.)

3) Gerúndio com pronomes

No gerúndio, os pronomes vêm depois do verbo e unidos a ele.

Ex.: **L'ho visto <u>fermandomi</u> all'edicola.**
(Eu o vi quando parei no jornaleiro.)
<u>Avendola conosciuta</u>, posso dirti che è una brava persona.
(Tendo-a conhecido, posso te dizer que é uma boa pessoa.)

Exemplos de uso em frases contextualizadas:

Pur essendo la fine di aprile, l'aria era ancora fredda.
(Mesmo sendo final de abril, o ar ainda estava frio.)
Facendo così, non risolverai nulla.
(Agindo assim, você não resolverá nada.)
Avendo fatto una buona provvista di dollari, sono tranquilla per viaggiare.
(Tendo feito uma boa provisão de dólares, estou tranquila para viajar.)
Essendo stato derubato dei documenti, si è trovato nei pasticci.
(Tendo tido os documentos roubados, teve complicações.)
Pensandoci bene, ha ragione lui.
(Pensando bem [nisso], ele tem razão.)
Fermandomi qualche giorno da mio fratello, potrò aiutarlo.
(Permanecendo alguns dias na casa do meu irmão, poderei ajudá-lo.)
Tempo permettendo, partiremo stasera.
(Se o tempo permitir, partiremos esta noite.)
Stando così le cose, non ho più niente da dire.
(Estando assim as coisas, não tenho mais nada a dizer.)

VOCABOLARIO SISTEMATICO 20

CHIAMATE TELEFONICHE

chiamare/telefonare (ligar, telefonar)
fare un colpo (dar uma ligada)

fare/digitare/comporre un numero (discar, ligar)
telefonista (telefonista)
rispondere al telefono (atender o telefone)
segreteria telefonica (secretária eletrônica)
richiamare/ritelefonare (ligar de volta, retornar a ligação)
riattaccare/riagganciare/riappendere/mettere giù (colocar o telefone no gancho; desligar ao final de uma conversa)
numero interno (ramal)
telefonino/cellulare (telefone celular)
chiamata interurbana (interurbano)
vivavoce (viva-voz)
Pronto! (Alô!)
Chi parla? (Quem fala?)
trasferire la chiamata (transferir a ligação)
attendere in linea (esperar, aguardar na linha)
lasciare un messaggio (deixar um recado)
la linea è occupata (a linha está ocupada)
codice (código de área)
è caduta la linea (a ligação caiu)
recapito telefonico (telefone para contato)
numero sbagliato (número errado)

Ex.: **Mi dispiace, sono occupato adesso. Può telefonarmi più tardi?**
(Desculpe, estou ocupado no momento. Pode me telefonar mais tarde?)
Attenda un attimo, per favore. Trasferisco la sua chiamata.
(Espere um segundo, por favor. Vou transferir a sua ligação.)
La linea è occupata, rimanga in linea, per favore.
(A linha está ocupada, aguarde na linha, por favor.)
Per favore, non riattacchi.
(Por favor, não desligue.)
Il Sig. Ferrero non c'è. Gradirebbe lasciare un messaggio?
(O Sr. Ferrero não está. O senhor gostaria de deixar um recado?)
Per chiamare qualcuno a Venezia, devi comporre il codice della città e il numero del telefono.
(Para falar com alguém em Veneza, você deve teclar o código da cidade e o número do telefone.

ESERCIZI PRATICI 20

🔊 80 I. Ascolta le domande e cerchia la risposta giusta.

1. a) Sì, è tagliata la linea.
   b) Sì, ma è caduta la linea.
   c) Sì, ma si è bruciata la linea.

2. a) Farebbero degli scavi.
   b) Faranno degli scavi.
   c) Facendo degli scavi di assaggio.

3. a) Volendo, sì.
   b) Volevando, sì.
   c) Volando, sì.

4. a) Che riaggancia domani.
   b) Che mi farà un colpo domani.
   c) Che ha un telefono pubblico.

5. a) Salendo sull'autobus.
   b) Parlando di sport.
   c) Subendo sull'autobus.

6. a) Sì, le ho chiesto di richiamarmi.
   b) No, non l'ho vista.
   c) No, non mi hanno richiamato.

7. a) Mangiando la chitarra.
   b) Camminando.
   c) Cantando e suonando la chitarra.

8. a) Devi comporre il codice di Catania e il numero.
   b) Dovete fare il numero.
   c) Devi scrivere il codice di Catania e il numero.

9. a) Non ancora.
   b) Vedendo in lontananza l'arrivo del treno.
   c) Ho capito subito.

10. a) Lavorando poco.
    b) Bevendo e mangiando troppo.
    c) Non fumava.

〜 81 II. Dettato: ascolta le frasi e scrivile.

1. _____

2. _____

3. _____

4. _____

5. _____

III. Cerchia la risposta giusta.

1. Vorrei parlare con le Risorse Umane, per favore.
   a) Un attimo che riattacco.
   b) Un attimo che trasferisco la chiamata.
   c) Un attimo che ci vado.

2. Come Francesca va a scuola?
   a) Andando al mercato.
   b) Prendendo l'autobus.
   c) Mangiando presto.

3. Cosa ha detto la segretaria?
   a) Forse non c'era.
   b) Si è offesa.
   c) Di lasciare un recapito telefonico.

4. Posso richiamarti più tardi?
   a) Certo!
   b) Sì, lo so.
   c) No, non vengo.

5. Perché hai cambiato idea?
   a) Pensare bene, ha ragione lui.
   b) Pensandoci bene, ha ragione lui.
   c) Pensiamoci bene.

IV. Scrivi delle domande o frasi per le seguenti risposte.

1. _____?
Sono Stefania.

2. _____?
Nuotando cento metri stile libero.

3. _____?
Facendo esercizi di fonetica.

4. _____?
Sì, grazie. Le dica di richiamarmi.

5. _____?
Cucinando.

Comunque ci vorrei pensare alla sua offerta ancora un po' e domani le do una risposta.

Commesso: Ascolti quello che Le dico, non **si pentirà**. L'aspetto.

➤ Veja a tradução desse diálogo na p. 396.

OCCHIO AL VOCABOLARIO, ALLE FRASI ED ESPRESSIONI 21

Il cui: cujo

Di cui = del/della quale, dei/delle quali: do/da qual, dos/das quais

Fa per Lei (v. fare – 3ª pers. sing. presente ind. expressão idiomática): feito/a para o/ a senhor/a

Con cui = con il/la quale: com o/a qual

Con la quale = con cui: com a qual

Cambio manuale: câmbio mecânico

Comunque = in ogni modo; in ogni caso: em todo caso, de qualquer forma

Si pentirà (v. rifl. pentirsi – 3ª pers. sing. futuro ind.): se arrependerá

ᴵᴵᴵᴵᴵ 83 DIALOGO 21 – COMPRENSIONE DEL DIALOGO

1. Come vuole la macchina Gianluca?
2. È economica? Quanti km fa per litro di benzina?
3. Qual è il vantaggio del cambio automatico?
4. Gianluca la compra subito?

GRAMMATICA APPLICATA 21
Pronomes relativos (*Pronomi relativi*)

Os pronomes relativos em italiano são:

1. Che

O pronome *che* é invariável em gênero e número e **não pode** ser precedido por preposição. Além de ser usado como conjunção, pode ser usado como pronome e tem o significado de: *il quale* (o qual), *la qua-*

260

le (a qual), *i quali* (os quais), *le quali* (as quais), que variam em gênero e número, quando têm a função de sujeito.

Ex.: **La ragazza (soggetto) sta cantando. La ragazza è mia sorella.**
(A moça [sujeito] está cantando. A moça é minha irmã.)
La ragazza che (la quale) sta cantando è mia sorella.
(A moça que está cantando é minha irmã.)

2. Cui

Está relacionado a um substantivo que o precede. É invariável em gênero e número e **pode** ser precedido por preposição. O pronome *cui* não corresponde a um único pronome em português e pode ser traduzido, de acordo com o sentido, em **quem** ou **que**.

Também pode ser substituído pelos pronomes: *il quale* (o qual), *la quale* (a qual), *i quali* (os quais) e *le quali* (as quais), que são variáveis. Neste caso, a preposição se torna articulada.

a cui = al quale/ alla quale/ ai quali /alle quali
con cui = con il quale/ con la quale/ con i quali/ con le quali
di cui = del quale/ della quale/ dei quali/ delle quali
in cui = nel quale/ nella quale/ nei quali/ nelle quali
su cui = sul quale/ sulla quale/ sui quali/ sulle quali
tra/fra cui = tra il quale/ tra la quale/ tra i quali/ tra le quali
da cui = dal quale/ dalla quale/ dai quali/ dalle quali
per cui = per il quale/ per la quale/ per i quali/ per le quali

Ex.: **Lo studente a cui ho restituito gli appunti è bravissimo. = Lo studente al quale ho restituito gli appunti è bravissimo.**
(O aluno a quem/ ao qual devolvi as anotações é muito bom.)
Non conosco la signora con cui parlavi. = Non conosco la signora con la quale parlavi.
(Não conheço a senhora com quem/ com a qual você estava falando.)
L'argomento di cui dobbiamo occuparci è la contabilità dell'azienda. = L'argomento del quale dobbiamo occuparci è la contabilità dell'azienda.
(O assunto de que/ do qual devemos nos ocupar é a contabilidade da empresa.)

As formas *in cui*, *su cui*, quando indicam lugar, podem ser substituídas por *dove* (onde), como no português.

Ex.: La camera <u>in cui</u>/ <u>dove</u> dorme il bambino è soleggiata.
(O quarto no qual/ em que/ onde a criança dorme é ensolarado.)

A forma *da cui*, também pode ser substituída por *dove*, mas nesse caso a preposição *da* é mantida.

Ex.: Il Paese <u>da cui</u>/ <u>da dove</u> viene Matthew è molto freddo.
(O País do qual/ de onde vem o Matthew é muito frio.)

Nota: quando *cui* é precedido pelo artigo definido (*il, la, i, le*) se traduz por **cujo, cuja, cujos, cujas.**

Ex.: Il vicino, <u>la cui</u> bicicletta è rossa, è uscito presto.
(O vizinho, cuja bicicleta é vermelha, saiu cedo.)

3. Chi
O pronome *chi* (quem) é invariável e pode ser acompanhado ou não de preposição. Não se relaciona a um substantivo que o precede e pode ser substituído por *colui che* (aquele que), *colei che* (aquela que), *coloro che* (aqueles que).

Ex.: <u>Chi</u>/ <u>colui che</u>/ <u>colei che</u> vuole iscriversi al corso, deve compilare il modulo.
(Quem quer se inscrever no curso, deve preencher o formulário.)

Exemplos de uso em frases contextualizadas:

Gli gnocchi che ho mangiato da Pina erano gustosissimi.
(Os nhoques que comi na casa da Pina eram deliciosos.)
Le ragazze che parlano con Marta sono francesi.
(As garotas que estão falando com Marta são francesas.)
L'amica a cui ho regalato il bracciale è partita oggi.
(A amiga a quem dei a pulseira de presente partiu hoje.)

I ragazzi con i quali usciamo sono napoletani.
(Os rapazes com os quais saímos são napolitanos.)
La persona di cui parli, mi è antipatica.
(A pessoa de quem você está falando, me é antipática.)
La città in cui mi piacerebbe vivere è Siena.
(A cidade na qual eu gostaria de viver é Siena.)
È un argomento sul quale non si può discutere.
(É um assunto sobre o qual não se pode discutir.)
Le persone tra cui lavoro non parlano l'italiano.
(As pessoas entre as quais trabalho não falam italiano.)
La città dalla quale vengo si trova in Brasile.
(A cidade da qual venho fica no Brasil.)
La ditta per la quale lavoro ha una filiale in Turchia.
(A empresa para a qual trabalho tem uma filial na Turquia.)
Giorgio, i cui parenti abitano in Germania, è andato in vacanza.
(Giorgio, cujos parentes moram na Alemanha, saiu de férias.)
L'artista, le cui opere sono in esposizione, ha tenuto una conferenza ieri.
(O artista, cujas obras estão em exposição, deu uma palestra ontem.)
Chi desidera parlare con il medico, deve aspettare in sala di attesa.
(Quem deseja falar com o médico, deve aguardar na sala de espera.)
Colui che studia, non trova difficoltà all'esame.
(Quem estuda, não tem dificuldade no exame.)
Coloro che devono imbarcare prima, devono mettersi in coda.
(Quem deve embarcar antes, tem que ficar na fila.)

VOCABOLARIO SISTEMATICO 21

RELAZIONI/RAPPORTI

innamorarsi (apaixonar-se)
essere innamorato/a (estar apaixonado/a)
un appuntamento (um encontro)
essere fidanzati (namorar firme)

andare d'accordo (dar-se bem com, ter um bom relacionamento com)
lasciarsi (romper, terminar um relacionamento)
superare la fine di una relazione, "dimenticare" (superar o fim de um relacionamento, "esquecer")
fare la pace (fazer as pazes)
fidanzarsi (ficar noivo)
amore a prima vista, amore al primo sguardo, colpo di fulmine (amor à primeira vista)
ragazzo/a (namorado/a)
fidanzamento (noivado)
sposarsi (casar-se)
matrimonio, nozze (casamento, núpcias)
anniversario (aniversário de casamento)
novelli sposi, sposi, sposini (recém-casados)
luna di miele, viaggio di nozze (lua de mel)
fidanzato/a (noivo/a, durante o noivado)
sposo/a (noivo/a, no dia do casamento)
marito (marido)
moglie (mulher, esposa)

Ex.: **Federico si è innamorato di Giovanna appena l'ha vista. È stato amore a prima vista!**
(Federico apaixonou-se por Giovanna assim que a viu. Foi amor à primeira vista!)
Devi dimenticare il tuo ex-fidanzato e andare avanti con la tua vita!
(Você precisa esquecer seu ex-namorado e tocar a vida!)
Elisabetta e Massimo hanno deciso di separarsi perché non andavano più d'accordo.
(Elisabetta e Massimo decidiram se separar, pois, não se entendiam mais.)
A che ora è il tuo appuntamento stasera?
(A que horas é seu encontro hoje à noite?)
Gli sposini vanno in luna di miele sulla Costa Azzurra.
(Os recém-casados vão passar a lua-de-mel na Costa Azzurra.)

ESERCIZI PRATICI 21

||||| 84   I. Ascolta le domande e cerchia la risposta giusta.

1.   a) È andato a fare la spesa.
     b) È andato a comprare una machina.
     c) È andato a comprare una moto.

2.   a) Una da cui design è moderno.
     b) Una il quel design è moderno.
     c) Una il cui design è moderno.

3.   a) A quattro porte.
     b) Sportiva.
     c) Decapottabile.

4.   a) È una macchina che fa per te.
     b) È una macchina che fa per lui.
     c) È una macchina che fa per se.

5.   a) Gli serve per viaggiare.
     b) Gli serve per passeggiare.
     c) Gli serve anche per andare a lavorare.

6.   a) È considerata economica.
     b) È considerata cara.
     c) È considerata lussuosa.

7.   a) Meccanico e manuale.
     b) Automatico e servosterzo.
     c) Manuale e automatico.

8.   a) No, costa di meno.
     b) No, c'è il 20% di differenza.
     c) Non costa niente.

265

V. Completa con le parole/espressioni della lista.

| concessionaria | automatico | colpo di fulmine | sposa |
| appuntamento | commesso | ragazza | matrimonio |

1. Il _____ della _____ ha fatto vedere la macchina a Gianluca.
2. La _____ era bellissima il giorno del _____ .
3. La _____ di Tommaso ha una macchina con il cambio_____ .
4. Gabriele e Antonella si sono innamorati immediatamente. È stato un _____ .
5. Ieri sera Anna ha avuto un _____ con Carlo.

ESERCIZI PRATICI 21

🔊 84 I. Ascolta le domande e cerchia la risposta giusta.

1. a) È andato a fare la spesa.
    b) È andato a comprare una machina.
    c) È andato a comprare una moto.

2. a) Una da cui design è moderno.
    b) Una il quel design è moderno.
    c) Una il cui design è moderno.

3. a) A quattro porte.
    b) Sportiva.
    c) Decapottabile.

4. a) È una macchina che fa per te.
    b) È una macchina che fa per lui.
    c) È una macchina che fa per se.

5. a) Gli serve per viaggiare.
    b) Gli serve per passeggiare.
    c) Gli serve anche per andare a lavorare.

6. a) È considerata economica.
    b) È considerata cara.
    c) È considerata lussuosa.

7. a) Meccanico e manuale.
    b) Automatico e servosterzo.
    c) Manuale e automatico.

8. a) No, costa di meno.
    b) No, c'è il 20% di differenza.
    c) Non costa niente.

9. a) Che ci penserá ancora un po'.
   b) Che ne penserà ancor un po'.
   c) Che non ci penserà.

10. a) Che non si pentirà.
    b) Che si pentirà.
    c) Che non ci pentirà.

🔊 85 II. Dettato: ascolta le frasi e scrivile.

1. _____

2. _____

3. _____

4. _____

5. _____

III. Cerchia la risposta giusta.

1. Vai d'accordo con Enrico?
   a) Sì, sto bene.
   b) Certo, siamo buoni amici.
   c) Sì, siamo d'accordo.

2. Gianni e Graziella sono ancora insieme?
   a) Credo di sì.
   b) Vanno bene.
   c) Sono in Austria.

3. Quanti anni aveva Marco quando si è sposato?
   a) Sì, era molto giovane.
   b) Aveva circa trent'anni.
   c) Si è sposato l'anno scorso.

4. Patrizia ha un appuntamento stasera?
   a) No, non ce l'ha.
   b) È fidanzata.
   c) Il marito è fuori.

5. Come si chiama tua moglie?
   a) Ha un bel nome.
   b) Si chiama Caterina.
   c) Mia suocera si chiama Alice.

IV. Scrivi delle domande o frasi per le seguenti risposte.

1. _____?
Ha parlato con il commesso.

2. _____?
Preferisce una macchina a quattro porte.

3. _____?
Susanna si è sposata con il dentista.

4. _____?
Le chiavi sono sul tavolo della cucina.

5. _____?
Andiamo a Parigi in viaggio di nozze.

V. Completa con le parole/espressioni della lista.

concessionaria	automatico	colpo di fulmine	sposa
appuntamento	commesso	ragazza	matrimonio

1. Il _____ della _____ ha fatto vedere la macchina a Gianluca.
2. La _____ era bellissima il giorno del _____ .
3. La _____ di Tommaso ha una macchina con il cambio_____ .
4. Gabriele e Antonella si sono innamorati immediatamente. È stato un _____ .
5. Ieri sera Anna ha avuto un _____ con Carlo.

LEZIONE 22

86 DIALOGO 22
Gli affari vanno a gonfie vele!

Sergio: Ho saputo che hai cambiato lavoro. Spero **che** il nuovo lavoro **ti piaccia**.
Franco: Per adesso sono molto contento!
Sergio: Sembri molto **entusiasta**. Fa bene cambiare ogni tanto.
Franco: Nonostante sia lì da solo un mese, è una esperienza più interessante di quanto immaginavo. **Avrei dovuto cambiare** prima.
Sergio: Com'è l'ambiente? Vai d'accordo con i colleghi?
Franco: L'ambiente è tranquillo e tutti sono **amichevoli**.
Sergio: E il tuo nuovo **capo**, com'è?
Franco: È una persona molto dinamica e **gestisce** il reparto con molta competenza, di conseguenza è molto esigente. **Benché** non sia facile, è una nuova **sfida** per me.
Sergio: Il fatto di essere esigente porta a lavorare **sotto pressione**, però da un certo punto di vista, ti può aiutare a crescere professionalmente.
Franco: Me lo auguro anch'io. Sebbene io **abbia** già **maturato** una significativa esperienza lavorativa, sento che devo fare un salto di qualità nella mia carriera.
Sergio: Speriamo in bene!

▶ Veja a tradução desse diálogo na p. 397.

OCCHIO AL VOCABOLARIO, ALLE FRASI ED ESPRESSIONI 22

Che...ti piaccia (v. piacere – 3ª pers. sing. presente cong. con pronome na 2ª pers.): que... te agrade, que... você goste

Entusiasta = molto soddisfatto/ a; euforico/a: animado/a, entusiasmado/a

Nonostante = benché; sebbene: embora

Io sia (v. essere – 1ª pers. sing. presente cong.): eu esteja

Avrei dovuto cambiare (v. avere + v. dovere – 1ª pers. sing. condizionale composto + v. cambiare – infinito): deveria ter mudado

Amichevole/i = affabile/i; cordiale/i: amigável/amigáveis, afável/ afáveis, cordial/cordiais

Capo = (1) chi comanda; (2) parte superiore del corpo umano: chefe, cabeça

Gestisce (v. gestire – 3ª pers. sing. presente ind.) = amministrare: administra

Benché = sebbene; nonostante: embora

Sfida: desafio

Sotto pressione: sob pressão

Me lo auguro anch'io (v. rifl. augurarsi – 1ª pers. sing. presente ind.) = sperare: eu também espero/ desejo

Sebbene = benché, malgrado: embora, ainda que, apesar de que

Abbia maturato (v. maturare – 1ª pers. sing. passato cong.): tenha adquirido

Speriamo in bene (v. sperare – 1ª pers. pl. presente ind. – espressione idiomatica): tomara que dê certo, desejamos que tudo dê certo

---

🔊 87 **DIALOGO 22 – COMPRENSIONE DEL DIALOGO**

1. Franco è contento del suo nuovo lavoro?
2. Cosa pensa del nuovo lavoro Franco?
3. Com'è il suo nuovo capo?
4. Perché Franco ha cambiato lavoro?

GRAMMATICA APPLICATA 22
Modo Subjuntivo 1 – Presente e Perfeito, Conjunções e
Locuções Conjuntivas 1

MODO SUBJUNTIVO 1 *(MODO CONGIUNTIVO)*

Diferentemente do modo indicativo, que exprime um fato certo e real, o modo subjuntivo *(congiuntivo)* é usado para exprimir uma dúvida, um desejo, uma vontade ou uma hipótese, pois, é o modo da possibilidade, da subjetividade e da incerteza.

Em italiano, como em português, o subjuntivo é usado em orações dependentes. Alguns verbos e expressões na oração principal determinam que o verbo da oração dependente esteja no modo subjuntivo.

PRESENTE DO SUBJUNTIVO *(CONGIUNTIVO PRESENTE)*

O *congiuntivo presente* corresponde em português ao presente do subjuntivo e em alguns casos ao verbo **estar** no presente do subjuntivo + gerúndio.

Ex.: **Suppongo che lui <u>viaggi</u> stasera.**
(Suponho que ele viaje hoje à noite.)
Suppongo che ora lui <u>mangi</u>.
(Suponho que agora ele esteja comendo.)

Em certos casos o congiuntivo presente pode ser traduzido em português no presente do indicativo.

Ex.: **Lorenzo crede che io <u>lavori</u> alla Pirelli.**
(Lorenzo acha que eu trabalho na Pirelli.)

PRESENTE DO SUBJUNTIVO – VERBOS REGULARES				
cantARE		scrivERE	aprIRE	capIRE
io	cant-**i**	scriv-**a**	apr-**a**	cap-**isca**
tu	cant-**i**	scriv-**a**	apr-**a**	cap-**isca**
lui/lei/Lei	cant-**i**	scriv-**a**	apr-**a**	cap-**isca**
noi	cant-**iamo**	scriv-**iamo**	apr-**iamo**	cap-**iamo**
voi	cant-**iate**	scriv-**iate**	apr-**iate**	cap-**iate**
loro	cant-**ino**	scriv-**ano**	apr-**ano**	cap-**iscano**

Ex.: **Pier Paolo vuole che io <u>porti</u> il vino.**
(Pier Paolo quer que eu leve o vinho.)

Alguns verbos irregulares:

PRESENTE DO SUBJUNTIVO – VERBOS IRREGULARES							
		essere	**avere**	**dare**	**stare**	**andare**	**fare**
	io	sia	abbia	dia	stia	vada	faccia
	tu	sia	abbia	dia	stia	vada	faccia
che	lui/lei/Lei	sia	abbia	dia	stia	vada	faccia
	noi	siamo	abbiamo	diamo	stiamo	andiamo	facciamo
	voi	siate	abbiate	diate	stiate	andiate	facciate
	loro	siano	abbiano	diano	stiano	vadano	facciano
		volere	**potere**	**dovere**	**sapere**	**dire**	**venire**
	io	voglia	possa	debba/deva	sappia	dica	venga
	tu	voglia	possa	debba/deva	sappia	dica	venga
che	lui/lei/Lei	voglia	possa	debba/deva	sappia	dica	venga
	noi	vogliamo	possiamo	dobbiamo	sappiamo	diciamo	veniamo
	voi	vogliate	possiate	dobbiate	sappiate	diciate	veniate
	loro	vogliano	possano	debbano/devano	sappiano	dicano	vengano

Ex.: **Matteo suppone che io <u>abbia</u> soldi sufficenti per viaggiare.**
(Matteo supõe que eu tenha dinheiro suficiente para viajar.)

272

PERFEITO DO SUBJUNTIVO *(CONGIUNTIVO PASSATO)*

O *congiuntivo passato* corresponde em português ao perfeito do subjuntivo e é formado pelos auxiliares *essere* ou *avere* no congiuntivo presente + o particípio passado do verbo principal.

Ex.: **Credo che lui <u>abbia superato</u> l'esame.**
(Acredito que ele tenha passado no exame.)

     O *congiuntivo presente* e o *congiuntivo passato* são usados quase sempre **quando o verbo da oração principal está no presente.**

Ex.: **I genitori di Rachele <u>temono che</u> lei <u>perda</u> l'aereo.**
(Os pais de Rachele temem que ela perca o avião.)
I genitori di Rachele <u>temono che</u> lei <u>abbia perso</u> l'aereo.
(Os pais de Rachele temem que ela tenha perdido o avião.)

Nota 1: É também possível usar o *congiuntivo presente* ou *passato* **quando o verbo da oração principal estiver no futuro.**

Ex.: **Andrò dai miei affinché mi aiutino.**
(Irei à casa dos meus pais para que me ajudem.)

		avere	essere
che	io	abbia avuto	sia stato/a
	tu	abbia avuto	sia stato/a
	lui/lei/Lei	abbia avuto	sia stato/a
	noi	abbiamo avuto	siamo stati/e
	voi	abbiate avuto	siate stati/e
	loro	abbiano avuto	siano stati/e

		parlare	**andare**
che	io	abbia parlato	sia andato/a
	tu	abbia parlato	sia andato/a
	lui/lei/Lei	abbia parlato	sia andato/a
	noi	abbiamo parlato	siamo andati/e
	voi	abbiate parlato	siate andati/e
	loro	abbiano parlato	siano andati/e

USO DO MODO SUBJUNTIVO *(CONGIUNTIVO)*

Usa-se o subjuntivo com:

1. Verbos ou expressões que indicam vontade, temor, esperança etc.:

volere che (querer que)
desiderare che (desejar que)
preferire che (preferir que)
augurarsi che (desejar que)
aspettare che (esperar que)
sperare che (ter esperança que)
temere che (temer que, recear que)
avere paura che (ter medo que) etc.

Exemplos de uso em frases contextualizadas:

Temo che lui non voglia sposarsi quest'anno.
(Receio que ele não queira se casar este ano.)
Ho paura che lei abbia preso un brutto raffreddore.
(Tenho medo que ela tenha pego um forte resfriado.)

2. Verbos ou locuções que indicam opinião, afirmação incerta e pessoal:

pensare che (pensar que, achar que)
credere che (crer que)
supporre che (supor que)
ritenere che (achar que)

immaginare che (imaginar que)
parere che (parecer que)
sembrare che (parecer que)
può essere che (pode ser que)
può darsi che (pode ser que)
è facile/difficile che (é fácil/difícil que)
è possibile/impossibile che (é possível/impossível que)
è probabile/improbabile che (é provável/improvável que)
si dice che (dizem que)
si racconta che (contam que)
dubitare che (duvidar que)
non essere sicuro che (não ter certeza que) etc.

Exemplos de uso em frases contextualizadas:

Penso che Carla abbia tre figli.
(Penso que Carla tenha três filhos.)
Suppongo che loro siano già a casa.
(Suponho que eles já estejam em casa.)
Dubito che lui finisca il romanzo entro la fine del mese.
(Duvido que ele termine o romance até o final do mês.)
Credo che loro non vadano al mare quest'anno.
(Acredito que eles não vão à praia este ano.)
Mi sembra che lei faccia uno scalo a Madrid.
(Parece-me que ela fará uma escala em Madrid.)
Può darsi che vengano tutti per Natale.
(Pode ser que venham todos para o Natal.)
Può essere che lei debba ridare l'esame.
(Pode ser que ela tenha que refazer o exame.)
È facile che loro siano andati a mangiare fuori.
(É fácil que eles tenham ido comer fora.)

3. Verbos ou locuções que exprimem juízo:

bisogna che (precisa que)
occorre che (precisa que)

è necessario che (é necessário que)
conviene che (convém que)
è meglio/peggio che (é melhor/pior que)
è bene/male che (é bom/ruim que)
è importante che (é importante que)
è un peccato che (é uma pena que)
è una vergogna che (é uma vergonha que) etc.

Exemplos de uso em frases contextualizadas:

Bisogna che chiediate un aiuto al professore.
(É preciso que vocês peçam uma ajuda ao professor.)
È necessario che sappiate a che ora arriva la nave.
(É necessário que vocês saibam a que horas chega o navio.)
È un peccato che Marisa ieri abbia perso il treno.
(È uma pena que ontem Marisa tenha perdido o trem.)

4. Verbos ou locuções de afeto:

rallegrarsi che (ficar contente que)
piacere che (ficar contente que)
dispiacere che (ficar triste que, sentir muito) etc.

Exemplos de uso em frases contextualizadas:

Mi dispiace che loro non siano riusciti a comprare i biglietti.
(Sinto muito que eles não tenham conseguido comprar os ingressos)

CONJUNÇÕES OU LOCUÇÕES CONJUNTIVAS 1

benché (embora)
malgrado (embora)
nonostante (embora, apesar de)
quantunque (embora)
sebbene (ainda que, se bem que, embora)
purché (desde que)

a patto che (contanto que)
a condizione che (com a condição que)
nel caso che (caso)
prima che (antes que)
senza che (sem que)
affinché/perché (para que)
a meno che (a menos que, a não ser que)

Exemplos de uso em frases contextualizadas:

Benché sia arrivata solo il mese scorso conosce già molta gente.
(Embora tenha chegado só no mês passado, já conhece muita gente.)
Nonostante il dentista sia molto occupato, spero che lui abbia un po' di tempo per me.
(Embora o dentista seja muito ocupado, espero que ele tenha um pouco de tempo para mim.)
Posso prestarti la macchina purché tu la tenga bene.
(Posso te emprestar o carro desde que você cuide bem dele.)
Laura mi avviserà in tempo nel caso che lei non possa venire.
(Laura me avisará a tempo caso ela não possa vir.)
Sebbene abbia piovuto molto, usciremo lo stesso.
(Embora tenha chovido muito, nós sairemos da mesma forma.)

Nota importante: é importante ressaltar que o subjuntivo *(congiuntivo)* e o infinitivo se alternam da seguinte maneira:

1. Quando na oração principal houver um verbo, locução ou conjunção que pede o subjuntivo e o sujeito da 2ª oração for diferente da 1ª, usa-se o subjuntivo na 2ª.

Ex.: **Io spero che lui abbia ragione.** (Eu espero que ele tenha razão.)

2. No entanto, quando o sujeito das orações for o mesmo, usa-se geralmente o infinitivo na 2ª oração, precedido da preposição *di*.

Ex.: **Io spero di avere ragione.** (Eu espero ter razão.)

VOCABOLARIO SISTEMATICO 22

AZIENDE E BUSINESS

casa madre/sede (matriz, sede)
core business (atividade principal de uma empresa)
filiale/ consociata (filial)
fondatore (fundador)
fondare/istituire (fundar)
annunciare/pubblicizzare/divulgare (anunciar, divulgar, fazer publicidade)
lanciare un prodotto (lançar um produto)
concorrenza (concorrência)
competitor/concorrente (concorrente, empresa concorrente)
agenda (pauta de reunião, lista de assuntos, agenda)
fabbricare (fabricar)
fabbricante (fabricante)
outsourcing/terziarizzare (terceirizar)
outsourcement/terziarizzazione (terceirização)
fiera campionaria (feira comercial, feira de negócios)
stand (estande)
campione (amostra)
break even/pareggio di bilancio (break even, ponto de equilíbrio)
fusione (fusão de empresas)
fondersi (fundir, unir)
market share/quota di mercato (participação de mercado)
politica/linea di condotta (política, norma de conduta)
azionista (acionista)
boom (boom, crescimento rápido)
startup/ avvio (fase inicial da atividade de uma nova empresa)
fabbrica/stabilimento (fábrica)
padiglione/i (pavilhão, pavilhões)

Ex.: **Quella azienda ha delle filiali a Napoli e Bari.**
(Aquela empresa tem filiais em Napoli e Bari.)
Qual è il core business della azienda in cui lavori?
(Qual é a atividade principal da empresa onde você trabalha?)

Ci sono oltre cento stand nella fiera di quest'anno.
(Há mais de cem estandes na feira deste ano.)
La nostra nuova strategia di vendite ci ha aiutato a aumentare la nostra quota di mercato.
(A nossa nova estratégia de vendas nos ajudou a aumentar a nossa participação de mercado.)
Potrebbe inviarci qualche campione dei suoi prodotti?
(Você poderia nos enviar algumas amostras de seus produtos?)

ESERCIZI PRATICI 22

〰️ 88 I. Ascolta le domande e cerchia la risposta giusta.

1. a) È molto grande.
    b) È a Torino.
    c) Sì, è là.

2. a) Lo lanceranno a settembre.
    b) Sì, lanceranno un nuovo prodotto.
    c) Sì, lo lanceranno.

3. a) Nonostante.
    b) Certamente!
    c) Purchè sì.

4. a) Produce pneumatici.
    b) No, non produce.
    c) Producono di sabato.

5. a) La vecchia fabbrica.
    b) Nonostante è stata interessante.
    c) I nuovi prodotti.

6. a) Benché è lontano mi piace tantissimo.
    b) Benché sia lontano mi piace tantissimo.
    c) Benché è stato lontano mi piace tantissimo.

7. a) Sì, avrei dovuto cambiare prima.
   b) Ho dovuto cambiare prima.
   c) Cambierei prima.

8. a) Circa cinque volte al mese.
   b) Due ore alla settimana.
   c) Circa dieci chilometri da qui.

9. a) Loro mi pagano bene.
   b) Sì, purché mi paghino bene.
   c) Mi hanno pagato bene.

10. a) Sì, vieni prima che escano.
    b) Sì, vieni prima che usciranno.
    c) Sì, sono già usciti.

⊪ 89 II. Dettato: ascolta le frasi e scrivile.

1. _____

2. _____

3. _____

4. _____

5. _____

III. Cerchia la risposta giusta.

1. Quante filiali ha l'azienda in cui lavori?
   a) Sono all'estero.
   b) Non sono.
   c) Ne ha due.

2. Quanto tempo ci avete messo per concludere il progetto?
   a) Due settimane circa.
   b) Due volte al mese.
   c) Una volta all'anno.

3. Come sono i tuoi colleghi di lavoro?
   a) Sono lontani.
   b) Sono amichevoli.
   c) Sono in ritardo.

4. Parteciperai al prossimo congresso?
   a) Probabilmente sì.
   b) Il congresso mi è piaciuto.
   c) C'era molta gente.

5. Lo stabilimento è grande?
   a) È più piccolo.
   b) È meno piccolo.
   c) È più grande di quanto pensavo.

IV. Scrivi delle domande o frasi per le seguenti risposte.

1. _____?
Sebbene abbia piovuto, ci siamo divertiti al mare.

2. _____?
Ci abbiamo messo all'incirca un mese per organizzare il convegno.

3. _____?
Sì, abbiamo una filiale a Bologna.

4. _____?
Sì, a Stefania piace lavorare lì.

5. _____?

La fabbrica dista circa 3 km da Bologna.

V. Completa con le parole/espressioni della lista.

a patto che	stand	lanciato	suppongo che
fiera campionaria		meglio che	prodotto

1. _____ Laura non sia a casa.
2. È _____ lui dica tutto ciò che sa.
3. Lavorerò all'estero _____ mi paghino bene.
4. La nostra azienda avrà uno _____ alla

   _____ .

5. Quando sarà _____ il nuovo _____?

LEZIONE 23

DIALOGO 23
Complimenti!

Mirco: Salve, Giulio! **Complimenti**! Ho saputo che assumerai la responsabilità della **drogheria** di tuo padre!
Giulio: Grazie. Adesso devo **darmi da fare** per conoscere tutti i dettagli del lavoro.
Mirco: E rendere il negozio ancora più **proficuo**.
Giulio: Non pensavo che mio padre **volesse** andare in pensione così presto e lasciare la sua tanto amata drogheria.
Mirco: Ah! Allora è stata una decisione **improvvisa**?
Giulio: Sì, magari l'**avessi saputo** prima. Ma lui me l'ha comunicato, **di punto in bianco**! Vuole viaggiare con mia madre e **approfittare** del tempo libero. Io, comunque, non pensavo che questo giorno **arrivasse** tanto presto.
Mirco: Forse era meglio che tu **avessi avuto** tempo per prepararti meglio a gestire questo negozio che non è **mica** piccolo. Cosa pensi di fare? Sei contento?
Giulio: Che vuoi che ti dica? Sono contento, ma innanzitutto devo lasciare il mio lavoro mettermi al corrente degli affari della drogheria e familiarizzare con i clienti.
Mirco: Non ci passo da un po', è ancora ben **fornita come prima**?

Giulio: Ancora di più, oltre ai generi alimentari, **spezie, dolciumi,** articoli per la pulizia, liquori, vini, adesso vendiamo pure il vino **sfuso, come una volta.**

Mirco: Che bella idea! Sicuramente ti verrò a trovare e sarò tuo cliente.

> ▶ Veja a tradução desse diálogo na p. 397.

OCCHIO AL VOCABOLARIO, ALLE FRASI ED ESPRESSIONI 23

Complimenti = esprime ammirazione: parabéns

Drogheria = negozio in cui si vendono spezie, generi alimentari: mercearia

Darmi da fare (v. rifl. darsi – infinito + mi – espressione idiomatica) = impegnarsi attivamente, affaccendarsi: "dar duro", empenhar-se

Proficuo = che dà profitto: profícuo, que dá lucro

Volesse (v. volere – 3ª pers. sing. imperfetto cong.): quisesse

Improvvisa/o = inaspettata/o: inesperada/o

Avessi saputo (v. sapere – 1ª pers. sing. trapassato cong.): (eu) tivesse sabido

Di punto in bianco (espressione idiomatica) = a un tratto; all'improvviso; inaspettatamente: de repente, improvisamente, inesperadamente, "do nada"

Approfittare (v. infinito) = trarre profitto: aproveitar, tirar proveito

Arrivasse (v. arrivare – 3ª pers. sing. imperfetto cong.): chegasse

Avessi avuto (v. avere – 2ª pers. sing. trapassato cong.): (você) tivesse tido

Mica (rafforzativo di una negazione) = affatto; per nulla: de fato, por nada

Fornito/a = provvisto/a di quanto serve: provido daquilo que necessita, abastecida

Come prima: como antes

Spezia/e: especiaria/s

Dolciumi: doces em geral

Sfuso = sciolto; non confezionato: a granel, não engarrafado

Come una volta: como antigamente

🎧 91 DIALOGO 23 – COMPRENSIONE DEL DIALOGO

1. Che nuova responsabilità lavorativa prende Giulio?
2. Perché il padre di Giulio vuole lasciare la drogheria?
3. Cosa deve fare Mirco prima di gestire il negozio?
4. Che prodotti vende una drogheria?

GRAMMATICA APPLICATA 23
Modo Subjuntivo 2 – Imperfeito e Mais-que-Perfeito, Conjunções e Locuções Conjuntivas 2

MODO SUBJUNTIVO 2 *(MODO CONGIUNTIVO)*

Como explicado na Lezione 22, p. 274, o modo subjuntivo exprime uma dúvida, um desejo, uma vontade, uma hipótese e determina uma possibilidade, subjetividade ou incerteza. Os mesmos verbos e expressões que determinam o uso do *presente* e *passato congiuntivo*, já mencionados na Lezione 22, também determinam o uso do *imperfetto* e *trapassato*.

IMPERFEITO DO SUBJUNTIVO *(CONGIUNTIVO IMPERFETTO)*

O *congiuntivo imperfetto* corresponde em português ao imperfeito do subjuntivo e em alguns casos ao verbo estar no imperfeito do subjuntivo + gerúndio.

Usa-se o *congiuntivo imperfetto* quando o verbo da oração principal está em um tempo passado.

Ex.: **Ho creduto che lui viaggiasse stasera.**
(Achei que ele viajasse hoje à noite.)
Pensavo che lui mangiasse.
(Eu pensava que ele estivesse comendo.)

Em certos casos o *congiuntivo imperfetto* pode ser traduzido em português pelo imperfeito do indicativo.

285

Ex.: **Non riuscivo a capire cosa volesse.**
(Eu não conseguia entender o que ele queria.)
Pensavo che volesse cambiare la macchina.
(Eu pensava que ele quisesse/eu pensava que ele queria trocar o carro.)

IMPERFEITO DO SUBJUNTIVO – VERBOS REGULARES					
		cant**ARE**	scriv**ERE**	apr**IRE**	cap**IRE**
che	io	cant-**assi**	scriv-**essi**	apr-**issi**	cap-**issi**
	tu	cant-**assi**	scriv-**essi**	apr-**issi**	cap-**issi**
	lui/lei/Lei	cant-**asse**	scriv-**esse**	apr-**isse**	cap-**isse**
	noi	cant-**assimo**	scriv-**essimo**	apr-**issimo**	cap-**issimo**
	voi	cant-**aste**	scriv-**este**	apr-**iste**	cap-**iste**
	loro	cant-**assero**	scriv-**essero**	apr-**issero**	cap-**issero**

Ex.: **Non occorreva che io tornassi ieri dal mare.**
(Não precisava que eu voltasse ontem da praia).

Alguns verbos irregulares:

IMPERFEITO DO SUBJUNTIVO – VERBOS IRREGULARES							
		dare	**dire**	**essere**	**fare**	**stare**	**porre**
che	io	dessi	dicessi	fossi	facessi	stessi	ponessi
	tu	dessi	dicessi	fossi	facessi	stessi	ponessi
	lui/lei/Lei	desse	dicesse	fosse	facesse	stesse	ponesse
	noi	dessimo	dicessimo	fossimo	facessimo	stessimo	ponessimo
	voi	deste	diceste	foste	faceste	steste	poneste
	loro	dessero	dicessero	fossero	facessero	stessero	ponessero

Ex.: **Era necessario che loro fossero più sinceri.**
(Era preciso que eles fossem mais sinceros.)

MAIS-QUE-PERFEITO DO SUBJUNTIVO
(CONGIUNTIVO TRAPASSATO)

O *congiuntivo trapassato* corresponde em português ao mais-que-perfeito do subjuntivo e é formado pelos auxiliares **essere** ou **avere** no *congiuntivo imperfetto + o particípio passado* do verbo principal.

Usa-se o *congiuntivo trapassato quando* o verbo da oração principal está em um tempo passado.

Ex.: **Credevo che lui avesse superato l'esame la settimana scorsa.**
(Eu acreditava que ele tivesse passado no exame na semana passada.)
Ha pensato che suo padre fosse andato in ufficio prima di lei.
(Pensou que seu pai tivesse ido ao escritório antes que ela.)

Em certos casos o *congiuntivo trapassato* pode ser traduzido em português pelo mais-que-perfeito do indicativo.

Ex.: **Ho creduto che tutti avessero capito l'esercizio.**
(Acreditei que todos tivessem entendido o exercício/ tinham entendido o exercício.)

Exemplos de uso em frases contextualizadas:

Non occorreva che voi restaste con noi.
(Não precisava que vocês ficassem conosco.)
Bisognava che tu studiassi di più.
(Precisava que você estudasse mais.)
Ha pensato che fosse la cosa migliore da fare.
(Pensou que fosse a melhor coisa a fazer.)
Pensavo che lui avesse lavorato alla Fiat.
(Eu pensava que ele tivesse trabalhado na Fiat.)
Ha creduto che Clotilde avesse chiesto scusa a Lucia per l'accaduto.
(Achou que Clotilde tivesse pedido desculpas para Lucia pelo acontecido.)
Avevamo avuto l'impressione che loro avessero sfruttato del viaggio.
(Tínhamos tido a impressão que eles tivessem aproveitado a viagem.)

Nota: quando as duas orações tiverem o mesmo sujeito, não se usa o subjuntivo e sim o infinitivo precedido geralmente pela preposição **di**.

Ex.: **Pensavo di essere partita nel momento giusto, ma mi sono sbagliata.**
(Eu pensava ter saído/ que tivesse saído no momento certo, mas me enganei.)

CONJUNÇÕES OU LOCUÇÕES CONJUNTIVAS 2

As conjunções e locuções conjuntivas que determinam o uso do subjuntivo já mencionadas na Lezione 22, são as mesmas que regem o *congiuntivo imperfetto* e o *trapassato*, como:

benché (embora)
purché (desde que, contanto que)
affinché/perché (para que)
nonostante (embora, apesar de) etc.

Exemplos de uso em frases contextualizadas:

Ieri sera sono uscita benché fossi molto stanca.
(Ontem à noite saí embora estivesse muito cansada.)
Ho capito la situazione senza che lei mi raccontasse nulla.
(Entendi a situação sem que ela me contasse nada.)
Rosanna non ha ottenuto un buon risultato, nonostante si fosse impegnata.
(Rosanna não obteve um bom resultado, embora tivesse se empenhado.)
Le ho dato il libro affinché lo leggesse.
(Dei-lhe o livro para que ela o lesse.)
Malgrado piovesse sono andata lo stesso al concerto.
(Embora chovesse, fui assim mesmo ao concerto.)
Erano usciti sebbene noi gli avessimo detto di non farlo.
(Eles tinham saído, embora nós lhes tivéssemos dito de não fazê-lo.)

VOCABOLARIO SISTEMATICO 23

RELAZIONI ECONOMICHE/ QUESTIONI DI DENARO

denaro liquido/ contanti (dinheiro em espécie)
banconota (nota, cédula)
Euro (Euro)
dollaro (dólar)
bolletta (boleto da conta de luz, telefone etc.)
moneta (moeda)
valuta/moneta corrente (moeda corrente)
mercato azionario (mercado de ações)
conto corrente (conta corrente)
risparmiare (economizar)
risparmi (economias, poupança)
libretto di risparmio (caderneta de poupança)
libretto di assegni (talão de cheques)
budget/preventivo/somma a disposizione/piano finanziario
(orçamento, verba à disposição, plano financeiro)
guadagnare (ganhar)
prestito bancario (empréstimo bancário)
dare in prestito, prestare (emprestar para)
prendere in, a prestito, farsi prestare qualcosa (pedir ou pegar
emprestado)
comprare, acquistare (comprar, adquirir)
dovere, essere debitore (dever, ser devedor)
debito (débito)
pagare (pagar)
pagamento (pagamento)
tassa (imposto)
tasso di cambio (taxa de câmbio)
estratto conto bancario (extrato bancário)
interessi (taxa de juros)
profitto (lucro)
ritirare/ prelevare/ incassare/ riscuotere dei soldi (sacar dinheiro)
versamento (depósito)
bonifico (ordem de pagamento)

rata (prestação, parcela)
onorario, retribuzione, compenso, rimunerazione (remuneração)
bonus (bônus, bonificação)
spendere (gastar)
imposta sul reddito (imposto de renda)
cassiere automatico, Bancomat (caixa eletrônico)
Bancomat (cartão de débito)
contanti o carta di credito? (dinheiro ou cartão de crédito?)
tessera magnetica (cartão magnético)
essere al verde, senza un soldo (estar no vermelho,
estar sem um tostão)
far fronte alle spese, sostenere una spesa (enfrentar os custos,
conseguir pagar as despesas, cobrir os custos)

Ex.: – **Qual è la moneta della Francia? – È l'Euro.**
(– Qual é a moeda corrente da França? – É o Euro.)
Puoi prestarmi 20 Euro? Te li restituisco domani.
(Você pode me emprestar vinte euros? Eu te devolvo amanhã.)
Paolo deve prelevare dei soldi dal suo conto corrente per pagare
le spese.
(Paolo precisa sacar dinheiro da conta corrente dele para pagar as despesas.)
Sa se c'è un bancomat qui vicino?
(O senhor sabe se tem um caixa eletrônico aqui perto?)
Come vuole pagare? Credito o Bancomat?
(Como o senhor quer pagar? Crédito ou débito?)

ESERCIZI PRATICI 23

ılı|ı 92   I. Ascolta le domande e cerchia la risposta giusta.

1.   a) È il dollaro.
     b) È molto cara.
     c) È l'Euro.

2. a) Certo, mi piaccio i soldi.
   b) Certo, hai dei soldi?
   c) Certo, di quanto ne hai bisogno?

3. a) C'è la bolletta?
   b) Sì, l'ho pagata ieri.
   c) La bolletta è sul tavolo.

4. a) In contanti.
   b) Non ho i soldi.
   c) Pagano loro.

5. a) Vorrei fare la spesa.
   b) Vorrei fare un bonifico.
   c) Vorrei guadagnare dei soldi.

6. a) Bisognerebbe prendere riposo.
   b) Bisognava prendesse riposo.
   c) Era necessario che prendesse qualche giorno di riposo.

7. a) In montagna, benché la stagione fosse già terminata.
   b) In montagna, perché la stagione terminasse.
   c) In montagna, benché la stagione terminava.

8. a) Nuvoloso, è uscito prima che pioveva.
   b) Nuvoloso, è uscito prima che piovesse.
   c) Nuvoloso, è uscito prima che avesse piovuto.

9. a) Sembrasse voleva regalare altri giorni di sole.
   b) Sembra voleva regalasse altri giorni di sole.
   c) Sembrava che volesse regalarci altri giorni di sole.

10. a) Ha pensato che io volessi trattenermi di più. a o
    b) Ha pensato che io mi tratterrei di più.
    c) Pensava che io mi tratteneva di più.

꿵꿲꿵 93 II. Dettato: ascolta le frasi e scrivile.

1. _____

2. _____

3. _____

4. _____

5. _____

III. Cerchia la risposta giusta.

1. Mi può dire dove c'è un ufficio cambio valute?
   a) Trenta metri.
   b) In fondo a questa strada a destra.
   c) L'ufficio è grande.

2. Paga con la carta di credito, Signora?
   a) Pago a rate.
   b) Pago domani.
   c) No, Bancomat.

3. Cosa vai a fare in banca?
   a) Vado a prelevare lo stipendio.
   b) Vado a prelevare le tasse.
   c) Il tasso di cambio è alto.

4. Credevo che il bambino...
   a) stava male.
   b) stasse male.
   c) stesse male.

5. Volevo che tu...
   a) dissi la verità.

b) dici la verità.
c) dicessi la verità.

IV. Scrivi delle domande o frasi per le seguenti risposte.

1. _____ ?
Mi ha chiesto 30 euro in prestito.

2. _____ ?
Manuela temeva che sua madre avesse paura dell'aereo.

3. _____ ?
È andata in banca per versare un assegno.

4. _____ ?
È qui vicino.

5. _____ ?
Ha guadagnato il 6% di profitto.

V. Completa con le parole/espressioni della lista.

| conto corrente | libretto di risparmio | prelevato |
| spendere | bancomat | prestare | tasso di cambio |

1. Non ho _____ i soldi perché non c'era nessun _____ in Via Garibaldi.
2. Luigi non doveva _____ malamente tutti i soldi che aveva sul _____ .
3. Questo mese il mio _____ è al verde.
4. Il _____ dell'Euro è aumentato tantissimo.
5. Mi sono dovuta fare _____ dei soldi per poter far fronte alle spese.

LEZIONE 24

🔊 94 **DIALOGO 24**
Ho proprio bisogno di staccare la spina.

Ezio: Non puoi immaginare quanto io sia stanco e preoccupato!
Francesca: Lo so, specialmente adesso che Stefania, il tuo **braccio destro**, andrà **in maternità**.
Ezio: Eh già! Se non trovo qualcuno **a tempo determinato** per sostituirla dovrò fare tutto io.
Francesca: Ti vedo molto preoccupato! Hai bisogno di svago, di distrarti un po'... potresti venire con me dai miei, domenica. Loro abitano fuori città, in un **casale** di campagna.
Ezio: Dovrebbe essere un posto molto tranquillo, e io ho proprio bisogno di **staccare la spina**.
Francesca: Certo! Potremo fare una bella passeggiata sul lago lì vicino e assaggeremo piatti **genuini**. Mia madre è una brava **cuoca**. Che ne dici?
Ezio: Se non dovrò fare ore straordinarie, verrò senz'altro.
Francesca: Se verrai, non ti pentirai. Il posto è bellissimo, ideale per riposarsi.
Ezio: A che ora pensi di partire? Possiamo andare con la mia macchina, se vuoi.
Francesca: Se non ti dispiace, certamente. Possiamo partire verso le 9,00. Se ti decidi a venire, avvertimi!

Ezio: Spero di non dover lavorare. Se non potrò venire ti telefonerò.
Francesca: Va bene, se non ci sentiamo, ci vediamo domenica alle 9,00.

▶ Veja a tradução desse diálogo na p. 398.

OCCHIO AL VOCABOLARIO, ALLE FRASI ED ESPRESSIONI 24

Braccio destro: braço direito
In maternità: licença maternidade
Eh già!: é verdade, é isso mesmo
A tempo determinato: contrato temporário
Svago = divertimento, passatempo: distração, divertimento, passatempo
Casale = casa di campagna: casa de campo restaurada
Staccare la spina (v. staccare – infinito – espressione idiomatica): relaxar, repousar, "desligar a tomada"
Genuino/i = autentico: genuíno/s, autêntico/a
Cuoco/a: cozinheiro/a

_{◀ᔕ} 95 **DIALOGO 24 – COMPRENSIONE DEL DIALOGO**

1. Come si sentiva Ezio quel giorno?
2. Perché era preoccupato?
3. A che cosa serve una giornata di svago?
4. Cosa gli propone Francesca?

GRAMMATICA APPLICATA 24
Período hipotético 1 *(periodo ipotetico 1)*

Como em português, também em italiano, o período hipotético é um tipo de construção na qual se apresenta um fato hipotético que está sujeito a uma condição. A oração que apresenta a condição é introduzida pela palavra **se** e pode vir antes ou depois da oração que introduz a hipótese.

Ex.: **Se <u>vuoi</u>, ti <u>accompagno</u>.** (Se você quiser, eu te acompanho.)

O período hipotético em italiano apresenta 3 tipos: *della realtà* (da realidade), *della possibilità* (da possibilidade) e *della irrealtà* (da impossibilidade).

1º tipo: Periodo ipotetico della realtà (realidade)
Estruturas usadas:

Se + presente, + presente
Ex.: **Se non <u>ci sentiamo</u>, <u>ci vediamo</u>.**
(Se não nos falarmos, nos vemos.)

Se + futuro, + futuro
Ex.: **Se non <u>dovrò</u> fare ore straordinarie, <u>verrò</u>.**
(Se não tiver que fazer horas extras, virei.)

Se + presente, + imperativo
Ex.: **Se <u>ti decidi</u> di andare, <u>avvertimi</u>.**
(Se você decidir ir, me avise.)

Se + futuro, + imperativo
Ex.: **Se ti deciderai, <u>telefonami</u>!**
(Se você decidir, me telefone.)

Se + passado, + passado
Ex.: **Se <u>sei andata</u> da sola, <u>hai sbagliato</u>.**
(Se você foi sozinha, errou.)

Exemplos de uso em frases contextualizadas:

Se arriverai in ritardo, non ti aspetterò.
(Se você chegar atrasado, não vou te esperar.)
Se tornate a casa a piedi, vengo con voi.
(Se vocês voltarem para casa a pé, vou com vocês.)
Se non sapete cosa fare, leggete un buon libro.

(Se vocês não sabem o que fazer, leiam um bom livro.)
Arriveremo prima se andiamo in macchina.
(Chegaremos antes se formos de carro.)
Se tornerai presto a casa, chiamami.
(Se você voltar cedo para casa, me telefone.)
Se hai risposto così, hai fatto male.
(Se você respondeu assim, fez mal.)
Se non abbassi il volume della TV, non posso dormire.
(Se você não abaixar o volume da TV, não posso dormir.)
Se non mi dirai la verità, non sarai un amico.
(Se você não me disser a verdade, não será um amigo.)

VOCABOLARIO SISTEMATICO 24

IL COMPUTER

app (aplicativo)
chiavetta (pen drive)
password (senha)
motore di ricerca (site de busca)
hit (visita a um site da internet, hit)
intranet (intranet, rede privada que interliga os departamentos de uma empresa)
foglio elettronico di calcolo (planilha eletrônica)
home page, pagina principale (primeira página de um site, página principal, home page)
allegare (anexar)
allegato (anexo)
cancellare (deletar)
e-mail (e-mail)
fare back up, fare una copia di sicurezza (fazer backup)
backup/copia di sicurezza, (cópia de backup)
@/ chiocciola (arroba, usado em endereços de e-mail)
punto (ponto, usado em endereços de e-mail)

antivirus (antivírus)
banca dati (banco de dados)
stampare (imprimir)
stampante (impressora)
copia stampata (cópia impressa)
www (vu vu vu) = World Wide Web (a grande rede mundial de computadores)

Ex.: **Nella tua azienda c'è l'intranet?**
(Na sua empresa tem intranet?)
Luigi salva tutti i suoi archivi sulla chiavetta.
(Luigi salva todos os arquivos dele em um pen drive.)
Scusi, ho dimenticato di allegare il documento. Gliela rinvio con il documento allegato.
(Desculpe, esqueci-me de anexar o documento. Vou lhe reenviar com o documento anexado.)
Non dimenticarti di fare il back up dell'archivio prima di spegnere il computer.
(Não se esqueça de fazer backup do arquivo antes de desligar o computador.)
Mi serve una copia stampata del documento.
(Preciso de uma cópia impressa do documento.)
La nostra stampante è senza toner/ inchiostro. Mi puoi portare una cartuccia nuova, per cortesia?
(A nossa impressora está sem tinta. Você pode me trazer um cartucho novo, por favor?)
Il loro sito riceve in media 500 hit alla settimana.
(O site deles recebe em média 500 visitas por semana.)

ESERCIZI PRATICI 24

96   I. Ascolta le domande e cerchia la risposta giusta.

1.   a) Sono stampate due.
   b) Ho stampate due.
   c) Ne ho stampate due.

2. a) La stampante è rotta.
   b) Certo, subito!
   c) Non abbiamo l'intranet.

3. a) Non lo so, provo a chiedere a Margherita.
   b) È un nuovo sito.
   c) È un sito molto interessante.

4. a) C'è un sito nuovo.
   b) Il nostro sito non funziona.
   c) Circa mille.

5. a) Non ho la chiavetta.
   b) Sì, l'ho fatto sulla chiavetta.
   c) La chiavetta non è mia.

6. a) Sì, lo usa tutti i giorni.
   b) Non è capace di usarlo.
   c) La sua stampante è nuova.

7. a) Perché mancano le cartucce d'inchiostro.
   b) Sì, è una nuova stampante.
   c) La stampante è di ottima qualità.

8. a) Ha una buona memoria.
   b) La mia password è molto facile.
   c) Sì. Gliel'ho data ieri.

9. a) Invio le mie e-mail solo di notte.
   b) Sì, le controllo diverse volte al giorno.
   c) Tutte le e-mail sono andate perse.

10. a) Certo che c'è.
    b) Non ce l'ho.
    c) Ce ne sono tanti.

╻╻╻╻ 97 II. Dettato: ascolta le frasi e scrivile.

1. _____

2. _____

3. _____

4. _____

5. _____

III. Cerchia la risposta giusta.

1. Puoi inviare oggi la e-mail a Susanna?
   a) Se potrò, gliela inviavo.
   b) Se posso, gliel'ho inviata.
   c) Se potrò, gliela invierò.

2. Sarò felice...
   a) se mi potevate aiutare.
   b) se mi potrete aiutare.
   c) se mi avete potuto aiutare.

3. Se pensi questo...
   a) non hai ragione.
   b) non avevi ragione.
   c) non avresti ragione.

4. Hai salvato quell'archivio?
   a) Scusa, mi ho dimenticato.
   b) Sì, l'ho perso.
   c) Scusa, me ne sono dimenticato.

5. Pensi che sia interessante comprare il laptop?
   a) Sì, se puoi, compralo, è utile.
   b) Se puoi, era utile.
   c) Se puoi, era stato utile.

IV. Scrivi delle domande o frasi per le seguenti risposte.

1. _____?
No, Gino non controlla le sue e-mail tutti i giorni.

2. _____?
Sì, hanno un sito web, ma non so quale sia l'indirizzo.

3. _____?
Sì, certo, te la stampo subito.

4. _____?
No, ho dimenticato di salvare l'archivio.

5. _____?
No, non ho controllato le mie e-mail ieri.

V. Completa con le parole/espressioni della lista.

password	chiavetta	cancellato	allegato
salvare	stampante	e-mail	

1. È molto più pratico _____ gli archivi sulla
   _____ .

2. Mi serve una _____ nuova, questa è troppo vecchia.
3. Devi avere una _____ abilitata per accedere al sistema.
4. Avete per caso _____ qualche nome da quella lista?
5. Non mi avete inviato l'_____ . Potete inviarmelo via
   _____ , per cortesia.

LEZIONE 25

DIALOGO 25
Di nuovo giochi al lotto?

Michele: Giochi ancora al **lotto**?
Salvatore: Io ci provo sempre, e se un giorno vincessi?
Michele: E se tu vincessi, cosa faresti con i soldi?
Salvatore: Comprerei una casa sul lago e poi farei un lungo viaggio.
Michele: Quale lago ti piace?
Salvatore: Il mio favorito è il Lago di Como, **nei pressi di** Bellagio.
Michele: Ah! Però! **Mica male**! In questo caso dovresti vincere al **superenalotto**!
Salvatore: Eh sì! Hai ragione. E tu, non giochi mai?
Michele: Ogni tanto compro il **gratta e vinci** o gioco, ma non ho mai vinto niente. Non mi piace **perdere soldi** per il gioco.
Salvatore: E tu, se vincessi, cosa faresti?
Michele: Io comprerei una Ferrari per togliermi lo **sfizio**!
Salvatore: Allora gioca anche tu! **Anzi**, giochiamo insieme. Chissà mi porti fortuna.

▶ Veja a tradução desse diálogo na p. 399.

OCCHIO AL VOCABOLARIO, ALLE FRASI ED ESPRESSIONI 25

Lotto: tipo de loteria
Nei pressi di = vicino a: nos arredores, perto de
Mica male = non poco: nada mal
Superenalotto: megasena
Gratta e vinci: raspadinha
Totocalcio: loteria esportiva
Sfizio = capriccio, voglia: capricho, vontade
Anzi: aliás

ıılı|ıı 99　**DIALOGO 25 – COMPRENSIONE DEL DIALOGO**

1. Cosa fa spesso Salvatore?
2. Cosa farebbe se vincesse?
3. E Michele gioca? Ha già vinto?
4. Perché comprerebbe una Ferrari?

GRAMMATICA APPLICATA 25
Período hipotético 2, verbos pronominais e frases idiomáticas 3

PERÍODO HIPOTÉTICO 2 *(PERIODO IPOTETICO 2)*

2º tipo: *Periodo ipotetico della possibilità* (possibilidade)
Estrutura usada:
Se + congiuntivo imperfetto, + condizionale presente

A condição se apresenta no *congiuntivo imperfetto* e a consequência se apresenta no *condizionale presente*.

Ex.: **Se tu guidassi, arriveresti prima.**
(Se você dirigisse, chegaria antes.)

304

Exemplos de uso em frases contextualizadas:

Se Marina cambiasse lavoro, guadagnerebbe di più.
(Se Marina mudasse de trabalho, ganharia mais.)
Ti inviterei volentieri, se io avessi una casa più grande.
(Eu te convidaria com prazer, se eu tivesse uma casa maior.)
Se non fosse così scontrosa, avrebbe più amici.
(Se ela não fosse tão ranzinza, teria mais amigos.)
Se avessi i soldi, lo comprerei.
(Se eu tivesse dinheiro, o compraria.)
Oggi non vedo Lisa, se la vedessi, l'avvertirei che l'hai cercata.
(Hoje não vou ver Lisa, se eu a visse, eu a avisaria que você a procurou.)
Se domani fosse una bella giornata, potremmo andare a Siena.
(Se amanhã fizesse um dia bonito, poderíamos ir para Siena.)

FRASES IDIOMÁTICAS 3

Avere voglia (ter vontade)
Farne a meno (abrir mão, deixar de)
Lavarsene le mani (tirar o corpo fora, lavar as mãos – no sentido de não assumir responsabilidade por alguma coisa.)
Riuscirci (conseguir, ser capaz)
Cercare il pelo nell'uovo (procurar o pelo no ovo; ser excessivamente detalhista)
Cercare l'ago in un pagliaio (procurar uma agulha no palheiro)
Far finta di niente (disfarçar, fingir que não está acontecendo nada)
Fare i conti senza l'oste (tomar decisões precipitadas, sem levar em conta aspectos importantes)
Fare orecchi da mercante (escutar só o que interessa, fingir não escutar)
Gettare la spugna (render-se, jogar a toalha)
Piovere sul bagnato (chover no molhado)

Exemplos de uso em frases contextualizadas:

Avete voglia di andare da Gianni?
(Vocês estão com vontade de ir na casa do Gianni?)
Non posso farne a meno di ridere, scusami!
(Não posso deixar de rir, desculpe-me!)
Non ho niente a che vedere con questa storia, me ne lavo le mani!
(Não tenho nada a ver com esta história, lavo as minhas mãos!)
È troppo lavoro, dammi una mano, altrimenti da sola non ci riesco.
(É muito trabalho, me dê uma mão, se não sozinha não consigo.)
Non la finisce mai con quella ricerca, sembra che cerchi il pelo nell'uovo.
(Ele nunca termina aquela pesquisa, parece que está procurando o pelo no ovo.)
Il documento che mi hai chiesto è troppo antico, è come cercare l'ago in un pagliaio.
(O documento que você me pediu é muito antigo, é como procurar a agulha no palheiro.)
L'argomento era così importante, ma lui faceva finta di niente.
(O assunto era tão importante, mas ele disfarçava.)
Attento alle spese. Non fare i conti senza l'oste.
(Cuidado com as despesas. Não tome decisões precipitadas.)
Da tempo che lo avverto, ma lui fa orecchi da mercante!
(Faz tempo que eu o estou avisando, mas ele finge que não escuta.)
Non ce la faccio più. Getto la spugna!
(Não aguento mais. Eu me rendo!)
È inutile cercare di convincere tuo figlio a non andare a Londra. È piovere sul bagnato!
(Não adianta tentar convencer seu filho para não ir a Londres. É chover no molhado!)

ESERCIZI PRATICI 25

🔊 100   I. Ascolta le domande e cerchia la risposta giusta.

1.   a) Sì, ho l'idea.
     b) Non ho la più pallida idea.
     c) Ho molte idee.

2.   a) Non ha fatto finta.
     b) Sì, ha fatto finta.
     c) No, ha fatto finta di niente.

3.   a) Sì, se avrei i soldi, la comprerei.
     b) Sì, se avessi i soldi la comprerei.
     c) Sì, se ho i soldi la comprerei.

4.   a) Macché, getto la spugna!
     b) Macché, cerco il pelo nell'uovo.!
     c) Macché, faccio i conti senza l'oste!

5.   a) Solo se lavoravano 24 ore su 24, ci riuscirebbero.
     b) Solo se lavorerebbero 24 ore su 24, ci riuscirebbero.
     c) Solo se lavorassero 24 ore su 24, ci riuscirebbero.

6.   a) Certo! Non posso farne più.
     b) Certo! Non posso farne a meno.
     c) Certo! Non posso farne mai.

7.   a) Se tu facessi un po' di sport, non saresti così grasso.
     b) Se tu farai un po' di sport, non saresti così grasso.
     c) Se tu fai un po' di sport non saresti così grasso.

8.   a) Se avrò tempo, ci andrei.
     b) Se avessi tempo, ci andrei volentieri.
     c) Se avrei tempo, ci andrei.

9. a) Mannaggia! A quest'ora è peggio.
    b) Mannaggia! È come cercare l'ago in un pagliaio.
    c) Mannaggia! A quest'ora va bene.

10. a) No. Se fossero pronti, l'avrò fissata.
    b) No. Se fossero pronti, l'avrei fissata.
    c) No, se sarebbero pronti, la fisserò.

ılı||ı 101 II. Dettato: ascolta le frasi e scrivile.

1. _____

2. _____

3. _____

4. _____

5. _____

III. Completa le frasi con l'alternativa giusta.

1. _____ bello se _____ anche tu.
   a) Sarebbe/ ci fossi
   b)Sarà/ ci fossi
   c) Sarebbe/ c'era

2. Se _____ così, _____ .
   a) pensassi/ sbaglierai
   b) hai pensato/ sbaglieresti
   c) pensi/ sbagli

3. Se Paola _____ inglese _____ lavorare qui.
   a) parla/potrebbe
   b) parlasse/ potrebbe
   c) parlava/ potrebbe

4. Se Carlo _____ una medicina, _____ più in fretta.
   a) prendesse/ guarirebbe
   b) prendessi/ guarisce
   c) prendeste/ guarirà

5. Se non _____ non _____ comprare la casa.
   a) risparmierai/ potresti
   b) risparmi/ potresti
   c) risparmi/ potrai

IV. Scrivi delle domande o frasi per le seguenti risposte.

1. _____?
Non ho mai vinto al totocalcio.

2. _____?
A me piace giocare al superenalotto.

3. _____?
Vuol dire cercare qualcosa difficile da trovare.

4. _____?
Se potessi verrei al cinema con voi.

5. _____?
Non ho proprio voglia di leggere questo libro.

V. Completa con le parole/espressioni della lista.

mi lavo le mani	**cerca il pelo nell'uovo**
fare i conti senza l'oste	**farne a meno** **ci riuscirò**

1. Giuliana è troppo noiosa _____ .
2. Se non mi date una mano, da sola non_____ .
3. Durante il viaggio, attenzione alle spese, non _____ .
4. Quando vedo i gelati italiani, non posso _____ di mangiarli.
5. Io gli ho dato dei consigli diverse volte, ora _____ .

LEZIONE 26

102 **DIALOGO 26**
In palestra

Nicola: Non sapevo che frequentavamo la stessa **palestra**!
Gianpiero: Ho cominciato poco tempo fa perché ho subito un **intervento chirurgico** al ginocchio.
Nicola: Come mai?
Gianpiero: Mi sono messo a **fare jogging** senza avere la preparazione sufficiente e **mi sono rotto i legamenti**. Se io **mi fossi preparato** prima **non avrei avuto** questo problema.
Nicola: Accidenti! Che **guaio**! Il **chirurgo** che ti ha operato dev'essere stato bravo, perché mi sembra che tu **sia** già recuperato perfettamente!
Gianpiero: Ho avuto fortuna, se non **me lo avessero raccomandato**, ora **avrei ancora** dei problemi. È veramente un fisiatra **in gamba**!
Nicola: Devi riprendere **piano piano** le attività.
Gianpiero: Infatti. Per questo ho cominciato a frequentare la palestra. Il fisiatra mi ha indicato un programma di **allenamento** personalizzato, così ho preso un personal trainer per seguirmi.
Nicola: Hai fatto bene, adesso sì, cominciamo a ragionare! Ma, **mi raccomando**, il programma, seguilo **a puntino**!

▶ Veja a tradução desse diálogo na p. 399.

OCCHIO AL VOCABOLARIO, ALLE FRASI ED ESPRESSIONI 26

Palestra: academia de ginástica
Intervento chirurgico: cirurgia
Come mai = perché: por que
Fare jogging: praticar corrida
Mi sono rotto (v. rifl. rompersi – 1ª pers. sing. passato prossimo ind.) = spezzare; spaccare: quebrei, rompi
Legamenti: ligamentos
Mi fossi preparato (v. rifl. prepararsi – 1ª pers. sing. trapassato cong.): eu tivesse me preparado
Non avrei avuto (v. avere – 1ª pers. sing. condizionale comp.): não teria tido
Accidenti: Caramba!
Guaio = contrattempo: contratempo, problema
Chirurgo: cirurgião
Essere in gamba (v. essere - 3ª pers. sing. presente ind.): é capaz, é competente
Me lo avessero raccomandato (v. raccomandare – 3ª pers. sing. + me lo, trapassato cong.): tivessem me recomendado
Avrei ancora (v. avere – 1ª pers. sing. condizionale semplice): eu ainda teria
Piano piano: aos poucos
Allenamento: treinamento
Mi raccomando (v. rifl. raccomandarsi – 1ª pers. sing. presente ind.): me escute
A puntino = come si deve: à risca, como se deve

ılı‖ı 103   DIALOGO 26 – COMPRENSIONE DEL DIALOGO

1.   Da quanto tempo Gianpiero frequenta la palestra?
2.   Cosa ha subito Gianpiero?
3.   Perché ha subito questo intervento?
4.   Cosa gli ha consigliato il dottore?

GRAMMATICA APPLICATA 26
Período hipotético 3 *(periodo ipotetico 3)* e
frases idiomáticas 4

PERÍODO HIPOTÉTICO 3 *(PERIODO IPOTETICO 3)*

3º tipo: *Periodo ipotetico dell'impossibilità* (impossibilidade)
Característica: a condição e a consequência não são possíveis.

Estruturas usadas:

a) Condição impossível ou irreal no presente = consequência impossível ou irreal no presente

Se + congiuntivo imperfetto + condizionale semplice
Ex.: **Se fossi ricco, mi comprerei uno yacht.**
(Se eu fosse rico, compraria um iate.)

b) Condição irreal no passado = consequência impossível no presente

Se + congiuntivo trapassato + condizionale semplice
Ex.: **Se avessi studiato la lezione, ora farei l'esercizio.**
(Se eu tivesse estudado a lição, agora eu faria o exercício.)

c) Condição irreal no passado = consequência impossível no passado

Se + congiuntivo trapassato + condizionale composto
Ex.: **Se avessi avuto le vacanze, sarei andata in Spagna.**
(Se eu tivesse tido férias, teria ido à Espanha.)

Exemplos de uso em frases contextualizadas:

a) Se io fossi miliardario, farei il giro del mondo.
(Se eu fosse bilionário, faria a volta ao mundo.)
Se tu sapessi il cinese, tutto sarebbe più facile.
(Se você soubesse chinês, tudo seria mais fácil.)
Se fossero più alti, potrebbero giocare a pallacanestro.

(Se eles fossem mais altos, poderiam jogar basquete.)

Se gli piacessero le moto, potrebbe comprarne una nuova tutti gli anni.

(Se ele gostasse de motos, ele poderia comprar uma nova todos os anos.)

b) Se avessi comprato il vestito nuovo, ora andrei al matrimonio.

(Se eu tivesse comprado o vestido, novo, agora eu iria ao casamento.)

Ti avrei ospitato volentieri, se io avessi una casa più grande.

(Teria te hospedado com prazer, se eu tivesse uma casa maior.)

Se fosse uscito di casa un po' prima, ora sarebbe qui.

(Se ele tivesse saído de casa um pouco antes, agora estaria aqui.)

Ora avrebbe più soldi se non ne avesse sperperati tanti.

(Agora ele teria mais dinheiro se não tivesse desperdiçado tanto.)

c) Se io avessi avuto tempo, ti avrei chiamato.

(Se eu tivesse tido tempo, teria te telefonado.)

Se loro mi avessero invitato per andare in Africa con loro, io ci sarei andato.

(Se eles tivessem me convidado para ir à África com eles, eu teria ido.)

Sarei partito immediatamente se lui mi avesse telefonato.

(Eu teria saído imediatamente se ele tivesse me telefonado.)

Ti saresti svegliato presto se la sveglia avesse suonato.

(Você teria acordado cedo se o despertador tivesse tocado.)

FRASES IDIOMÁTICAS 4

Così impari. (Assim você aprende.)

Ex.: **Non avresti dovuto credere alle bugie. Così impari!**

(Você não deveria ter acreditado nas mentiras. Assim você aprende!)

È la vita. (A vida é assim mesmo.)

Ex.: **Caro mio, non devi lamentarti. È la vita!**

(Meu caro, você não deve se queixar. A vida é assim mesmo!)

Muoviti!/ Datti una mossa! (Acelera! Mexa-se!)
Ex.: **Datti una mossa! Siamo in ritardo!**
(Mexa-se! Estamos atrasados!)

Succeda quel che succeda! (Aconteça o que acontecer!)
Ex.: **Succeda quel che succeda, resto qui per altri dieci giorni!**
(Aconteça o que acontecer, fico aqui por mais dez dias!)

Che tu ci creda o no! (Acredite se quiser!)
Ex.: **Che tu ci creda o no, Martina è andata in Brasile!**
(Acredite se quiser, Martina foi para o Brasil!)

Tieni duro! (Aguenta firme aí!)
Ex.: **Nevica molto ad Aosta? Tieni duro! Il lavoro è quasi finito!**
(Neva muito em Aosta? Aguenta firme aí! O trabalho está quase terminado!)

Altro?/ Qualcos'altro? (Algo mais? Mais alguma coisa?)
Ex.: **Signora, i formaggi che ha chiesto sono qui. Altro?**
(Senhora, os queijos que a Senhora pediu estão aqui. Algo mais?

Ecco qui! (Aqui está!)
Ex.: **Signore, ecco qui il resto.**
(Senhor, aqui está o troco.)

Fin qua tutto a posto! (Até aqui, tudo bem!)
Ex.: **Il viaggio, per fortuna, trascorre bene. Fin qua tutto a posto!**
(A viagem, felizmente, está sendo boa. Até aqui, tudo bem!)

Ti sta bene! (Bem feito! Você mereceu!)
Ex.: **Hai visto? Non hai voluto prendere l'ombrello, adesso piove. Ti sta bene!**
(Viu só? Você não quis pegar o guarda-chuva, agora está chovendo. Bem feito!)

Acqua in bocca! (Bico calado!)
Ex.: **Cosa ti ho raccontato è un segreto. Acqua in bocca, mi raccomando!**
(O que eu te contei é um segredo. Bico calado, te peço!)

Testa o croce. (Cara ou coroa.)
Ex.: **Chi inizia? Facciamo a testa e croce!**
(Quem começa? Vamos tirar cara ou coroa!)

ESERCIZI PRATICI 26

104   I. Ascolta le domande e cerchia la risposta giusta.

1. a) Se mi avessero invitato, ero andato.
    b) Se mi avessero invitato, sarei andato.
    c) Se invitassi, andrei.

2. a) Se avevo la macchina, avrei guidato.
    b) Se avevo avuto la macchina, guido.
    c) Se avessi la macchina, guiderei.

3. a) Se avessi una penna rossa, le correggerei.
    b) Se avrei una penna rossa, le correggevo.
    c) Se avessi avuto una penna rossa, le correggo.

4. a) Se non avessi preso la medicina, ora lo berrei.
    b) Se non avevo preso la medicina, ora l'avrei bevuto.
    c) Se non prendessi la medicina, lo bevevo.

5. a) Ne mangerei altri se non avessi temuto di ingrassare.
    b) Ne mangerei altri se non temessi di ingrassare.
    c) Ne avrei mangiati altri se non avessi temuto di ingrassare.

6. a) Basta fare testa o croce.
   b) Ecco qui!
   c) Basta tenere l'acqua in bocca.

7. a) È la vita, ti ho già detto.
   b) Fin qua tutto a posto.
   c) Fin qua sono venuti tutti.

8. a) Loro non sono a posto.
   b) Ci vuole coraggio.
   c) Bisogna darci una mossa!

9. a) Che tu ci creda o no, sono dovuta scappare.
   b) Che tu ci creda o no, sono impegnata.
   c) Che tu ci creda o no, ho fame.

10. a) Deve tenere duro perché il lavoro è difficile.
    b) Deve tenere duro perché il lavoro è facile.
    c) Deve tenere duro perché è un lavoro leggero.

〰 105 II. Dettato: ascolta le frasi e scrivile.

1. _____

2. _____

3. _____

4. _____

5. _____

III. Cerchia la risposta giusta.

1. Perché hai agito in quel modo?
    a) Se io mi accorgessi dell'inganno, avrei agito diversamente.
    b) Se io mi accorgevo dell'inganno, agirei diversamente.
    c) Se io mi fossi accorta dell'inganno, avrei agito diversamente.

2. Perché non compri una Ferrari?
    a) Se fossi stato ricco, la comprerei.
    b) Se fossi ricco, la comprerei.
    c) Se ero ricco, l'avrei comprata.

3. Perché non sei venuto ieri sera?
    a) Sarei venuto ieri sera, se non avessi avuto mal di testa.
    b) Verrei volentieri, se non avessi avuto mal di testa.
    c) Verrei volentieri, se non avessi mal di testa.

4. Perché non fai la prova?
    a) Non potrei farla, anche se avessi voluto.
    b) Non avrei potuto farla, anche se volessi.
    c) Non potrei farla, anche se volessi.

5. Potrei avere 3 etti di prosciutto crudo?
    a) Ecco qui, Signora!
    b) Le sta bene, Signora!
    c) È la vita, Signora!

IV. Scrivi delle domande o frasi per le seguenti risposte.

1. _____?
Basta così, grazie.

2. _____?
Muoviti! Siamo in ritardo!

3. _____?

No, è un segreto. Tieni l'acqua in bocca!

4. _____?

Berrei volentieri il vino se fosse rosso.

5. _____?

Se non ci fosse la neve, l'aereo potrebbe decollare.

V. Completa con le parole/ espressioni della lista.

saresti stato	**succeda quel che succeda**	
prendessimo	**avessi preso**	**saresti**

1. Sicuramente arriveremmo prima se _____ un taxi.
2. Se tu non mi avessi detto la verità, non _____ un amico.
3. Se avessi fatto il tuo dovere_____ ricompensato.
4. _____ , nulla cambierà tra di noi.
5. Mangerei volentieri questa torta, se non _____ già _____ un gelato.

LEZIONE 27

DIALOGO 27
Ti ricordi di Federica?

Renato: Ti ricordi di Federica? Non la vedo da molto tempo.
Valeria: Certo che mi ricordo. **La vidi** al mare qualche anno fa.
Renato: Io invece non la vedo da quando eravamo al **liceo**. Era brava nel disegno di moda, specialmente **abiti da sera**.
Valeria: Quando la vidi, mi **disse** che lavorava come **costumista** teatrale.
Renato: Davvero? Si interessava a questo **argomento** già all'epoca di scuola.
Valeria: Inoltre aveva fatto un corso che **durò** un anno e **si dovette impegnare** molto per **superare** gli esami.
Renato: Dove si **tenne** il corso?
Valeria: A Milano, in una grande **sartoria** teatrale di una costumista famosa che aveva lavorato pure al **Teatro Alla Scala**.
Renato: Cosa fa esattamente il costumista?
Valeria: Secondo me, è una bellissima professione; il costumista è chi disegna gli abiti di scena per uno spettacolo o un film.
Renato: Credo che lei debba conoscere bene lo **stile**, i **tessuti** e i colori dell'epoca in cui è ambientato lo spettacolo e, **oltretutto**,

collaborare strettamente con il **regista** e lo **scenografo**.

Valeria: Perché non la cerchiamo e **fissiamo** un pranzo per rivederci?

Renato: Ottima idea! Chissà le novità che ci racconterà!

▶ Veja a tradução desse diálogo na p. 400.

OCCHIO AL VOCABOLARIO, ALLE FRASI ED ESPRESSIONI 27

La vidi (v. vedere + la – 1ª pers. passato remoto ind.): (eu) a vi
Liceo: ensino médio
Abiti da sera: vestidos de noite
Disse (v. dire – 3ª pers. sing. passato remoto ind.): (ela) disse
Costumista: figurinista
Argomento/i: assunto/s
Inoltre – oltre a ciò: além disso, além do mais
Durò (v. durare – 3ª pers. sing. passato remoto ind.): durou
Si dovette impegnare (v. dovere + v. rifl. impegnarsi – 3ª pers. sing. passato remoto ind.): teve que se dedicar
Superare (v. – infinito) = sostenere con successo: passar
Tenne (v. tenere – 3ª pers. sing. passato remoto ind.): (se) realizou. Este verbo significa também segurar.
Sartoria: casa de moda, ateliê, alfaiataria
Teatro Alla Scala: famoso teatro de Milão
Stile: estilo
Tessuto/i: tecido/s
Oltretutto = in aggiunta: além do mais, além de tudo
Regista: diretor de um espetáculo artístico, cinema, TV
Scenografo/a: cenógrafo/a
Fissiamo (v. fissare – 1ª pers. pl. presente ind.) = determiniamo; stabiliamo: marcamos

꿰꿰 107 **DIALOGO 27 – COMPRENSIONE DEL DIALOGO**

1. Di chi parlano Renato e Valeria?
2. Cosa fa Federica?
3. Dove Federica fece il corso?

4. Cosa fa il costumista?
5. Cosa deve conoscere un costumista?
6. Con chi deve collaborare il costumista?

GRAMMATICA APPLICATA 27
Indicativo – *Passato Remoto* e *Trapassato Remoto*

USO DO PASSATO REMOTO

Em italiano, no modo indicativo, existem duas formas de pretérito perfeito: *passato prossimo* e *passato remoto*.

O *passato remoto* é um tempo simples e menos usado porque indica um fato no passado que não tem mais nenhuma relação com o presente. É usado sobretudo na literatura ou quando se faz referência a um fato histórico.

VERBOS REGULARES			
	1ª Conjugação	2ª Conjugação	3ª Conjugação
	-ARE	**-ERE**	**-IRE**
	and**ARE**	cred**ERE**	sent**IRE**	cap**IRE**
	ir	crer	sentir, ouvir	entender
io	and-**ai**	cred-**ei** (**-etti**)	sent-**ii**	cap-**ii**
tu	and-**asti**	cred-**esti**	sent-**isti**	cap-**isti**
lui/lei/Lei	and-**dò**	cred-**è** (**-ette**)	sent-**ì**	cap-**ì**
noi	and-**ammo**	cred-**emmo**	sent-**immo**	cap-**immo**
voi	and-**aste**	cred-**este**	sent-**iste**	cap-**iste**
loro/Loro	and-**arono**	cred-**erono** (**-ettero**)	sent-**irono**	cap-**irono**

VERBOS IRREGULARES						
INFINITIVO	io	tu	lui/lei/Lei	noi	voi	loro/Loro
ESSERE (ser, estar)	fui	fosti	fu	fummo	foste	furono
FARE (fazer)	feci	facesti	fece	facemmo	faceste	fecero
BERE (beber)	bevvi	bevesti	bevve	bevemmo	beveste	bevvero
DARE (dar)	detti (diedi)	desti	dette (diede)	demmo	deste	dettero (diedero)
DIRE (dizer)	dissi	dicesti	disse	dicemmo	diceste	dissero
STARE (ficar)	stetti	stesti	stette	stemmo	steste	stettero

Os verbos seguintes são irregulares na 1ª e 3ª pessoa do singular e 3ª pessoa do plural enquanto as outras pessoas formam o passato remoto regularmente.

AVERE (ter, possuir)	**ebbi**, avesti, **ebbe**, avemmo, aveste, **ebbero**
CHIEDERE (pedir, perguntar)	**chiesi**, chiedesti , **chiese**, chiedemmo, chiedeste, **chiesero**
CHIUDERE (fechar)	**chiusi**, chiudesti, **chiuse**, chiudemmo, chiudeste, **chiusero**
CONOSCERE (conhecer)	**conobbi**, conoscesti, **conobbe**, conoscemmo, conosceste, **conobbero**
DECIDERE (decidir)	**decisi**, decidesti, **decise**, decidemmo, decideste, **decisero**
LEGGERE (ler)	**lessi**, leggesti, **lesse**, leggemmo, leggeste, **lessero**
METTERE (por, colocar)	**misi**, mettesti, **mise**, mettemmo, metteste, **misero**
PERDERE (perder)	**persi**, perdesti, **perse**, perdemmo, perdeste, **persero**
PIACERE (agradar)	**piacqui**, piacesti, **piacque**, piacemmo, piaceste, **piacquero**
PRENDERE (pegar)	**presi**, prendesti, **prese**, prendemmo, prendeste, **presero**
RENDERE (devolver, fornecer)	**resi**, rendesti, **rese**, rendemmo, rendeste, **resero**
RIDERE (rir)	**risi**, ridesti, **rise**, ridemmo, rideste, **risero**
RIMANERE (ficar)	**rimasi**, rimanesti, **rimase**, rimanemmo, rimaneste, **rimasero**
RISPONDERE (responder)	**risposi**, rispondesti, **rispose**, rispondemmo, rispondeste, **risposero**

324

SAPERE (saber)	**seppi**, sapeste, **seppe**, sapemmo, sapeste, **seppero**
SCRIVERE (escrever)	**scrissi**, scrivesti, **scrisse**, scrivemmo, scriveste, **scrissero**
TENERE (segurar)	**tenni**, tenesti, **tenne**, tenemmo, teneste, **tennero**
VEDERE (ver)	**vidi**, vedesti, **vide**, vedemmo, vedeste, **videro**
VENIRE (vir)	**venni**, venisti, **venne**, venimmo, veniste, **vennero**
VINCERE (vencer)	**vinsi**, vincesti, **vinse**, vincemmo, vinceste, **vinsero**
VIVERE (viver)	**vissi**, vivesti, **visse**, vivemmo, viveste, **vissero**
VOLERE (querer)	**volli**, volesti, **volle**, volemmo, voleste, **vollero**

Alguns verbos da 3ª conjugação apresentam duas formas na 1ª e 3ª pessoas do singular e 3ª pessoa do plural.

APRIRE (abrir)	**aprii/ apersi**, apristi, **aprì/ aperse**, aprimmo, apriste, **aprirono/ apersero**
SCOPRIRE (descobrir)	**scoprii/ scopersi**, scopristi, **scoprì/ scoperse**, scoprimmo, scopriste, **scoprirono/ scopersero**

Ex.: **L'anno scorso <u>andai</u> a Parigi in automobile.**
(No ano passado fui a Paris de carro.)
Quella mattina noi non ci <u>alzammo</u> volentieri.
(Naquela manhã nós não nos levantamos com satisfação.)
Loro <u>stettero</u> in silenzio tutta la mattina.
(Eles ficaram em silêncio a manhã toda.)
A quell'epoca lui non <u>fu</u> sincero.
(Naquela época ele não foi sincero.)
Io non <u>chiesi</u> niente a nessuno.
(Eu não pedi nada a ninguém.)
Lui <u>risparmiò</u> molti soldi durante tutta la vita.
(Ele economizou muito dinheiro durante toda a vida.)
Quando <u>aprii</u> la finestra <u>sentii</u> un vento molto forte.
(Quando eu abri a janela senti um vento muito forte.)
Siete sicuri che <u>dissero</u> la verità?
(Vocês têm certeza de que eles disseram a verdade?)

USO DEL *TRAPASSATO REMOTO*

O *trapassato remoto* é um tempo composto que indica um fato no passado, anterior a um outro fato indicado pelo *passato remoto*.

É formado pelo *passato remoto* do auxiliar **essere** ou **avere** + *participio passato* do verbo principal.

Essa forma é pouco frequente na língua falada, mas é usada na língua escrita e principalmente em texto de elevado nível literário.

A frase deve ter uma função temporal e deve ser introduzida por expressões como:

▶ quando
Ex.: **Quando loro ebbero capito la situazione, preferirono lasciar perdere.**
(Quando eles entenderam a situação, preferiram desistir.)

▶ dopo che
Ex.: **Dopo che ebbi cambiato casa, diedi una festa.**
(Depois que mudei de casa, dei uma festa.)

▶ appena
Ex.: **Appena ebbe mangiato qualcosa, si sentì meglio.**
(Assim que comeu algo, se sentiu melhor.)

Exemplos de uso em frases contextualizadas:

Il cantante cantò molto bene.
(O cantor cantou muito bem.)
Lui ci dette la sua opinione.
(Ele nos deu a opinião dele.)
A quell'epoca loro fecero dei buoni affari.
(Naquela época eles fizeram bons negócios.)
Alla festa di matrimonio di Giulia e Carlo mangiammo e bevemmo ogni ben di Dio.
(Na festa de casamento de Giulia e Carlo, comemos e bebemos do bom e do melhor.)
Tutti assistettero allo spettacolo.

(Todos assistiram ao espetáculo.)

Lessi _I Promessi Sposi_ al liceo.

(Li _I Promessi Sposi_ no ensino médio.)

Quella volta voi rimaneste a dormire a casa mia.

(Aquela vez vocês ficaram para dormir na minha casa.)

Dopo che lui ebbe pronunciato quelle parole, tutti risero a crepa-pelle.

(Depois que ele pronunciou aquelas palavras, todos deram gargalhadas.)

Quella sera vennero con noi all'opera i nostri genitori.

(Aquela noite nossos pais foram conosco na ópera.)

Appena Mario ebbe pescato alcuni pesci, li frisse subito.

(Assim que Mario pescou alguns peixes, fritou-os logo.)

Capii subito che lui non diceva la verità.

(Entendi logo que ele não dizia a verdade.)

Uscimmo rapidamente dal teatro perché pioveva.

(Saímos rapidamente do teatro porque chovia.)

Anni fa quando lo vidi, mi disse che non voleva sposarsi.

(Há anos, quando o vi, me disse que não queria se casar.)

Dopo che furono costretti ad aspettare molto tempo per un tavolo, si lamentarono con il titolare del ristorante.

(Depois que foram obrigados a esperar muito tempo por uma mesa, queixaram-se com o dono do restaurante.)

VOCABOLARIO SISTEMATICO 27

A TEATRO

botteghino (bilheteria)
biglietto (entrada, ingresso)
palcoscenico (palco)
quinta/e (coxia/s)
palco (camarote)
platea (plateia)
balconata/galleria (galeria)

camerino (camarim)
attore/attrice (ator/atriz)
comparsa (figurante)
personaggio (personagem)
atto (ato)
applauso (aplauso)
commedia (comédia)
dramma (drama)
opera (ópera)
balletto (balé)
compagnia (companhia)
costume (figurino de cena)
costumista (figurinista)
sarta (costureira)
drammaturgo (dramaturgo)
regista (diretor)
scenografo (cenógrafo)
locandina (cartaz)
prima (estreia de ópera)
debutto (estreia de peça teatral)
scena (cena)
sipario (cortina)
truccatore (maquiador)
bagarino (cambista)

ESERCIZI PRATICI 27

◁|||▷ 108   I. Ascolta le domande e cerchia la risposta giusta.

1.   a) Ha colto delle rose.
    b) Coglie delle rose.
    c) Colse delle rose.

2.   a) Presero l'aereo.
    b) Hanno preso l'aereo.
    c) Prendino l'aereo.

3. a) Vince al lotto.
   b) Vinse al lotto.
   c) Vinsi al lotto.

4. a) Fu nato a Vinci nel 1452.
   b) Nacqui a Vinci nel 1452.
   c) Nacque a Vinci nel 1452.

5. a) Anche quel giorno arrivò in ritardo.
   b) Anche quel giorno è arrivato in ritardo.
   c) Anche quel giorno fu arrivato in ritardo.

6. a) Cristoforo Colombo scoprito l'America.
   b) Cristoforo Colombo scoprì l'America.
   c) Cristoforo Colombo scoprirono l'America.

7. a) Sul palco.
   b) Sulla platea.
   c) Sul palcoscenico.

8. a) Con lo scenografo e gli attori.
   b) Con il regista e lo scenografo.
   c) Con il bagarino.

9. a) Conobbi molta gente.
   b) Conoscei molta gente.
   c) Conoscii molta gente.

10. a) No, smetté di studiare anni fa.
    b) No, smettete di studiare anni fa.
    c) Smise di studiare anni fa.

🎙 109 II. Dettato: ascolta le frasi e scrivile.

1. _____

2. _____

3. _____

4. _____

5. _____

III. Cerchia la risposta giusta.

1. A causa del tempo loro...
   a) decisero di rimandare il viaggio.
   b) deciderono di rimandare il viaggio.
   c) decidevano di rimandare il viaggio

2. Anni fa visitai la Cappella Sistina e...
   a) mi è piaciuta molto.
   b) mi piacque molto.
   c) mi piaceva molto.

3. Mi ricordo bene del giorno in cui l'uomo...
   a) scendé sulla Luna.
   b) scese sulla Luna.
   c) è sceso sulla Luna.

4. ...a casa perché non sapevo dove andare.
   a) Rimanesti
   b) Rimanei
   c) Rimasi

5. Da giovane mio nonno...
   a) andò in America.
   b) andai in America.
   c) è andato in America.

IV. Scrivi delle domande o frasi per le seguenti risposte.

1. _____?
Prima di partire Piero chiuse la porta di casa a chiave.

2. _____?
Scegliemmo la macchina rossa.

3. _____?
Non andammo in vacanza l'anno scorso.

4. _____?
Nerone fu un imperatore romano.

5. _____?
Lo incontrai a teatro.

V. Completa con le parole/ espressioni della lista.

preferìi diedero addormentò
arrivammo stette trovammo

1. Sabato si _____ dopo mezzanotte.
2. _____ tardi e non _____ più nessuno.
3. Gli _____ la possibilità di parlare.
4. Dopo quella notizia _____ in ansia tutto il giorno.
5. Quell'anno _____ restare a casa.

LEZIONE 28

110 DIALOGO 28
Quando è stato costruito?

Studente 1: Professore, potrebbe parlarci di alcuni monumenti importanti di Roma?
Professore: Ce ne sono tantissimi. Vi parlerò di due monumenti che mi piacciono particolarmente e che **sono stati costruiti** nella Roma antica: il **Colosseo** e il **Pantheon**.
Studente 2: Quando è stato costruito il Colosseo?
Professore: La costruzione **è stata iniziata** nel 72 **d.C.** dall'Imperatore Vespasiano ed **è stato inaugurato** dall'Imperatore Tito nell'80 d.C.
Studente 1: Ho letto che è il più grande anfiteatro del mondo. È situato nel centro di Roma ed è conosciuto in tutto il mondo come simbolo di Roma e dell'Italia. Sbaglio, professore?
Professore: No! È giusto. Una curiosità sull'origine del nome: deriva dalla statua del *Colosso di Nerone*, che era lì vicino, si diffuse solo nel **Medioevo**.
Studente 2: Io preferisco il Pantheon.
Professore: L'edificio è un classico dell'architettura equilibrata e stabile.
Studente1: Qual è il significato del nome Pantheon?
Professore: Deriva dal grego e significa il "tempio di tutti **gli dei**".

Studente 2: Da chi è stato costruito?

Professore: Il primo Pantheon **era stato costruito** da Marco Agrippa, genero dell'Imperatore Augusto nel 27-25 **a.C. È stato ricostruito** dall'Imperatore Adriano tra il 118 e il 128 d.C.

Studente 1: Sarebbe interessante se Lei potesse accompagnarci per visitare questi monumenti.

Professore: Certo! Vi accompagnerò volentieri!

▶ Veja a tradução desse diálogo na p. 401.

OCCHIO AL VOCABOLARIO, ALLE FRASI ED ESPRESSIONI 28

Sono stati costruiti (v. costruire – 3ª pers. pl. forma passiva) = edificare: foram construídos

Colosseo: Coliseu

Pantheon: Panteão

È stata iniziata (v. iniziare – 3ª pers. sing. forma passiva): foi iniciada

d.C. = dopo Cristo: depois de Cristo

È stato inaugurato (v. inaugurare – 3ª pers. sing. forma passiva): foi inaugurado

Medioevo: Idade Média

Gli dei (plurale irregolare): os deuses

Era stato costruito (v. costruire – 3ª pers. sing. forma passiva): tinha sido construído

a.C. = avanti Cristo: antes de Cristo

È stato ricostruito (v. ricostruire – 3ª pers. sing. forma passiva): foi reconstruído

📶 111 DIALOGO 28 – COMPRENSIONE DEL DIALOGO

1. Quando è stata iniziata la costruzione del Colosseo e da chi?
2. Quando è stato inaugurato il Colosseo e da chi?
3. Che cosa significa il nome Pantheon?
4. Quando è stato ricostruito il Pantheon e da chi?

GRAMMATICA APPLICATA 28
Voz Passiva e *"se" (si)* como Pronome Apassivador

FORMA PASSIVA *(FORMA PASSIVA)*

Em italiano a forma passiva é construída como em português: o objeto direto da frase ativa toma a posição de sujeito na forma passiva e o sujeito da frase ativa transforma-se em um complemento introduzido pela preposição *da* (em português geralmente se usa a preposição "por").

O verbo auxiliar da forma passiva é sempre *essere*, seguido do particípio passado do verbo principal.

Ex.: (attiva) **Gli studiosi considerano il Pantheon un edificio classico della architettura equilibrata.**
(Os estudiosos consideram o Pantheon um edifício clássico da arquitetura equilibrada.)
(passiva) **Il Pantheon è considerato dagli studiosi** un edificio classico della architettura equilibrata.
(O Pantheon é considerado pelos estudiosos um edifício clássico da arquitetura equilibrada.)

Importante: Na forma passiva, o auxiliar *essere* assume o mesmo tempo do verbo principal da correspondente forma ativa.

Ex.: (attiva) **Lo studente ha fatto la prova.**
(O estudante fez a prova.)
(passiva) **La prova è stata fatta dallo studente.**
(A prova foi feita pelo estudante.)

(attiva) **Lo studente farà la prova.**
(O estudante fará a prova.)
(passiva) **La prova sarà fatta dallo studente.**
(A prova será feita pelo estudante.)

Importante: Além do auxiliar *essere*, a forma passiva pode ser formada também pelo verbo *venire*, porém, somente se estiver em um tempo simples.

Ex.: **Il Pantheon è considerato/viene considerato** dagli studiosi **un edificio classico della architettura equilibrata.**
(O Panheon é considerado pelos estudiosos um edifício clássico da arquitetura equilibrada.)
La merenda è preparata/viene preparata dai bambini.
(O lanche é preparado pelas crianças.)

FORMA PASSIVA CON I VERBI *DOVERE* E *POTERE*

Ex.: (attiva) **Il direttore deve scrivere l'e-mail.**
(O diretor tem que escrever o e-mail.)
(passiva) **L'e-mail deve essere scritta dal direttore.**
(O e-mail tem que ser escrito pelo diretor.)

(attiva) **Questa casa editrice non può pubblicare il libro.**
(Esta editora não pode publicar o livro.)
(passiva) **Il libro non può essere pubblicato da questa casa editrice.**
(O livro não pode ser publicado por esta editora)

Quando se usa o verbo *dovere* antes de uma estrutura passiva, a construção *dovere* + *essere* pode ser substituída pelo verbo *andare* e o significado é mantido.

Ex.: **Questo libro deve essere letto entro la fine del mese.**
(Este livro tem que ser lido até o final do mês.)
Questo libro va letto entro la fine del mese.
(Este livro tem que ser lido até o final do mês.)

Exemplos de uso em frases contextualizadas:

Questo prodotto è venduto in tutti i supermercati.
(Este produto é vendido em todos os supermercados.)
La macchina di Maria viene lavata tutti i mesi.
(O carro de Maria é lavado todos os meses.)
I piatti sono stati rotti da Giuliana.
(Os pratos foram quebrados pela Giuliana.)

Le campane erano suonate la mattina dal chierichetto.
(Os sinos eram tocados de manhã pelo coroinha.)
Le pecore saranno tosate dal tosatore.
(As ovelhas serão tosquiadas pelo tosador.)
Il romanzo verrà tradotto dalla nostra traduttrice.
(O romance será traduzido pela nossa tradutora.)
Gli ingredienti per preparare la torta devono essere comprati da Ilaria.
(Os ingredientes para preparar o bolo devem ser comprados por Ilaria.)
I dolci per il matrimonio possono essere fatti in pasticceria.
(Os doces para o casamento podem ser feitos na confeitaria.)
La spesa deve essere fatta tutte le settimane.
(A despesa tem que ser feita todas as semanas.)
Le olive vanno raccolte dal contadino.
(As azeitonas têm que ser colhidas pelo agricultor.)

"SE" COMO PRONOME APASSIVADOR ("SI" PASSIVANTE)

Para construir uma estrutura passiva é possível usar *si* + verbo na 3ª pessoa do singular ou plural. Essa frase tem um significado geral (as pessoas, todas as pessoas, todos...).

Ex.: **In Italia <u>si mangia la colomba</u> a Pasqua.**
(Na Itália come-se *colomba* na Páscoa.)
In Italia d'inverno <u>si mangiano i cappelletti</u> in brodo.
(Na Itália, no inverno, comem-se *cappelletti in brodo*.)

Quando o sujeito passivo está no singular, o verbo vai para a 3ª pessoa do singular e quando o sujeito passivo está no plural, conjuga-se o verbo na 3ª pessoa do plural.

Ex.: **<u>Si vende casa</u> al mare.**
(Vende-se casa na praia.)
<u>Si vendono appartamenti</u> in centro.
(Vendem-se apartamentos no centro.)

Essa forma passiva pode ser usada com todos os tempos verbais.

Ex.: **Una volta <u>si portavano</u> i cappelli.**
(Antigamente usavam-se chapéus.)

Nos tempos compostos usa-se sempre o auxiliar *essere*.

Ex.: **Non <u>si sono viste</u> rose in quel giardino.**
(Não se viram rosas naquele jardim.)

Exemplos de uso em frases contextualizadas:

Il biglietto della metropolitana si compra alla stazione.
(O bilhete do metrô se compra na estação.)
Da qui si vedono le montagne.
(Daqui se vêm as montanhas.)
Si sono viste le macchine.
(Viram-se os carros.)
In quella strada si vende della frutta molto buona.
(Naquela rua vende-se fruta muito boa.)
Quarant'anni fa si guardava meno la TV.
(Há quarenta anos via-se menos televisão.)

FRASES IDIOMÁTICAS 5

Pensa ai fatti tuoi. (Cuide da sua vida.)
Ex.: **Non so perché mi fai queste domande. Pensa ai fatti tuoi!**
(Não sei porque você me pergunta essas coisas. Cuide da sua vida!)

Niente affatto! Manco per sogno! (De jeito nenhum!)
Ex.: **Il mio socio vuole che partecipiamo a quella fiera. Niente affatto!**
(O meu sócio quer que nós partecipemos daquela feira. De jeito nenhum!)

È andato in tilt! (Deu pau! Deu tilt!)
Ex.: **Il computer è andato in tilt!**
(Deu pau no computador!)

Tocca a te! (É a sua vez!)
Ex.: **Ieri ho lavato io i piatti, oggi tocca a te!**
(Ontem eu lavei a louça, hoje é a sua vez!)

Faccio io! (É por minha conta!)
Ex.: **Cameriere, il conto per favore... oggi faccio io!**
(Garçom, a conta por favor... hoje é por minha conta!)

In bocca al lupo! (Boa sorte!/Na boca do lobo!) – expressão usada
para desejar sorte a quem vai enfrentar uma situação difícil. A resposta é: **"crepi il lupo"** (dane-se o lobo!)
Ex.: **So che domani iniziano i tuoi esami. In bocca al lupo!**
(Sei que amanhã começam os teus exames. Boa sorte!)

C'è mancato poco! (Foi por pouco!)
Ex.: **Fai più attenzione con la moto! Stavolta c'è mancato poco!**
(Tome mais cuidado com a moto! Desta vez foi por pouco!)

È una fesseria/ cazzata (popular)/ **sciocchezza!** (É uma bobagem!)
Ex.: **Non badare a quello che dice! Sono fesserie!**
(Não ligue para aquilo que ele diz! São bobagens!)

Che figata! (Que legal!)
Ex.: **Guarda che figata questo mio nuovo telefonino!**
(Olha que legal este meu novo celular!)

Non rompermi! (Não me enche!)
Ex.: **Ti ho già detto che non voglio vedere questo film! Non rompermi!**
(Já te disse que não quero ver este filme! Não me enche!)

ESERCIZI PRATICI 28

🔊 112 I. Ascolta le domande e cerchia la risposta giusta.

1. a) Sì, il tavolo è dovuto spostare.
   b) Sì, il tavolo deve essere spostato.
   c) Sì, il tavolo ha dovuto spostare.

2. a) Va detta da Giulio.
   b) Andava detta da Giulio.
   c) È stata detta da Giulio.

3. a) Sarà preparata da Luisa.
   b) È stata preparata da Luisa.
   c) Verrà preparata da Luisa.

4. a) I soldi dovevano essere cambiati in banca.
   b) I soldi sono stati cambiati in banca.
   c) I soldi vanno cambiati in banca.

5. a) Erano consegnati dalla segretaria.
   b) Avevano consegnato dalla segretaria.
   c) Saranno consegnati dalla segretaria.

6. a) Mi è detto da un mio amico.
   b) Mi è stato detto da un mio amico.
   c) Me lo è stato detto da un amico.

7. a) Si vendono automobili.
   b) Si vende automobili.
   c) Vendesi automobili.

8. a) Sono stati conclusi in gennaio prossimo.
   b) Saranno conclusi in gennaio prossimo.
   c) Erano stati conclusi in gennaio prossimo.

9. a) Si mangia le uova di cioccolato.
   b) Si sono mangiate le uova di cioccolato.
   c) Si mangiano le uova di cioccolato.

10. a) Questa volta c'è mancato poco.
    b) Questa volta tocca a te.
    c) Questa volta è andato il tilt.

ılıllı 113 II. Dettato: ascolta le frasi e scrivile.

1. _____

2. _____

3. _____

4. _____

5. _____

III. Cerchia la risposta giusta.

1. Come si paga il conto?
   a) Può pagarsela con assegno.
   b) Può essere pagato con l'assegno.
   c) Può si pagare con assegno.

2. Come devo prendere la medicina?
   a) Deve andare presa dopo i pasti.
   b) Deve avere presa dopo i pasti.
   c) Va presa dopo i pasti.

3. Cosa succederà ai responsabili?
   a) Saranno arrestati dalla polizia.
   b) Si arresteranno dalla polizia.
   c) Sono andati arrestati dalla polizia.

4. È interessante questa rivista?
   a) Sì, è venuta letta da molti.
   b) Sì, è letta da molti.
   c) Sì, è da leggere da molti.

5. La restaturazione della piazza è costata molto?
   a) Sì, si sono spesi molti soldi
   b) Sì, si è speso molti soldi.
   c) Sì, si ha speso molti soldi.

IV. Scrivi delle domande o frasi per le seguenti risposte.

1. _____?
I biglietti si comprano al botteghino.

2. _____?
Sono stato invitato dal Direttore.

3. _____?
Mi è stato riferito da mio fratello.

4. _____?
Questo errore viene commesso da molti studenti.

5. _____?
Il pane è stato comprato da Ettore.

V. Completa con le parole/ espressioni della lista.

va letto	è stata tradotta	si usa
è stata venduta	viene prodotto	

1. Questo vino _____ in Piemonte.
2. *La Divina Commedia* _____ in molte lingue.
3. La macchina _____ a un prezzo esorbitante.
4. Quel libro _____ . È avvincente!
5. Per fare un buon tiramisu _____ il mascarpone.

LEZIONE 29

🔊 114 **DIALOGO 29**
Carnevale a Venezia.

Renzo: Il Carnevale si avvicina. **Quasi quasi** avrei voglia di andare a Venezia per conoscere il suo famoso Carnevale. Ci sei già stato? Ti piacerebbe venire anche tu?
Gianpaolo: Non ci sono mai stato. Sarebbe proprio una buona idea.
Renzo: Penso di invitare pure Laura e Mirella, le nostre colleghe del corso. Che ne pensi?
Gianpaolo: Sì, sì, quelle ragazze di Bari? Diglielo domani.

Parlando con loro...
Renzo: Ciao. Gianpaolo e io vorremmo invitarvi per venire con noi a Venezia per il Carnevale.
Mirella: Che bello, grazie, il Carnevale è il tempo delle **maschere**, mi piacerebbe vederle. Che ne dici Laura?
Laura: Anche a me piacerebbe venire, ma sono già **impegnata** con i miei zii di Napoli.
Mirella: Non riesci a **rimandare** la visita?
Laura: Credo di no. In ogni modo, che dici se verremo a trovarvi

lunedì direttamente a Venezia?

Renzo: Ottima idea! Così potremo stare insieme lunedì e martedì.

Il giorno dopo...

Gianpaolo: Mi dispiace che Laura e Mirella non possano venire con noi. Come mai?

Renzo: Quando ho parlato con loro, mi hanno ringraziato per l'invito, mi hanno detto che gli sarebbe piaciuto vedere le maschere, ma Laura era già impegnata con gli zii di Napoli.

Gianpaolo: E...?

Renzo: Le ho domandato se non avrebbe potuto rimandare la visita.

Gianpaolo: E che ti ha detto?

Renzo: Mi ha detto che non poteva, ma che sarebbero venute a trovarci lunedì a Venezia. Le ho detto che era un'ottima idea, così saremo potuti stare insieme lunedì e martedì.

Gianpaolo: Hai fatto bene!

➤ Veja a tradução desse diálogo na p. 402.

OCCHIO AL VOCABOLARIO, ALLE FRASI ED ESPRESSIONI 29

Quasi quasi = forse: talvez

Maschera/e: fantasia/s

Sono impegnata (v. impegnare – 1ª pers. sing. passato prossimo ind.): me comprometi

Rimandare (v. – infinito) = rinviare: adiar, transferir

ılı|ı 115 **DIALOGO 29 – COMPRENSIONE DEL DIALOGO**

1. Cosa dice Renzo a Gianpaolo ?
2. Cosa risponde Gianpaolo?
3. Laura e Luigi accettano l'invito? Perché?
4. Cosa combina alla fine Laura con gli amici?

GRAMMATICA APPLICATA 29
Discurso direto e indireto

DISCURSO DIRETO *(DISCORSO DIRETTO)*

O **discurso direto** é a reprodução fiel da fala de alguém.

Ex.: (diretto) **Simona dice: "Rimango a casa".**
(Simona diz: "Fico em casa".)

DISCURSO INDIRETO *(DISCORSO INDIRETTO)*

O discurso indireto é a reprodução da mensagem do falante não com suas próprias palavras, mas através das palavras de quem narra.

Ex.: (indiretto) **Simona dice che rimane a casa.**
(Simona diz que fica em casa.)

Os discursos direto e indireto são introduzidos por verbos de declaração, afirmação, promessa, como: *dire*, *affermare*, *dichiarare*, *raccontare*, *rispondere*, *spiegare* etc.

Quando o discurso direto é introduzido por uma frase no passado, ocorrem transformações dos tempos verbais e de algumas expressões de tempo, como:

a) o *presente indicativo* passa a ser *imperfetto indicativo*:
Mauro ha detto: "Resto a casa". → Mauro ha detto che restava a casa.
(Mauro disse: "Fico em casa". → Mauro disse que ficava em casa.)

b) o *passato prossimo* ou *remoto* passa a ser *trapassato prossimo*:
Aldo ha detto: "Sono andato/andai al cinema." → Aldo ha detto che era andato al cinema.
(Aldo disse: "Fui ao cinema." → Aldo disse que tinha ido ao cinema.)
Lisa diceva sempre: "Studiai molto." → Lisa diceva sempre che aveva studiato molto.
(Lisa dizia sempre: "Estudei muito." → Lisa dizia sempre que tinha estudado muito.)

c) o *imperfetto* fica invariável:

Mirco disse: "Non mi sentivo bene." → Mirco disse che non si sentiva bene.

(Mirco disse: "Não me sentia bem." → Mirco disse que não se sentia bem.)

d) o *trapassato prossimo* fica invariável:

Ezio ha detto: "Sapevo che Carla era andata via" → Ezio ha detto che sapeva che Carla era andata via."

(Ezio disse: "Sabia que Carla tinha ido embora." → Ezio disse que sabia que Carla tinha ido embora.)

e) o *futuro* passa a ser *condizionale composto* – no caso de futuro no passado: (diferentemente do português que usa o tempo simples):

Anna ha detto: "Penserò a questo dopo." → Anna ha detto che avrebbe pensato a quello dopo.

(Anna disse: "Pensarei nisso depois." → Anna disse que pensaria naquilo depois.)

f) o *futuro*, quando se refere a um fato que ainda vai acontecer, pode permanecer invariável no discurso indireto, como em português.

Ieri Lucia mi ha detto: "Darò l'esame la prossima settimana." → Ieri Lucia mi ha detto che darà l'esame la prossima settimana.

(Ontem Lucia me disse: "Farei o exame na próxima semana." → Ontem Lucia me disse que fará o exame na próxima semana.)

g) o *condizionale semplice* passa a ser *condizionale composto* (diferentemente do português que usa o tempo simples):

Lei disse: "Non cambierei mai lavoro". → Lei disse che non avrebbe cambiato mai lavoro.

(Ela disse: " Eu nunca trocaria de trabalho." → Ela disse que nunca trocaria de trabalho.)

h) o *imperativo* passa a ser *congiuntivo imperfetto* ou *infinito* introduzido pela preposição *"di"*.

Lui comandò: "Aspettate qui!" → **Lui comandò che aspettassero lì/ Lui comandò di aspettare lì.**
(Ele mandou: "Esperem aqui!" → Ele mandou que esperassem lá/ Ele mandou esperarem lá.)

i) o *congiuntivo presente* passa a ser *congiuntivo imperfetto*:
Livia ha detto: "Penso che lui abbia ragione." → Livia ha detto che pensava che lui avesse ragione.
(Livia disse: "Penso que ele tenha razão." → Livia disse que pensava que ele tivesse razão.)

j) o *congiuntivo imperfetto* fica invariável:
Ho detto: "Ho avuto voglia che loro partissero subito". → Ho detto che avevo avuto voglia che loro partissero subito.
(Eu disse: "Tive vontade que eles fossem embora logo". → Eu disse que tinha tido vontade que eles fossem embora logo.)

No caso de período hipotético (de 1º, 2º e 3º tipo, ver pag. 296), existem duas possibilidades:

1. Se + imperfetto + imperfetto (uso coloquial)

2. Se + congiuntivo trapassato + condizionale composto

Ex.: Discorso Diretto: **Lui ha detto: "Se vincessi alla lotteria, comprerei una casa in campagna".**
(Ele disse que se ganhasse na loteria, ele compraria uma casa no campo.)

1. **Lui ha detto che se vinceva alla lotteria, comprava una casa in campagna.**
(Ele disse que se ganhasse na loteria, ele comprava uma casa no campo.)

2. **Lui ha detto che se avesse vinto alla lotteria avrebbe comprato una casa in campagna.**
(Ele disse que se tivesse ganho na loteria, teria comprado uma casa de campo.)

Na passagem do discurso direto para o indireto, ocorrem mudanças nos pronomes pessoais, nos possessivos, nos demonstrativos, nos advérbios e expressões relativas a tempo e espaço.

Ex.: **Francesca ha detto: "Io sono qui". → Francesca disse che lei era lì.**
(Francesca disse: "Eu estou aqui". →Francesca disse que ela estava lá.)
Mi ha detto: "Mia figlia va in Canada". → Mi disse che sua figlia andava in Canada.
(Me disse: "Minha filha vai para o Canadá". → Me disse que a filha dele ia para o Canadá.)
Ha detto: "Verrò domani." → Ha detto che sarebbe venuto il giorno dopo.
(Disse: "Virei amanhã." → Disse que viria no dia seguinte.)

FRASES IDIOMÁTICAS 6

Meno male. (Ainda bem)
Ex.: **Meno male che sei venuto.**
(Ainda bem que você veio.)

Mettere da parte/mettere via. (Economizar, deixar separado, guardado)
Ex.: **Voglio mettere da parte dei soldi per il viaggio.**
(Quero economizar algum dinheiro para a viagem.)

Non sono fatti tuoi. (Não é da sua conta, não é problema seu)
Ex.: **Non preoccuparti con questa storia. Non sono fatti tuoi!**
(Não se preocupe com essa história. Não é problema seu!)

Da buttare via. (Para jogar fora.)
Ex.: **Questi libri sono da buttare via?**
(Estes livros são para jogar fora?)

Sto scherzando. (Estou brincando)
Ex.: **Non arrabbiarti, sto scherzando!**
(Não fique bravo, estou brincando")

Non fa niente. (Não faz mal)
Ex.: **– Scusami, ho dimenticato di telefonarti! – Non fa niente!**
(– Desculpe-me, esqueci de te telefonar! – Não faz mal!)

Non fraintendermi. (Não me entenda mal)
Ex.: **Ti prego di non fraintendermi!**
(Peço para que não me entenda mal!)

Non credo ai miei occhi. (Não posso acreditar no que vejo)
Ex.: **Non credo ai miei occhi! È proprio lui, il Papa!**
(Não posso acreditar no que vejo! É ele mesmo, o Papa!)

Perbacco. (O que que é isso? Puxa vida!)
Ex.: **Perbacco, il tempo vola!**
(Puxa vida, o tempo voa!)

ESERCIZI PRATICI 29

116 I. Ascolta le frasi e cerchia la risposta giusta.

1. a) ...non sarebbe venuta il giorno dopo.
    b) ...verrebbe domani.
    c) ...verrà domani.

2. a) ...restavo lì e aspettavo.
    b) ...restavo qui e aspettassi.
    c) ...restassi lì e aspettassi.

3. a) ...cosa avrebbe fatto lì.
    b) ...cosa faceva lì.
    c) ...cosa farebbe lì.

4. a) ...era andato al cinema e si era divertito.
    b)...andava al cinema e si divertiva.
    c) ...è andato al cinema e si era divertito.

5. a) ...Lorenzo era già arrivato.
    b) ...Lorenzo sarà già arrivato.
    c) ...Lorenzo fosse già arrivato.

6. a) ...inviterebbero anche me.
    b) ...avrebbero invitato anche me.
    c) ...che invitavano anche me.

7. a) ...potessi farci.
    b) ...avrei potuto farci.
    c) ...che potevo farci.

8. a) ...sarebbe partito domani.
    b) ...partiva domani.
    c) ...partirà domani.

9. a) Perbacco!
    b) Non fa niente.
    c) Sto scherzando.

10. a) Non ho capito.
    b) Non fraintendermi!
    c) Niente affatto!

ı|ı|ı 117 II. Dettato: ascolta le frasi e scrivile.

1. _____

2. _____

3. _____

4. _____

5. _____

III. Cerchia la risposta giusta.

1. Cosa ha detto Claudia la settimana scorsa?
   a) Ha detto che sarà andata a Napoli.
   b) Ha detto che il giorno dopo sarebbe andata a Napoli.
   c) Ha detto che il giorno dopo è andata a Napoli.

2. Alfredo disse che...
   a) il giorno prima aveva mangiato troppo.
   b) il giorno dopo aveva mangiato troppo.
   c) il giorno prima mangerà troppo.

3. Maria disse due giorni fa che...
   a) se continuava a piovere, non verrà.
   b) se avesse continuato a piovere, non sarebbe venuta.
   c) se continuava a piovere, non sarebbe venuta.

4. Voleva che la bambina...
   a) ritornava subito a scuola.
   b) ritornasse subito a scuola.
   c) sarebbe ritornata subito a scuola.

5. Diceva che quella ragazza...
   a) le sarebbe stata simpatica.
   b) le sarebbe simpatica.
   c) le era simpatica.

IV. Trasforma le frasi dal discorso indiretto al discorso diretto.

1. _____?
Maria ha detto che non trovava la sua borsa.

2. _____?
La mamma mi pregò di tornare a casa presto.

3. _____?
Mi ha detto che temeva che io non arrivassi più.

4. _____?
Ha detto che non avrebbe mai preso una decisione del genere.

5. _____?
Stamattina mi ha detto che mi telefonerà domani senz'altro.

V. Completa con le parole/ espressioni della lista.

meno male   non fa niente   perbacco
non credo ai miei occhi   mettermelo da parte

1. _____ , sono stanca! Non ce la faccio proprio più.
2. Signorina, mi è piaciuto questo vestito. Può _____?
3. _____ che sei arrivato in tempo!
4. – Ho dimenticato di riportarti il CD. – _____ .
5. Guarda chi si vede! _____ !

LEZIONE 30

118 DIALOGO 30
Gli esami di maturità.

Raffaele: Manca poco agli **esami di maturità**. **Devo riconoscere** che la cosa mi spaventa un po'!
Filippo: Dobbiamo impegnarci molto per **poter superarli**.
Raffaele: Dopo aver studiato tanto questi ultimi anni, penso di **essere preparato** per **affrontarli**.
Filippo: Il mio **incubo** invece è l'esame orale, ho paura di non ricordarmi un **accidenti di niente**!
Raffaele: Mia madre dice che **dobbiamo prepararci** bene cominciando dall'alimentazione, cioè: Mangiando sano ed equilibrato.
Filippo: Oltre all'alimentazione corretta, dicono che è bene fare un'**oretta** di sport al giorno per staccare la spina e scaricare la tensione nervosa.
Raffaele: Ti immagini dopo tanto tempo dedicato allo studio, ricevere un giudizio negativo?
Filippo: Per carità, non me ne parlare. Mi verrebbe un **colpo**!
Raffaele: Anche a me! **Dopo aver superato** questi benedetti esami ci prendiamo una bella e lunga vacanza al mare.
Filippo: Facciamo le corna, li passeremo sicuramente!

▶ Veja a tradução desse diálogo na p. 402.

OCCHIO AL VOCABOLARIO, ALLE FRASI ED ESPRESSIONI 30

Esami di maturità: exame obrigatório, conclusivo do ensino médio aplicado pelo Estado Italiano, que permite o acesso à Universidade.

Devo riconoscere (v. dovere – 1ª pers. sing. presente ind. + v. riconoscere – infinito): tenho que dizer

Spaventato/a – che prova paura: assustado/a, amedrontado/a

Dobbiamo impegnarci (v. dovere + v. rifl. impegnarsi – 1ª pers. pl. presente ind.): temos que/devemos nos dedicar

Poter superarli (v. potere + v. superare – infinito presente + li): poder superá-los, passar (nos exames)

Dopo aver studiato (v. avere + v. studiare – infinito passato): depois de ter estudado

Essere preparato (v. essere + verbo preparare – infinito passato): estar preparado

Affrontarli (v. affrontare – infinito + li): enfrentá-los

Incubo = pensiero angoscioso; sogno che spaventa: pesadelo

Accidenti di niente: coisa nenhuma

Dobbiamo prepararci (v. dovere + v. rifl. prepararsi – 1ª pers. pl. presente ind.) = mettersi in grado per: devemos/ temos que nos preparar

Oretta: horinha

Voto: (1) nota, (2) voto eleitoral, (3) promessa

Colpo = movimento violento; pugno: ataque, soco, golpe

Dopo aver superato (v. avere + v. superare – infinito passato + li): depois de ter superado

Facciamo le corna (v. fare – 1ª pers. pl. presente ind. – espressione idiomatica) = gesto che viene fatto per evitare guai: em português, significa "bater na madeira" ou "fazer figa"

ılı||ı· 119 **DIALOGO 30 – COMPRENSIONE DEL DIALOGO**

1. Quali esami devono superare Raffaele e Filippo?
2. Qual è l'incubo di Filippo?
3. Cosa consiglia la madre di Raffaele?
4. Cosa faranno dopo aver superato gli esami?

GRAMMATICA APPLICATA 30
Formas nominais (orações reduzidas e desenvolvidas) –
Infinitivo e Particípio.

As formas nominais do verbo *(modi indefiniti)* são: o infinitivo *(infinito)*, o particípio *(participio)* e o gerúndio *(gerundio)*.

Em italiano, as estruturas nas quais são usadas as formas nominais *(modi indefiniti)* são chamadas de *"forme implicite"* e em português são chamadas de "orações reduzidas".

Quando as frases estão no *indicativo*, no *congiuntivo*, no *condizionale* ou no *imperativo*, essas estruturas são chamadas de *"forme esplicite"*, que em português recebem o nome de "orações desenvolvidas".

INFINITIVO (INFINITO)

Indica genericamente a ação do verbo sem determinar pessoa ou número: **mangiare**, **vedere**, **sentire**.

a) Em exclamações e interrogações:
Ex.: **Non poter mangiare dolci! Che sciagura!**
(Não poder comer doces! Que tragédia!)
Che fare a questo punto?
(O que fazer a essa altura?)

b) Como substantivo:
Ex.: **Non mi sembra un essere umano.**
(Não me parece um ser humano.)
Lui ha un camminare elegante.
(Ele tem um andar elegante.)

c) Como sujeito ou predicado:
Ex.: **Ricordare è vivere.**
(Recordar é viver.)
Bere troppo nuoce alla salute.
(Beber demais faz mal à saúde.)

d) Como objeto direto:
Ex.: **Desidero pagare il conto.** (Quero pagar a conta.)

e) Como imperativo negativo ou afirmativo referido em modo genérico:
Ex.: **Non applicare la tintura senza i guanti.**
(Não aplicar a tintura sem as luvas.)
Scegliere il colore giusto per i capelli.
(Escolher a cor certa para os cabelos.)

f) Depois dos verbos *"dovere"*, *"potere"*, *"volere"*, *"sapere"* e *"desiderare"*:
Ex.: **Posso comprare io il vino.** (Eu posso comprar o vinho.)
Voglio partire presto. (Quero sair cedo.)

g) Depois de verbos de percepção, *"sentire"*, *"ascoltare"*, *"vedere"*, *"guardare"*:
Ex.: **L'ho visto uscire.** (Eu o vi sair.)
Ho sentito dire che Piero si sposerà. (Ouvi dizer que Piero vai casar.)

h) Depois do verbo *"piacere"* quando o sujeito da oração dependente é o mesmo da principal:
Ex.: **Mi piace arrivare presto al lavoro.**
(Gosto de chegar cedo no trabalho.)

i) Depois dos verbos impessoais *"bastare"*, *"bisognare"*, *"occorrere"*:
Ex.: **Bisogna pensare prima di parlare.**
(Precisa pensar antes de falar.)

j) Depois de preposições – *"di"*, *"a"*, *"da"*, *"per"*:
Ex.: **Penso di essere in anticipo.** (Acho que estou adiantada.)
Vai a comprare il latte? (Você vai comprar o leite?)
Bruna non viene perché ha da fare.
(Bruna não vem porque tem o que fazer.)

358

È troppo tardi <u>per tornare</u> indietro.
(É tarde demais para voltar atrás.)

Nota 1: No infinito, os pronomes vêm depois do verbo e unidos a ele.

Ex.: **Tutti devono <u>lavarsi</u> le mani frequentemente.**
(Todos devem lavar-se as mãos frequentemente.)

Nota 2: O -*e* final do infinito pode ser omitido principalmente se precede outro verbo.

Ex.: **Non <u>poter</u> uscire presto! Sono preoccupato.** (Não poder sair cedo! Estou preocupado.)

INFINITIVO PASSADO (INFINITO PASSATO)

O *infinito passato* se forma com o *infinito presente* de **avere** ou **essere** + o *participio passato* do verbo principal.

É usado quando a ação da frase secundária (frase com o infinitivo passado) acontece antes com relação à ação da frase principal.

Dopo <u>aver</u>* <u>cenato</u>, ho guardato la TV.
(Depois de ter jantado, vi televisão.)
Ho ringraziato Vincenzo per <u>essere venuto</u> ad aiutarmi.
(Agradeci Vincenzo por ter vindo me ajudar.)
*no infinitivo passado, o infinitivo de **avere** perde o -**e** final.

É usado principalmente:

a) precedido por **dopo** = frase temporal
Ex.: **Dopo <u>aver studiato</u>, andrò a trovare i miei amici.**
(Depois de ter estudado/ estudar vou encontrar meus amigos.)
Cosa hai fatto ieri dopo <u>essere arrivato</u> a casa?
(O que você fez ontem depois de ter chegado/ chegar em casa?)

b) precedido por **per** = frase causal
Ex.: **Sono arrivato tardi a scuola, per <u>aver dormito</u> troppo.**
(Cheguei tarde na escola por ter dormido demais.)
Chiara si è dimenticata il portafoglio per <u>essere uscita</u> di casa in fretta.
(Chiara esqueceu a carteira por ter saído de casa depressa.)

Nota: todos os pronomes diretos *(diretti)*, indiretos *(indiretti)*, duplos *(accoppiati)*, reflexivos *(riflessivi)* e as partículas *(particelle)* **ci** e **ne** vêm depois do verbo auxiliar no infinitivo e ligados a ele.

Ex.: **Ha chiesto il conto e dopo <u>averlo pagato</u> è uscito dal ristorante.**
(Pediu a conta e depois de tê-la pagado, saiu do restaurante.)
Dopo <u>essersi lavato</u> le mani, il bambino si è seduto a tavola.
(Depois de ter-se lavado as mãos, o menino sentou-se à mesa.)

PARTICÍPIO (PARTICIPIO)

PARTICÍPIO PRESENTE (PARTICIPIO PRESENTE)

1. Terminações do *"participio presente"*:

a) verbos terminados em **-are** = **-ante**
Ex.: **cant<u>are</u>** = **cant<u>ante</u>**
(cantar = cantante)

b) verbos terminados em **-ere** = **-ente**
Ex.: **cred<u>ere</u>** = **cred<u>ente</u>**
(crer = crente)

c) verbos terminados em **-ire** = **-ente**
Ex.: **segu<u>ire</u>** = **segu<u>ente</u>**
(seguir = seguinte)

360

2. O *"participio presente"* é usado nos seguintes casos:

a) com valor de adjetivo:
Ex.: **È una ragazza <u>affascinante</u>.** (É uma garota fascinante.)

b) com valor de substantivo:
Ex.: **Ho parlato con tutti i <u>partecipanti</u>.**
(Falei com todos os participantes.)

c) com valor de verbo:
Ex.: **Dom Chisciotte, il cavaliere <u>errante</u> è un personaggio di Cervantes.**
(Dom Quixote, o cavaleiro errante é um personagem de Cervantes.)

PARTICÍPIO PASSADO *(PARTICIPIO PASSATO)*

O *"participio passato"* também pode ser usado nos seguintes casos:

a) com valor de adjetivo:
Ex.: **Sono contento per la macchina <u>acquistata</u>.**
(Estou contente pelo carro adquirido.)

b) com valor de substantivo:
Ex.: **I <u>licenziati</u> hanno protestato in piazza.**
(Os demitidos protestaram na praça.)

c) com valor de verbo é usado em todos os tempos compostos (*passato prossimo, trapassato prossimo* ecc.):
Ex.: **Quando Marta è <u>arrivata</u>, ero già <u>uscito</u>.**
(Quando Marta chegou, eu já tinha saído)

d) quando a ação da frase secundária (com o *participio passato*) acontece *antes* da ação da frase principal:
Ex.: **<u>Finita</u> la prova, gli studenti sono usciti dall'aula.**
(Terminada a prova, os alunos saíram da classe.)

e) em certas estruturas que não têm correspondência em português:

Ex.: **Arrivati alla stazione, si sono accorti di aver lasciato la porta aperta.**

(Depois de ter chegado na estação, se deram conta de ter deixado a porta aberta.)

Nota: quando se usa o *"participio passato"*, os pronomes vêm depois do verbo e ligados a ele.

Ex.: **Consegnatogli il pacco, me ne sono andato.**

(Depois que lhe entreguei o pacote, fui embora.)

GERÚNDIO *(GERUNDIO)* (Ver Lezione 20, pag. 249)

ORAÇÕES REDUZIDAS *(FORMA IMPLICITA)* →
ORAÇÕES DESENVOLVIDAS *(FORMA ESPLICITA)*

1. Com o *"infinito"*

a) **passato prossimo + presente:**
Ex.: **Dopo <u>aver studiato</u>, do l'esame. → Dopo che <u>ho studiato</u>, do l'esame.**

(Depois de ter estudado, faço o exame → Depois que eu estudo, faço o exame.)

b) **trapassato prossimo + imperfetto:**
Ex.: **Dopo <u>aver studiato</u>, davo l'esame. → Dopo che <u>avevo studiato</u>, davo l'esame.**

(Depois de ter estudado, fazia o exame. → Depois que eu estudava, fazia o exame.)

c) **futuro anteriore + futuro:**
Ex.: **Dopo <u>aver studiato</u>, darò l'esame. → Dopo che <u>avrò studiato</u>, darò l'esame.**

(Depois de ter estudado, farei o exame. → Depois que eu tiver estudado, farei o exame.)

d) **trapassato prossimo + passato prossimo:**
Ex.: Dopo **aver studiato,** ho dato l'esame. → Dopo che **avevo studia-**
to, ho dato l'esame.
(Depois de ter estudado, fiz o exame. → Depois que eu estudei, fiz o
exame.)

e) Outros casos:
Ex.: **Sono rimasta senza soldi, per aver comprato tanti vestiti. →**
Sono rimasta senza soldi, perché avevo comprato tanti vestiti.
(Fiquei sem dinheiro, por ter comprado muitos vestidos. → Fiquei
sem dinheiro porque tinha comprado muitos vestidos.)

f) Em italiano, o *"infinito"* não pode ser flexionado como em português:
Ex.: **Ho sentito gli studenti cantare.** (Ouvi os alunos cantarem.)

2. Com o *"participio"*

Ex.: **Il Grillo Parlante è un personaggio amato dai bambini. → Il**
Grillo che parla è un personaggio amato dai bambini.
(O Grilo Falante é um personagem amado pelas crianças. → O Grilo
que fala è um personagem amado pelas crianças.)
Comprati i biglietti, si sono recati subito allo stadio. → Dopo che
avevano comprato i biglietti, si sono recati subito allo stadio.
(Depois de terem comprado os ingressos, dirigiram-se logo ao estádio. → Depois que tinham comprado os ingressos, dirigiram-se logo
ao estádio.)
Disturbato per il rumore, ha chiamato i carabinieri. → Poiché era
disturbato per il rumore, ha chiamato i carabinieri.
(Incomodado com o barulho, chamou a polícia. → Visto que estava
incomodado com o barulho, chamou a polícia.)

3. Com o *"gerundio"*

Ex.: **Lo vedo tornando dal lavoro. → Lo vedo quando torno dal la-**
voro.

(Eu o vejo voltando do trabalho. → Eu o vejo quando volto do trabalho.)

Mangiando così, ingrasserai. → Se mangerai così, ingrasserai.

(Comendo desse jeito, você vai engordar. → Se você comer desse jeito, vai engordar.)

Essendomi svegliato tardi, ho perso il treno. → Poiché mi ero svegliato tardi ho perso il treno.

(Tendo acordado tarde, perdi o trem. → Como acordei tarde, perdi o trem.)

FRASES IDIOMÁTICAS 7

Mannaggia! (Que droga!/ Caramba!/ Nossa!/Puxa vida!)

Ex.: **Mannaggia! Non pensavo di dover lavorare fino a tardi.**

(Que droga! Não achava que ia ter que trabalhar até tarde.)

Che palle! Uffa! (Que saco!)

Ex.: **Che palle! Piove ancora!**

(Que saco! Ainda está chovendo.)

Insomma... (Resumindo, enfim, em suma.)

Ex.: **Insomma! Cosa vuoi che ti dica?**

(Enfim! O que você quer que eu te diga?)

Se io fossi in te/ al tuo posto... (Se eu estivesse no seu lugar, se eu fosse você...)

Ex.: **Se io fossi in te, non accetterei questa scusa!**

(Se eu fosse você, não aceitaria essa desculpa!)

Che ne so! /Boh! (Sei lá!)

Ex.: **– Sai se Matteo viene questo pomeriggio? – Boh!**

(– Você sabe se o Matteo vem hoje à tarde? – Sei lá!)

Sentiti a casa tua! (Sinta-se em casa!)

Ex.: **– Non fare complimenti, sentiti a casa tua!**

(Não faça cerimônia, sinta-se em casa!)

Fa lo stesso./ È uguale. (Tanto faz.)
Ex.: – **Quale film preferisci vedere? – Scegli tu, per me è lo stesso!**
(– Que filme você prefere ver? – Escolhe você, para mim, tanto faz!)

Ne vale la pena! (Vale a pena!)
Ex.: **Vai a vedere la mostra di Gauguin. Ne vale la pena!**
(Vá ver a mostra de Gauguin. Vale a pena!)

Andiamo via! (Vamos embora!)
Ex.: **Questo posto non mi piace. Andiamo via!**
(Não gosto deste lugar. Vamos embora)

Dici sul serio? (Você está falando sério?)
Ex.: **Ti sei sposato di nuovo? Dici sul serio?**
(Você casou de novo? Está falando sério?)

ESERCIZI PRATICI 30

120 I. Ascolta le domande e cerchia la risposta giusta.

1. a) La facendo sempre, la conosco bene.
    b) Facendola sempre, la conosco bene.
    c) Facendo sempre, conoscola bene.

2. a) Piovuto, l'aria è fresca.
    b) Avendo piovuto, l'aria è fresca.
    c) Piovendo, l'aria è fresca.

3. a) È scoppiato ridendo.
    b) Scoppiando a ridere.
    c) È scoppiato a ridere.

4. a) Dopo aver concluso il corso di legge.
    b) Dopo hanno concluso il corso di Legge.
    c) Dopo aver concludendo il corso di legge.

5. a) ...è arrivato.
   b) ...è arrivando.
   c) ...sta per arrivare.

6. a) Dopo aver mangiato quel dolce.
   b) Dopo di mangiato quel dolce.
   c) Dopo mangiare quel dolce.

7. a) Dopo che aver finito il corso, è partito subito.
   b) Finito il corso, è partito subito.
   c) Dopo che avendo finito il corso è partito subito.

8. a) Ne ho visti molti entrato in aula.
   b) Ne ho visti molti entrati in aula.
   c) Ne ho visti molti entrare in aula.

9. a) Boh!
   b) Dici sul serio?
   c) Andiamo via.

10. a) Insomma, abbastanza bene.
    b) È lo stesso.
    c) Ne vale la pena.

🔊 121 II. Dettato: ascolta le frasi e scrivile.

1. _____

2. _____

3. _____

4. _____

5. _____

III. Cerchia la frase implicita giusta.

1. Sentivo i bambini che giocavano nel cortile.
    a) Sentivo i bambini giocando nel cortile.
    b) Sentivo i bambini che giocare nel cortile.
    c) Sentivo i bambini giocare nel cortile.

2. È una ragazza che sorride sempre.
    a) È una ragazza sorridente.
    b) È una ragazza sorridendo.
    c) È una ragazza ha sorriso.

3. Vedo il vicino quando esco di casa.
    a) Vedo il vicino uscito di casa.
    b) Vedo il vicino uscendo di casa.
    c) Vedo il vicino a uscire di casa.

4. La casa, che era abitata dagli studenti, era piccola.
    a) La casa stata abitata dagli studenti, era piccola.
    b) La casa essendo stata abitata dagli studenti, era piccola.
    c) La casa abitata dagli studenti era piccola.

5. Dopo che avremo finito il corso, faremo una festa.
    a) Dopo finire il corso, faremo una festa.
    b) Dopo aver finito il corso, faremo una festa.
    c) Dopo di finire il corso, faremo una festa.

IV. Scrivi delle domande o frasi per le seguenti risposte.

1. _____?
Sì, visitare altri paesi mi piace molto.

2. _____?
Penso di partire stasera.

3. _____ ?

In tempo di guerra, la casa era occupata dai soldati.

4. _____ ?

Il film era divertente.

5. _____ ?

Ho passato la domenica dormendo.

V. Completa con le parole/ espressioni della lista.

parlare	messi	andando
dopo aver finito	riparato	

1. _____ i compiti sono venuto da te.
2. Il bambino è in terrazza _____ dal sole.
3. _____ i pantaloni nuovi, mi sono accorto che erano stretti.
4. Ho incontrato Giulio _____ al lavoro.
5. Non _____ all'autista.

VERBOS *ANDARE* E *VENIRE*

Em italiano, o verbo *venire* (vir) tem quase sempre a mesma função que em português, ou seja, deslocar (algo ou alguém) de um lugar para outro, onde está a pessoa que fala. Já o verbo *andare* (ir) tem a mesma função que em português.

Ex.: **A quest'ora il treno <u>viene</u> vuoto.**
(Nesta hora o trem vem vazio.)
Mia figlia <u>veniva</u> da Roma ogni domenica.
(Minha filha vinha de Roma todos os domingos.)

O verbo *venire* tem, porém, uma função particular, ou seja, em alguns casos específicos, diferentemente do português, ele é usado com o sentido de "ir". Veja os exemplos abaixo:

Ex.: **Domani <u>vengo</u> con te a Bologna.**
(Amanhã vou com você para Bologna.)

Neste caso, é usado o verbo **venire** porque eu vou junto com a pessoa com a qual estou falando.

Ex.: **Livia, il prossimo mese <u>verrò</u> in Inghilterra.**
(Livia, no próximo mês irei para a Inglaterra.)

Neste exemplo, usa-se o verbo **venire** porque a pessoa com quem estou falando já está na Inglaterra.
Na frase abaixo, eu vou para a Inglaterra, mas não com quem estou falando (Paolo):

Ex.: **Paolo, il prossimo mese <u>andrò</u> in Inghilterra.**
(Paolo, no próximo mês irei para a Inglaterra.)

Exemplos de uso em frases contextualizadas:

Stasera veniamo da te.
(Hoje à noite vamos na tua casa.)
Se tu avessi bisogno, verrei con te.
(Se você tivesse necessidade, eu iria com você.)
Uno di questi giorni, vengo in palestra a trovarvi.
(Um dia desses, vou na academia encontrar vocês.)
– Allora, quest'anno vieni in Italia? – Sì, ci vengo senz'altro.
(Então, este ano você vem para a Itália? – Sim, vou, sem dúvida.)
Mio figlio abita in Brasile. Vado a trovarlo in luglio.
(Meu filho mora no Brasil. Vou visitá-lo em julho.)
Vai in pizzeria stasera?
(Você vai na pizzaria hoje à noite?) Quem pergunta não estará na pizzaria.
Vieni anche tu in pizzeria stasera?
(Você também vai na pizzaria hoje à noite?) Quem pergunta estará na pizzaria.

MODOS E TEMPOS VERBAIS

MODO INDICATIVO

MODO INDICATIVO – PRESENTE

VERBI REGOLARI							
1ª Coniugazione							
Infinito	**io**	**tu**	**lui/lei/Lei**	**noi**	**voi**	**loro**	**Significato**
amare	amo	ami	ama	amiamo	amate	amano	amar
studiare	studio	studi	studia	studiamo	studiate	studiano	estudar
cominciare	comincio	cominci	comincia	cominciamo	cominciate	cominciano	começar
mangiare	mangio	mangi	mangia	mangiamo	mangiate	mangiano	comer
dimenticare	dimentico	dimentichi	dimentica	dimentichiamo	dimenticate	dimenticano	esquecer
pagare	pago	paghi	paga	paghiamo	pagate	pagano	pagar
2ª Coniugazione							
Infinito	**io**	**tu**	**lui/lei/Lei**	**noi**	**voi**	**loro**	**Significato**
vedere	vedo	vedi	vede	vediamo	vedete	vedono	ver
leggere	leggo	leggi	legge	leggiamo	leggete	leggono	ler
conoscere	conosco	conosci	conosce	conosciamo	conoscete	conoscono	conhecer
3ª Coniugazione (1º Gruppo)							
Infinito	**io**	**tu**	**lui/lei/Lei**	**noi**	**voi**	**loro**	**Significato**
sentire	sento	senti	sente	sentiamo	sentite	sentono	sentir/ouvir
3ª Coniugazione (2º Gruppo)							
Infinito	**io**	**tu**	**lui/lei/Lei**	**noi**	**voi**	**loro**	**Significato**
finire	finisco	finisci	finisce	finiamo	finite	finiscono	terminar

VERBI IRREGOLARI - PRINCIPALI VERBI							
1ª Coniugazione							
Infinito	**io**	**tu**	**lui/lei/Lei**	**noi**	**voi**	**loro**	**Significato**
andare	vado	vai	va	andiamo	andate	vanno	ir
dare	do	dai	dà	diamo	date	danno	dar
fare	faccio	fai	fa	facciamo	fate	fanno	fazer
stare	sto	stai	sta	stiamo	state	stanno	estar
2ª Coniugazione							
Infinito	**io**	**tu**	**lui/lei/Lei**	**noi**	**voi**	**loro**	**Significato**
avere	ho	hai	ha	abbiamo	avete	hanno	ter/possuir
bere	bevo	bevi	beve	beviamo	bevete	bevono	beber
dovere	devo	devi	deve	dobbiamo	dovete	devono	dever
essere	sono	sei	è	siamo	siete	sono	ser/estar
porre	pongo	poni	pone	poniamo	ponete	pongono	por
potere	posso	puoi	può	possiamo	potete	possono	poder
ridurre	riduco	riduci	riduce	riduciamo	riducete	riducono	reduzir
rimanere	rimango	rimani	rimane	rimaniamo	rimanete	rimangono	permanecer
sapere	so	sai	sa	sappiamo	sapete	sanno	saber
scegliere	scelgo	segli	sceglie	scegliamo	scegliete	scelgono	escolher
sedere	siedo	siedi	siede	sediamo	sedete	siedono	sentar
spegnere	spengo	spegni	spegne	spegniamo	spegnete	spengono	apagar/desligar
tenere	tengo	tieni	tiene	teniamo	tenete	tengono	segurar
togliere	tolgo	togli	toglie	togliamo	togliete	tolgono	tirar
volere	voglio	vuoi	vuole	vogliamo	volete	vogliono	querer
3ª Coniugazione							
Infinito	**io**	**tu**	**lui/lei/Lei**	**noi**	**voi**	**loro**	**Significato**
dire	dico	dici	dice	diciamo	dite	dicono	dizer
uscire	esco	esci	esce	usciamo	uscite	escono	sair
venire	vengo	vieni	viene	veniamo	venite	vengono	vir

MODO INDICATIVO – PASSATO PROSSIMO

Con ausiliare Avere				Con ausiliare Essere			
Avere	ho	avuto	ter/possuir	Essere	sono	stato/a	ser/estar
	hai	avuto			sei	stato/a	
	hai	avuto			è	stato/a	
	abiamo	avuto			siamo	stati/e	
	avete	avuto			siete	stati/e	
	hanno	avuto			sono	stati/e	
Lavorare	ho	lavorato	trabalhar	Andare	sono	andato/a	ir
Accendere	ho	acceso	acender/ligar		siamo	andati/e	
Bere	ho	bevuto	beber	Scendere	sono	sceso/a	descer
Dormire	ho	dormito	dormir		siamo	scesi/e	
				Salire	sono	salito/a	subir
					siamo	saliti/e	

ALTRI PARTICIPI PASSATI IRREGOLARI		
Infinito	Part. Passato	Significato
Accogliere	accolto	acolher
Aggiungere	aggiunto	acrescentar
Ammettere	ammesso	admitir
Appendere	appeso	pendurar
Assumere	assunto	assumir
Cogliere	colto	colher
Comporre	composto	compor
Condurre	condotto	conduzir
Fingere	finto	fingir
Invadere	invaso	invadir
Comparire	comparso	comparecer
Emergere	emerso	emergir
Giungere	giunto	chegar
Nascere	nato	nascer
Valere	valso	valer

MODO INDICATIVO – IMPERFETTO

Infinito	io	tu	lui/lei/Lei	noi	voi	loro	Significato
Avere	avevo	avevi	aveva	avevamo	avevate	avevano	ter/ possuir
Essere	ero	eri	era	eravamo	eravate	erano	ser/ estar
Parlare	parlavo	parlavi	parlava	parlavamo	parlavate	parlavano	falar
Cercare	cercavo	cercavi	cercava	cercavamo	cercavate	cercavano	procurar
Pagare	pagavo	pagavi	pagava	pagavamo	pagavate	pagavano	pagar
Cominciare	cominciavo	cominciavi	cominciava	cominciavamo	cominciavate	cominciavano	começar
Mangiare	mangiavo	mangiavi	mangiava	mangiavamo	mangiavate	mangiavano	comer
Fare	facevo	facevi	faceva	facevamo	facevate	facevano	fazer
Dare	davo	davi	dava	davamo	davate	davano	dar
Vedere	vedevo	vedevi	vedeva	vedevamo	vedevate	vedevano	ver
Bere	bevevo	bevevi	beveva	bevevamo	bevevate	bevevano	beber
Dormire	dormivo	dormivi	dormiva	dormivamo	dormivate	dormivano	dormir
Capire	capivo	capivi	capiva	capivamo	capivate	capivano	entender
Dire	dicevo	dicevi	diceva	dicevamo	dicevate	dicevano	dizer
Porre	ponevo	ponevi	poneva	ponevamo	ponevate	ponevano	por/colocar
Tradurre	traducevo	traducevi	traduceva	traducevamo	traducevate	traducevano	traduzir

MODO INDICATIVO – TRAPASSATO PROSSIMO

Con ausiliare Avere				Con ausiliare Essere			
Avere		avuto	ter/possuir	Essere		stato/a	ser/estar
Parlare		parlato	falar			stati/e	
Cercare		cercato	procurar	Andare		andato/a	ir
Pagare		pagato	pagar			andati/e	
Mangiare		mangiato	comer	Scendere		sceso/a	descer
Fare	avevo	fatto	fazer		ero	scesi/e	
Vedere		visto/veduto	ver	Salire	eravamo	salito/a	subir
Bere		bevuto	beber			saliti/e	
Capire		capito	entender	Comparire		comparso/a	comparcer
Dire		detto	dizer			comparsi/e	
Porre		posto	por/colocar	Giungere		giunto/a	chegar
Tradurre		tradotto	traduzir			giunti/e	

MODO INDICATIVO – PASSATO REMOTO

Infinito	io	tu	lui/lei/Lei	noi	voi	loro	Significato
Cantare	cantai	cantasti	cantò	cantammo	cantaste	cantarono	cantar
Credere	credei/etti	credesti	credè/ette	credemmo	credeste	crederono/ ettero	crer
Dormire	dormii	dormisti	dormì	dormimmo	dormiste	dormirono	dormir

VERBI IRREGOLARI							
Essere	fui	fosti	fu	fummo	foste	furono	ser/estar
Fare	feci	facesti	fece	facemmo	faceste	fecero	fazer
Dire	dissi	dicesti	disse	dicemmo	diceste	dissero	dizer
Bere	bevvi	bevesti	bevve	bevemmo	beveste	bevvero	beber
Dare	detti/diedi	desti	dette/diede	demmo	deste	dettero/diedero	dar
Stare	stetti	stesti	stette	stemmo	steste	stettero	estar

VERBI IRREGOLARI – PER LA 1ª E 3ª PERSONA DEL SINGOLARE E 3ª PERSONA DEL PLURALE							
Avere	ebbi	avesti	ebbe	avemmo	aveste	ebbero	ter/possuir
Chiudere	chiusi	chiudesti	chiuse	chiudemmo	chiudeste	chiusero	fechar
Chiedere	chiesi	chiedesti	chiese	chiedemmo	chiedeste	chiesero	pedir
Conoscere	conobbi	conoscesti	conobbe	conoscemmo	conosceste	conobbero	conhecer
Decidere	decisi	decidesti	decise	decidemmo	decideste	decisero	decidir
Leggere	lessi	leggesti	lesse	leggemmo	leggeste	lessero	ler
Mettere	misi	mettesti	mise	mettemmo	metteste	misero	por/colocar
Nascere	nacqui	nascesti	nacque	nascemmo	nasceste	nacquero	nascer
Perdere	persi	perdesti	perse	perdemmo	perdeste	persero	perder
Piacere	piacqui	piacesti	piacque	piacemmo	piaceste	piacquero	gostar
Rispondere	risposi	rispondesti	rispose	rispondemmo	rispondeste	risposero	responder
Rendere	resi	rendesti	rese	rendemmo	rendeste	resero	devolver/ tornar/ entregar/ converter
Ridere	risi	ridesti	rise	ridemmo	rideste	risero	rir
Rimanere	rimasi	rimanesti	rimase	rimanemmo	rimaneste	rimasero	ficar
Sapere	seppi	sapesti	seppe	sapemmo	sapeste	seppero	saber
Scrivere	scrissi	scrivesti	scrisse	scrivemmo	scriveste	scrissero	escrever
Tenere	tenni	tenesti	tenne	tenemmo	teneste	tennero	segurar/ manter/ carregar/ sustentar
Vedere	vidi	vedesti	vide	vedemmo	vedeste	videro	ver

Venire	venni	venisti	venne	venimmo	veniste	vennero	vir
Vivere	vissi	vivesti	visse	vivemmo	viveste	vissero	viver
Vincere	vinsi	vincesti	vinse	vincemmo	vinceste	vinsero	vencer
Volere	volli	volesti	volle	volemmo	voleste	vollero	querer

MODO INDICATIVO – TRAPASSATO REMOTO

Cantare	ebbi cantato	avesti cantato	ebbe cantato	avemmo cantato	aveste cantato	ebbero cantato	cantar
Venire	fui venuto/a	fosti venuto/a	fu venuto/a	fummo venuti/e	foste venuti/e	furono venuti/e	vir

MODO INDICATIVO – FUTURO SEMPLICE

Infinito	io	tu	lui/lei/Lei	noi	voi	loro	Significato
Amare	amerò	amerai	amerà	ameremo	amerete	ameranno	amar
Credere	crederò	crederai	crederà	crederemo	crederete	crederanno	crer
Dormire	dormirò	dormirai	dormirà	dormiremo	dormirete	dormiranno	dormir
Capire	capirò	capirai	capirà	capiremo	capirete	capiranno	entender

VERBI IRREGOLARI							
Avere	avrò	avrai	avrà	avremo	avrete	avranno	ter/possuir
Essere	sarò	sarai	sarà	saremo	sarete	saranno	ser/estar
Andare	andrò	andrai	andrà	andremo	andrete	andranno	ir
Bere	berrò	berrai	berrà	berremo	berrete	berranno	beber
Dare	darò	darai	darà	daremo	darete	daranno	dar
Dire	dirò	dirai	dirà	diremo	direte	diranno	dizer
Dovere	dovrò	dovrai	dovrà	dovremo	dovrete	dovranno	dever
Porre	porrò	porrai	porrà	porremo	porrete	porranno	por
Potere	potrò	potrai	potrà	potremo	potrete	potranno	poder
Rimanere	rimarrò	rimarrai	rimarrà	rimarremo	rimarrete	rimarranno	permanecer/ficar
Sapere	saprò	saprai	saprà	sapremo	saprete	sapranno	saber
Stare	starò	starai	starà	staremo	starete	staranno	estar

Tenere	terrò	terrai	terrà	terremo	terrete	terranno	segurar/ manter/ carregar/ sustentar
Tradurre	tradurrò	tradurrai	tradurrà	tradurremo	tradurrete	tradurranno	traduzir
Vedere	vedrò	vedrai	vedrà	vedremo	vedrete	vedranno	ver
Venire	verrò	verrai	verrà	verremo	verrete	verranno	vir
Vivere	vivrò	vivrai	vivrà	vivremo	vivrete	vivranno	viver
Volere	vorrò	vorrai	vorrà	vorremo	vorrete	vorranno	querer

MODO INDICATIVO – FUTURO ANTERIORE

Avere	avrò avuto	avrai avuto	avrà avuto	avremo avuto	avrete avuto	avranno avuto	ter/possuir
Essere	sarò stato/a	sarai stato/a	sarà stato/a	saremo stati/e	sarete stati/e	saranno stati/e	ser/estar
Parlare	avrò parlato	avrai parlato	avrà parlato	avremo parlato	avrete parlato	avranno parlato	falar
Andare	sarò andato/a	sarai andato/a	sarà andato/a	saremo andati/e	sarete andati/e	saranno andati/e	ir

MODO CONDIZIONALE
MODO CONDIZIONALE – CONDIZIONALE SEMPLICE

Infinito	io	tu	lui/lei/Lei	noi	voi	loro	Significato
Amare	amerei	ameresti	amerebbe	ameremmo	amereste	amerebbero	amar
Credere	crederei	crederesti	crederebbe	crederemmo	credereste	crederebbero	acreditar
Dormire	dormirei	dormiresti	dormirebbe	dormiremmo	dormireste	dormirebbero	dormir
Capire	capirei	capiresti	capirebbe	capiremmo	capireste	capirebbero	entender

VERBI IRREGOLARI							
Avere	avrei	avresti	avrebbe	avremmo	avreste	avrebbero	ter/possuir
Essere	sarei	saresti	sarebbe	saremmo	sareste	sarebbero	ser/estar
Andare	andrei	andresti	andrebbe	andremmo	andreste	andrebbero	ir
Bere	berrei	berresti	berrebbe	berremmo	berreste	berrebbero	beber
Dare	darei	daresti	darebbe	daremmo	dareste	darebbero	dar
Dire	direi	diresti	direbbe	diremmo	direste	direbbero	dizer
Dovere	dovrei	dovresti	dovrebbe	dovremmo	dovreste	dovrebbero	dever
Porre	porrei	porresti	porrebbe	porremmo	porreste	porrebbero	por
Potere	potrei	potresti	potrebbe	potremmo	potreste	potrebbero	poder
Rimanere	rimarrei	rimarresti	rimarrebbe	rimarremmo	rimarreste	rimarrebbero	permanecer/ficar
Sapere	saprei	sapresti	saprebbe	sapremmo	sapreste	saprebbero	saber
Stare	starei	staresti	starebbe	staremmo	stareste	starebbero	estar
Tenere	terrei	terresti	terrebbe	terremmo	terreste	terrebbero	segurar/ manter/ carregar/ sustentar
Tradurre	tradurrei	tradurresti	tradurrebbe	tradurremmo	tradurreste	tradurrebbero	traduzir
Vedere	vedrei	vedresti	vedrebbe	vedremmo	vedreste	vedrebbero	ver
Venire	verrei	verresti	verrebbe	verremmo	verreste	verrebbero	vir
Vivere	vivrei	vivresti	vivrebbe	vivremmo	vivreste	vivrebbero	viver
Volere	vorrei	vorresti	vorrebbe	vorremmo	vorreste	vorrebbero	querer

MODO CONDIZIONALE – CONDIZIONALE COMPOSTO

Avere	avrei avuto	avresti avuto	avrebbe avuto	avremmo avuto	avreste avuto	avrebbero avuto	ter/possuir
Essere	sarei stato/a	saresti stato/a	sarebbe stato/a	saremmo stati/e	sareste stati/e	sarebbero stati/e	ser/estar
Parlare	avrei parlato	avresti parlato	avrebbe parlato	avremmo parlato	avreste parlato	avrebbero parlato	falar
Andare	sarei andato/a	saresti andato/a	sarebbe andato/a	saremmo andati/e	sareste andati/e	sarebbero andati/e	ir

MODO IMPERATIVO

MODO IMPERATIVO – IMPERATIVO FORMALE (LEI/LORO) E INFORMALE (TU/NOI/VOI)

Infinito	tu	lui/lei/Lei	noi	voi	loro	Significato
Parlare	parla/ non parlare	(non) parli	(non) parliamo	(non) parlate	(non) parlino	falar
Vedere	vedi/ non vedere	(non) veda	(non) vediamo	(non) vedete	(non) vedano	ver
Partire	parti/ non partire	(non) parta	(non) partiamo	(non) partite	(non) partano	partir
Finire	finisci/ non finire	(non) finisca	(non) finiamo	(non) finite	(non) finiscano	acabar

VERBI IRREGOLARI						
Andare	va /va'/ vai non andare	(non) vada	(non) andiamo	(non) andate	(non) vadano	ir
Avere	abbi/ non avere	(non) abbia	(non) abbiamo	(non) abbiate	(non) abbiano	ter/possuir
Dare	da/ da'/ dai/ non dare	(non) dia	(non) diamo	(non) date	(non) diano	dar
Dire	di'/ non dire	(non) dica	(non) diciamo	(non) dite	(non) dicano	dizer
Essere	sii/ non essere	(non) sia	(non) siamo	(non) siate	(non) siano	ser/estar
Fare	fa/ fa'/ fai/ non fare	(non) faccia	(non) facciamo	(non) fate	(non) facciano	fazer
Sedere	siedi/ non sedere	(non) sieda segga	(non) sediamo	(non) sedete	(non) siedano seggano	sentar
Stare	sta/sta' stai non stare	(non) stia	(non) stiamo	(non) state	(non) stiano	estar
Venire	vieni/ non venire	(non) venga	(non) veniamo	(non) venite	(non) vengano	vir

MODO CONGIUNTIVO

MODO CONGIUNTIVO – PRESENTE

Infinito		io	tu	lui/ lei/ Lei	noi	voi	loro	Significato
Avere		abbia	abbia	abbia	abbiamo	abbiate	abbiano	ter/possuir
Essere		sia	sia	sia	siamo	siate	siano	ser/estar
Studiare	che	studi	studi	studi	studiamo	studiate	studino	estudar
Leggere		legga	legga	legga	leggiamo	leggiate	leggano	ler
Partire		parta	parta	parta	partiamo	partiate	partano	partir
Capire		capisca	capisca	capisca	capiamo	capiate	capiscano	entender

MODO CONGIUNTIVO – PASSATO

Avere		abbia avuto	abbia avuto	abbia avuto	abbiamo avuto	abbiate avuto	abbiano avuto	ter/possuir
Essere		sia stato/a	sia stato/a	sia stato/a	siamo stati/e	siate stati/e	siano stati/e	ser/estar
Studiare	che	abbia studiato	abbia studiato	abbia studiato	abbiamo studiato	abbiate studiato	abbiano studiato	estudar
Leggere		abbia letto	abbia letto	abbia letto	abbiamo letto	abbiate letto	abbiano letto	ler
Partire		sia partito/a	sia partito/a	sia partito/a	siamo partiti/e	siate partiti/e	siano partiti/e	partir
Capire		abbia capito	abbia capito	abbia capito	abbiamo capito	abbiate capito	abbiano capito	entender

MODO CONGIUNTIVO – IMPERFETTO

Avere		avessi	avessi	avesse	avessimo	aveste	avessero	ter/possuir
Essere		fossi	fossi	fosse	fossimo	foste	fossero	ser/estar
Studiare	che	studiassi	studiassi	studiasse	studiassimo	studiaste	studiassero	estudar
Leggere		leggessi	leggessi	leggesse	leggessimo	leggeste	leggessero	ler
Partire		partissi	partissi	partisse	partissimo	partiste	partissero	partir
Capire		capissi	capissi	capisse	capissimo	capiste	capissero	entender

MODO CONGIUNTIVO – TRAPASSATO

Avere		avessi capito	avessi capito	avesse capito	avessimo capito	aveste capito	avessero capito	ter/ possuir
Essere		fossi stato/a	fossi stato/a	fosse stato/a	fossimo stati/e	foste stati/e	fossero stati/e	ser/estar
Studiare		avessi studiato	avessi studiato	avesse studiato	avessimo studiato	aveste studiato	avessero studiato	estudar
Leggere	che	avessi letto	avessi letto	avesse letto	avessimo letto	aveste letto	avessero letto	ler
Partire		fossi partito/a	fossi partito/a	fosse partito/a	fossimo partiti/e	foste partiti/e	fossero partiti/e	partir
Capire		avessi capito	avessi capito	avesse capito	avessimo capito	aveste capito	avessero capito	entender

MODI INDEFINITI
MODI INDEFINITI – INFINITO

	PRESENTE	PASSATO
Avere	avere	aver avuto
Essere	essere	essere stato/a
Studiare	studiare	aver studiato
Leggere	leggere	aver letto
Partire	partire	essere partito/a
Capire	capire	aver capito

MODI INDEFINITI – PARTICIPIO

	PRESENTE	PASSATO
Avere	avente	avuto
Essere	ente	stato
Amare	amante	amato
Potere	potente	potuto
Obbedire	obbediente	obbedito

MODI INDEFINITI – GERUNDIO

	PRESENTE	PASSATO
Avere	avendo	avendo avuto
Essere	essendo	essendo stato/a
Amare	amando	avendo amato
Potere	potendo	avendo potuto
Obbedire	obbedendo	avendo obbedito
Uscire	uscendo	essendo uscito/a

TRADUÇÃO DOS DIÁLOGOS

DIÁLOGO 1
O que você faz?

Bruno: Olá! Prazer, sou o Bruno e você como se chama?
Gianna: Prazer! Sou a Gianna.
Bruno: O que você faz?
Gianna: Sou veterinária.
Bruno: Sério? Então você ama os animais.
Gianna: Sim, muito. Tenho dois cachorros e três gatos. E você?
Bruno: Não, não tenho. Não tenho tempo para cuidar de animais.
Gianna: Entendo. Nossa! Já é quase meio-dia! Desculpe, estou atrasada para o trabalho, tenho que ir. Te vejo por aí!
Bruno: Claro, Gianna. Até logo!

DIÁLOGO 2
Por que não vamos para a praia, para variar?

Rita: Por que não fazemos alguma coisa diferente no próximo fim de semana?
Giovanni: Claro, querida, em que você estava pensando?
Rita: Ah, sei lá, talvez nós pudéssemos ir à praia, para variar.
Giovanni: Ah, boa ideia! Por que você não liga para a sua amiga Enrica e pergunta se ela e o Aldo podem ir junto conosco? Você não acha que seria mais divertido?
Rita: Com certeza. Vamos com um só carro e assim dividimos as despesas. Acho que na praia podemos alugar uma cabine.
Giovanni: Concordo, assim estaremos mais confortáveis!
Rita: Está bem! Vou ligar para a Enrica. Espero que eles possam ir.
Giovanni: Eu também, querida!

DIÁLOGO 3
O que o seu pai faz?

Matteo: O que o seu pai faz?
Tommaso: Meu pai? É advogado, trabalha em um escritório no centro.
Matteo: No centro? Ele vai de carro?
Tommaso: Não, ele vai de condução. Ele toma o metrô junto com minha irmã que estuda perto do escritório dele.
Matteo: Você tem só uma irmã, né?
Tommaso: Sim, uma irmã mais nova, Luciana.
Matteo: Quantos anos ela tem?
Tommaso: Ela tem dezoito anos.
Matteo: Ela tem namorado?
Tommaso: Não que eu saiba!

DIÁLOGO 4
Um fim de semana no campo!

Roberto: Este fim de semana meu irmão Elio com Angela, Enrico e Lucia vão conosco para o campo.
Simona: Ótima ideia! Se o tempo estiver bom, nós mulheres podemos tomar um pouco de sol e vocês podem jogar tênis.
Roberto: Nós vamos com o meu irmão porque tenho que deixar o nosso carro no mecânico.
Simona: Amanhã falo com Angela e Lucia para combinarmos. De qualquer maneira, vamos começar a pensar no que preparar para comer no jantar. Não vamos esquecer que o Elio não gosta de frango.
Roberto: Tem razão, mas nós lhe preparamos alguns pratos sem frango como *vitello tonato* como entrada.
Simona: Na minha opinião, como primeiro prato preparamos uma boa massa com molho, colocamos talvez fungos *porcini* que todos gostam.
Roberto: E como segundo prato, carne assada com batatas ao forno.
Simona: Já para o almoço de domingo, como entrada servimos frios fatiados e como primeiro prato fazemos risoto com a linguiça do local. O que você sugere como segundo prato?

Roberto: Ah! Estou pensando em lombo de porco com verdura refogada.

Simona: Para os doces, falo com Angela e Lucia.

Roberto: O vinho e outras bebidas, vamos deixar por conta do Elio e do Enrico.

Simona: Nossa! Depois dessa comilança, temos que ir para a academia e fazer umas caminhadas!

DIÁLOGO 5
Você perdeu uma festa ótima!

Sara: E então, como foi a festa ontem à noite?

Stefano: Ótima, muito animada.

Sara: O Federico foi com a namorada nova dele?

Stefano: Sim, mas chegou tarde. A propósito, sua amiga Bruna também foi.

Sara: Verdade? Eu não fui porque trabalhei até tarde.

Stefano: Que pena,você perdeu uma festa ótima, de qualquer maneira nós queremos organizar uma outra festa em breve.

Sara: Ótimo! Você pode me enviar um e-mail com os detalhes?

Stefano: Claro! Te mando, com certeza e te esperamos sem falta.

DIÁLOGO 6
Fizemos realmente uma bela viagem!

Nicoletta: Como foram as suas férias?

Claudio: Fantásticas. Fizemos realmente uma bela viagem. Fomos para a Liguria.

Nicoletta: Bacana! E o que vocês viram?

Claudio: Finalmente conhecemos *Le Cinque Terre*!

Nicoletta: Verdade? E vocês foram de carro?

Claudio: Sim, alugamos um carro pequeno e visitamos as cinco localidades famosas: *Monterosso, Vernazza, Corniglia, Manarola e Riomaggiore.*

Nicoletta: Que maravilha! Quanto tempo vocês ficaram?

Claudio: Ficamos dez dias porque visitamos toda a costa até *Sanremo.*

Nicoletta: Dizem que nessa costa há um grande cultivo de flores e que por lá se come muito bem!

Claudio: As flores são belíssimas e o pesto à genovesa é delicioso!

Nicoletta: Eh! Eu sei. E além disso o vinho Granaccia é ótimo!

Claudio: Sim, nós o bebemos em um jantar em Portofino que é um lugar estupendo!

DIÁLOGO 7
Um curso em Veneza

Claudio: Oi Giancarlo. Onde você estava?

Giancarlo: Estava em Veneza para um curso de história da arte.

Claudio: Mas, você já não o tinha feito no ano passado?

Giancarlo: Sim, já tinha feito um sobre o Renascimento, mas este era sobre Maneirismo.

Claudio: Interessante! Além do curso, o que você fazia nas horas vagas?

Giancarlo: Aquela cidade é especial! Passava horas passeando e conhecendo os locais principais de lá.

Claudio: Que são muitos, não é mesmo?

Giancarlo: Sem dúvida. Você sabia que Veneza é formada por 118 pequenas ilhas e para ligá-las existem quase 400 pontes?

Claudio: Não sabia, mas sei que Veneza tem uma história gloriosa de vida comercial e marinheira.

Giancarlo: Alí perto existem outras ilhas maiores e famosas: a Giudecca, Murano, Burano e Torcello.

Claudio: Você já não tinha ido a Murano?

Giancarlo: Sim, porém, eu ainda não tinha ido ver o "Museo del Vetro" (Museu do Vidro).

Claudio: Bonito?

Giancarlo: Lindíssimo. Depois fui ver também os estúdios de artesãos do vidro assoprado.

Claudio: Eu soube que nesses estúdios há verdadeiros artistas.

Giancarlo: De fato, eu os vi trabalhando, não resisti e comprei um lindo enfeite de vidro colorido.

DIÁLOGO 8
O que foi você vai fazer no feriado de Ferragosto?

Edoardo: Não tenho certeza do que farei nos feriados de agosto. E você, o que fará no feriado de Ferragosto?

Marina: Tirarei alguns dias de férias e irei para a Campania para ver algumas Festas locais.

Edoardo: Sorte sua! Eu fui no ano passado e gostei principalmente da Festa do Vinho de Benevento. Este ano, talvez eu vá ver o Palio di Siena.

Marina: Tenho certeza de que você gostará muito. O Palio é uma festa maravilhosa.

Edoardo: Depois que você tiver ido à Festa do Vinho, sugiro que você visite a Feira da Mozzarella de Salerno. Assim, você fará um lindo passeio, divertido e gostoso do ponto de vista alimentar.

Marina: Estou vendo que você é realmente um comilão! A propósito do Palio, para qual bairro você torce?

Edoardo: Sou torcedor do Bairro do Dragão; sempre gostei. E você tome cuidado para não comer demais!

Marina: Puxa vida! Depois de comer todas aquelas delícias, voltarei pelo menos três quilos mais gorda.

Edoardo: Tá bom vai, não se preocupe. Você terá tempo para emagrecer quando as férias tiverem terminado.

DIÁLOGO 9
Você está a fim de ir ao cinema?

Nicola: Você está a fim de ir ao cinema?

Raffaele: Sim, está passando um bom filme no Cine Vittoria.

Nicola: Ah, é? Que tipo de filme?

Raffaele: É um filme de ficção científica, você gosta?

Nicola: Hum! Nem tanto! Preferiria assistir a uma comédia.

Raffaele: Vejamos se tem alguma comédia. Tem uma, porém, os ingressos já estão esgotados.

Nicola: Que pena, teríamos que ter pensado nisso antes.

Raffaele: Você tem razão, vamos ao centro e os compramos para amanhã.

Nicola: Ótima ideia! Porém, eu os compraria para depois de amanhã. Amanhã já tenho um compromisso.

Raffaele: Está bem. A que horas você gostaria de ir, às 19,00 ou às 21,00 horas?

Nicola: É melhor às 19,00 horas, assim poderíamos comer uma pizza depois.

Raffaele: Muito bem! Eu topo!

DIÁLOGO 10
Você fez regime?

Matteo: Oi Daniele, faz tempo que a gente não se vê. Como vai?

Daniele: Bem, obrigada. Você me parece mais magro do que da última vez que nos vimos. Você fez regime?

Matteo: Quem, eu? Não! Vou para a academia três vezes por semana. Mas, você tem razão. Eu era mais gordo.

Daniele: Certamente você deve se sentir melhor, não é? Quantos quilos você perdeu?

Matteo: Perdi quatro quilos. Agora me sinto realmente em forma.

Daniele: Fantástico! Soube que você mudou de casa. Onde você mora agora?

Matteo: Agora moro no centro, em um apartamento mais espaçoso e bem iluminado, tenho tudo perto de casa e estou mais perto do escritório.

Daniele: Há quanto tempo você mora lá?

Matteo: Moro lá há seis meses. Estou muito satisfeito. E você o que tem feito de bom ultimamente?

Daniele: Moro sempre na mesma casa e trabalho na mesma empresa. Para mim, é muito conveniente.

Matteo: Fico contente!

DIÁLOGO 11
Eu tomo conta das crianças.

Sofia: Meu bem, tenho que ir para Berlim a trabalho na próxima semana.

Leonardo: Ah! É? E vai ficar quanto tempo?

Sofia: Três ou quatro dias. Estou preocupada com as crianças. O que vamos fazer na minha ausência?

Leonardo: Fique tranquila, eu cuido das crianças.

Sofia: Então, fique atento, porque Alessio adora jogar no computador e Beatrice adora ficar falando ao telefone com as amigas. Mas devem se deitar cedo, se não, não acordam a tempo de ir para a escola.

Leonardo: Eu cuido disso. A que horas eles precisam levantar?

Sofia: Eles têm que se levantar por volta das 7h00, tomar banho, se vestir e tomar café da manhã. Você tem certeza que vai se lembrar de tudo?

Leonardo: Claro que sim! Você vai ver, vou me sair muito bem.

Sofia: Tomara que sim. Assim eu vou tranquila.

Leonardo: Eu sei que essa viagem é importante para o seu trabalho. Você vai ver que vamos nos sair bem.

DIÁLOGO 12
É um bom aluno como o irmão!

Sra Giorgi: Bom dia, senhorita Cosentino, vim para saber de Lorenzo.

Srta Cosentino: Bom dia, senhora. O seu filho é um bom aluno. A Senhora não precisa se preocupar.

Sra Giorgi: Sabe como são as mães. Às vezes me dou conta que exagero um pouco.

Srta Cosentino: Entendo, mas Lorenzo é um aluno exemplar tão bom quanto o irmão.

Sra Giorgi: Obrigada, senhorita. Eu estava preocupada porque ele não estuda tanto quanto o irmão.

Srta Cosentino: Para certos alunos são necessárias mais horas de estudo e para outros basta prestar atenção nas explicações durante as aulas.

Sra Giorgi: Eu agradeço e Lorenzo me fala sempre bem da senhorita.

Srta Cosentino: Fico muito contente senhora, obrigada.

DIÁLOGO 13
Não tenho nada de novo para vestir.

Patrizia: Está chegando o casamento da Chiara e eu não tenho nada de novo para vestir.

Susanna: O que você está dizendo? Você tem um vestido mais bonito do que o outro. O teu armário está repleto de vestidos.

Patrizia: Sei que sou boba, mas, na minha opinião, não tenho nenhum vestido adequado para essa ocasião.

Susanna: Eu, ao invés, tenho que comprar uma blusa de seda para combinar com uma saia preta. Vamos naquela butique nova da Piazza Bolonha?

Patrizia: Vamos sim. Dizem que eles têm umas peças mais elegantes do que as outras butiques.

Susanna: Disseram que são preços de inauguração e, por isso, são mais baixos do que os das outras lojas.

Patrizia: Vamos conferir! Sem dúvida, encontraremos algo de interessante.

Na loja...
Patrizia: Gostei daqueles dois vestidos. Um é mais bonito do que o outro.

Susanna: É mesmo. Mas agora estão na moda os vestidos curtos.

Patrizia: Você tem razão, o azul é menos curto do que o vermelho.

Susanna: Experimente-os e vamos ver qual te cai melhor. Em todo caso, você pode pedir para encurtá-lo.

Patrizia: Ok. Onde é o provador?

DIÁLOGO 14
Soube que você esteve na Sicília.

Pietro: Oi Giancarlo. Soube que você esteve na Sicília! Como você se sentiu?

Giancarlo: Muito bem.

Pietro: O que você viu de bonito?

Giancarlo: Visitei as cidades mais conhecidas: Palermo, Agrigento, Siracusa, Catania, Taormina.

Pietro: Você foi de trem ou de avião?

Giancarlo: Fui de trem e de balsa. A viagem foi belíssima.

Pietro: Acredito. A Sicília é a maior ilha da Itália com uma história milenar que a presenteou com um enorme patrimônio artístico e arquitetônico.

Giancarlo: Visitei Taormina com seu teatro grego, cidade que pela sua beleza é considerada a "pérola do Mediterrâneo".

Pietro: Você visitou o Etna?

Giancarlo: Como não? Até subi no Etna.

Pietro: O que você comeu de especial já que a cozinha siciliana é tão famosa?

Giancarlo: Um pouco de tudo e não pude deixar de comer os *arancini siciliani* e os deliciosos doces típicos, como os *cannoli*.

Pietro: Vejo que foram férias verdadeiramente extraordinárias!

DIÁLOGO 15

Férias de inverno.

Salvo: Você vai viajar durante a *settimana bianca*?

Domenico: Vai chegar a minha namorada do Brasil que nunca viu nem a neve nem uma pista de esqui. Estou pensando em levá-la em uma estação de esqui onde ela pode aprender a esquiar.

Salvo: Legal! Sei que você é um praticante de esqui, mas em qual localidade você pensa em ir com ela?

Domenico: Não decidi ainda. Não sei se vou para Cortina d'Ampezzo no Veneto ou para Courmayeur na Val d'Aosta.

Salvo: As estações de lá de cima são muito bonitas! Eu me divertia muito quando esquiava.

Domenico: Você parou de esquiar?

Salvo: Eu ia raramente esquiar quando era garotinho em Abetone na Toscana, depois sofri um acidente, me assustei e desde então, parei.

Domenico: O que aconteceu exatamente?

Salvo: Durante a descida, ao fazer uma curva, derrapei e pela velocidade em que eu estava, fui lançado para fora da pista. Quebrei uma perna e desde então disse "chega de esquis".

Domenico: Que lástima! Por sorte comigo nunca aconteceu nada de tão grave.

Salvo: Em todo caso, pegue um instrutor para a sua namorada, é mais seguro e ela se sentirá à vontade entre outros principiantes.

Domenico: Você tem razão! Eu também ficarei mais tranquilo, passaremos uma semana divertida!

DIÁLOGO 16
Um dia eu gostaria de me tornar uma grande estilista!

Riccardo: Então Eleonora, você pode tirar alguns dias de férias?

Eleonora: Infelizmente não; tenho ainda que prestar dois exames para poder me inscrever em um outro curso de moda.

Riccardo: Ainda? Você não acaba nunca de estudar?

Eleonora: Não querido, eu sou uma apaixonada. Um dia, gostaria de me tornar uma grande estilista.

Riccardo: E para isso, você ainda precisa se dedicar muito mais?

Eleonora: Claro! Agora quero aprender um pouco mais de modelagem de roupas e de corte.

Riccardo: Entendo. Sei que você é muito boa em desenho e também em costura.

Eleonora: Mas não é suficiente! Eu gostaria de me preparar bem para me candidatar para trabalhar em uma grande casa de moda, como Gucci, Armani, Valentino.

Riccardo: Muito bem! Você conseguirá, tenho certeza disso. Quem sabe te veremos na Semana da Moda de Milão.

Eleonora: Espero que sim! A Semana da Moda é o evento principal da indústria da moda.

DIÁLOGO 17
Onde você prefere passar as festas de fim de ano?

Rodolfo: Onde você prefere passar as festas de fim de ano?

Alberto: Não sei. Para mim tanto faz. É sempre minha mulher que organiza tudo. E você, com a sua família, o que desejam fazer?

Rodolfo: Este ano, no Natal, vamos nos reunir todos na casa de campo de minha sogra.

Alberto: Vocês ficam lá também no Ano Novo?

Rodolfo: Sei lá! Acredito que sim, a casa é grande e uma vez lá, pensamos em aproveitar a calma e o ar limpo do campo, evitando assim de nos deslocarmos e de cair no trânsito da cidade...

Alberto: É mesmo. Nós, ao contrário, no Ano Novo preferimos ir para a montanha para poder esquiar um pouco.

Rodolfo: Vocês sabem esquiar? Infelizmente eu não sei esquiar e por isso preferimos ficar no campo.

Alberto: Quando vocês voltam? Porque poderíamos combinar para nos encontrarmos no Dia de Reis (Epifania).

Rodolfo: Como não! O que você acha de combinar uma supresa para as crianças dando-lhes de presente um pouco de carvão?

Alberto: Claro! Todos os anos eles esperam a *"Befana"* que traz balas e bombons e desta vez, para caçoar deles, vamos colocar carvão nas meias.

Rodolfo: Agora existem tem também carvões coloridos! No final todos ficarão contentes do mesmo jeito.

DIÁLOGO 18
Um casal vai ao supermercado!

Renzo: Amanhã à tarde estou livre, se você quiser, podemos ir ao supermercado.

Rita: Pensemos em tudo o que necessitamos.

No supermercado...

Renzo: Peguemos um carrinho cada um, assim terminamos logo.

Rita: Vá na seção de limpeza e pegue a água sanitária, o sabão em pó para a máquina de lavar e o detergente e depois vá logo ficar na fila da carne.

Renzo: Está bem, que carne devo pegar?

Rita: Pegue quatrocentos gramas de carne moída, meio quilo de costelinhas de porco e seis filés de carne bovina.

Renzo: E você, enquanto isso, pegue uma garrafa de Campari e algumas garrafinhas de Crodino. Depois nos encontramos na seção de frios.

Seção de frios...
Balconista: O que a Senhora deseja hoje?
Rita: Trezentos gramas de gorgonzola com mascarpone, meio quilo de queijo parmesão, duas mozarelas de búfala.
Balconista: Nada de frios hoje, Senhora?
Rita: Como não! Duzentos e cinquenta gramas de presunto cru, duzentos gramas de bacon cortado bem fininho e duzentos gramas de mortadela bolonhesa com pistache.
Balconista: Mais alguma coisa, Senhora?
Rita: Assim está bom, obrigada.
Renzo: Tudo pronto? Podemos ir ao caixa?
Rita: Fique você na fila porque antes preciso pegar um pouco de verdura: brócolis, espinafres, alface e tomatinhos cereja e depois te encontro lá.
Renzo: Está bem, te espero no caixa.

DIÁLOGO 19
Faz frio e está nevando!

Na empresa:
Valerio: Bom dia Senhorita Annamaria, hoje está frio e está nevando, vai ser mesmo um dia daqueles. Escute, para a reunião das 10h00, chame também o contador Sabena e o engenheiro Rossetti. Os outros já foram avisados, não é?
Secretária: Claro Doutor, vou chamá-los imediamente.
Valerio: Diga-lhes para trazer todas as anotações referentes à situação atual da construção do novo departamento de Recursos Humanos.

Durante a reunião:
Valerio: Bom dia senhores, acomodem-se. Para esta reunião estará presente também a doutora Morandi que, como os Senhores sabem, cuida do Treinamento do Pessoal.

Dra. Morandi: Desculpem-me pelo atraso, eu estava terminando uma entrevista com um candidato a estagiário.

Eng° Rossetti: Antes de mais nada, gostaria de dizer que de acordo com o diretor da obra, Sr. Bonini, aqui presente, o nosso cronograma está atrasado duas semanas por causa do mau tempo. Vamos tomar cuidado porque todo atraso incorre em pagamento de altas multas. A previsão diz que amanhã para de nevar.

Valerio: Tomara! Assim podemos manter os prazos e inaugurar o departamento na data prevista.

Dra. Morandi: Pediria a vocês que me mantivessem informada para poder tomar as providências necessárias para a inauguração.

DIÁLOGO 20
O que se pode fazer em três dias na Costiera Amalfitana?

Federico: Escute, posso lhe pedir um conselho?

Receptionist: Claro, pois não. Me diga.

Federico: Estando por aqui durante três dias, o que se pode fazer na Costiera Amalfitana?

Receptionist: Saindo de Amalfi, vocês podem chegar diretamente a Vietri sul Mare em pouco tempo. Além de ser muito bonita, é famosa pelas cerâmicas.

Norma: Eu já ouvi falar.

Federico: Di lá podemos voltar passando por outros lugares famosos. Quais nos aconselharia?

Receptionist: Saindo de Vietri, vocês devem parar em Maiori, Minori e ir a Ravello e alí dar uma olhada no Auditório Oscar Niemeyer.

Federico: Podemos pernoitar lá para conhecer bem a cidade e desfrutar a belíssima vista.

Norma: De lá voltamos aqui para Amalfi para ficar o dia inteiro, se não a viagem se torna muito cansativa.

Fred: Tem razão. Eu gosto de dirigir, porém estas estradas são perigosas e cheias de curvas. É melhor tornar a sair no dia seguinte para Sorrento passando por Positano para conhecê-la bem.

Receptionist: Em Sorrento não se esqueçam de tomar um bom referesco de limão. É excelente!

Federico: Tomaremos sem falta. Ficaremos uma outra noite em Sorrento e depois de lá voltamos diretamente a Napoli. Agradeço pelas suas indicações.

DIÁLOGO 21
A compra de um carro.

Commesso: Bom dia, posso lhe ser útil?

Gianluca: Gostaria de comprar um carro confortável e elegante. Com quem devo falar?

Commesso: Vou lhe mostrar um modelo que chegou esta semana, cujo design é muito moderno.

Gianluca: Prefiro os carros de quatro portas.

Commesso: Eis aqui o modelo do qual lhe falei. È o carro feito para o senhor.

Gianluca: É econômico? Porque é um carro com o qual tenho que ir trabalhar.

Commesso: Claro, é muito econômica. É um carro com o qual o senhor pode fazer 12 km com 1 litro de gasolina.

Gianluca: Humm! Interessante. Mas é um pouco cara. É grande a diferença de preço entre o modelo com câmbio mecânico e o modelo com câmbio automático?

Commesso: Há uma diferença de 20%, mas com uma melhor relação custo-benefício, porque inclusive tem direção hidráulica. Podemos conversar melhor no meu escritório.

Gianluca: É um carro que me agrada. Agradeço o seu conselho. De qualquer forma, vou pensar um pouco mais na sua oferta e amanhã lhe dou uma resposta.

Commesso: Eu lhe garanto que se o senhor aceitar a minha proposta, não se arrependerá.

DIÁLOGO 22
Os negócios vão de vento em popa!

Sergio: Eu soube que você mudou de emprego. Espero que você goste do novo trabalho.
Franco: Até agora estou muito contente!
Sergio: Você parece animado. É bom mudar de vez em quando.
Franco: Embora eu esteja lá faz somente um mês, está sendo uma experiência mais interessante do que eu imaginava. Eu deveria ter mudado antes.
Sergio: Como é o ambiente? Você se dá bem com os colegas?
Franco: O ambiente é tranquilo e todos são amigáveis.
Sergio: E o seu novo chefe, como é?
Franco: É uma pessoa muito dinâmica e administra o departamento com muita competência, consequentemente, é muito exigente. Embora não seja fácil, é um novo desafio para mim.
Sergio: O fato de ele ser exigente leva a trabalhar sob pressão, porém sob um certo ponto de vista, pode te ajudar a crescer profissionalmente.
Franco: Eu também espero. Embora eu tenha adquirido uma significativa experiência de trabalho, sinto que devo dar um salto de qualidade na minha carreira.
Sergio: Tomara que dê certo!

DIÁLOGO 23
Meus parabéns!

Mirco: Olá, Giulio! Meus parabéns! Soube que você vai ser o responsável pela mercearia do seu pai!
Giulio: Obrigado. Agora eu tenho que dar duro para conhecer todos os detalhes do trabalho.
Mirco: E tornar o estabelecimento ainda mais profícuo.
Giulio: Eu não pensava que meu pai quisesse se aposentar tão cedo e deixar a sua mercearia tão amada.
Mirco: Ah! Então foi uma decisão repentina?
Giulio: Sim, tomara eu tivesse sabido antes. Mas ele me disse assim, de repente! Ele quer viajar com a minha mãe e aproveitar o tempo

livre. Eu, em todo caso, não achava que esse dia chegasse tão cedo.

Mirco: Talvez fosse melhor que você tivesse tido tempo para se preparar melhor para administrar esse estabelecimento, que não é nem um pouco pequeno. O que você pensa em fazer? Você está feliz?

Giulio: O que você quer que te diga? Estou feliz, mas antes de mais nada, tenho que deixar o meu trabalho, para ficar por dentro dos negócios da mercearia e me familiarizar com os clientes.

Mirco: Faz tempo que eu não passo por lá. Continua bem abastecida como antes?

Giulio: Até mais, além de gêneros alimentícios, especiarias, doces em geral, artigos de limpeza, bebidas, vinhos, agora vendemos também vinho a granel, como antigamente.

Mirco: Que boa ideia! Com certeza irei te ver e serei um cliente seu.

DIÁLOGO 24
Estou mesmo precisando relaxar

Ezio: Você não pode imaginar como estou cansado e preocupado!

Francesca: Eu sei, ainda mais agora que Stefania, o seu braço direito, vai sair em licença maternidade.

Ezio: É verdade! Se eu não encontrar alguém para um trabalho temporário para substituí-la, terei que fazer tudo sozinho.

Francesca: Vejo que você está muito preocupado!... Você precisa de descanso, se distrair um pouco, poderia ir comigo na casa dos meus pais, domingo. Eles moram afastados da cidade, em uma casa de campo restaurada.

Ezio: Me parece um lugar muito tranquilo e eu estou mesmo precisando relaxar.

Francesca: Claro! Poderemos fazer um lindo passeio no lago alí perto e comer pratos genuínos. Minha mãe é uma ótima cozinheira. O que você acha?

Ezio: Se eu não tiver que fazer hora extra, irei sem dúvida.

Francesca: Se você for, não vai se arrepender. O lugar é lindíssimo, ideal para repousar.

Ezio: A que horas você pensa em sair? Podemos ir com o meu carro, se você quiser.

Francesca: Claro, se você não se incomodar. Podemos sair por volta das 9h. Se você decidir ir, me avise!

Ezio: Espero não precisar trabalhar. Se não puder ir, te telefonarei.

Francesca: Está bem, se não nos falamos, nos vemos domingo às 9h.

DIÁLOGO 25
Você está jogando de novo na loteria?

Michele: Jogando na loteria de novo?

Salvatore: Eu tento sempre, e se um dia eu ganhasse?

Michele: Se você ganhasse, o que você faria com o dinheiro?

Salvatore: Compraria uma casa no lago e depois faria uma longa viagem.

Michele: De qual lago você gosta?

Salvatore: O meu preferido é o Lago de Como, nos arredores de Bellagio.

Michele: Puxa! Nada mal! Nesse caso, você deveria ganhar na megasena!

Salvatore: Ah! Sim. Você tem razão. E você, não joga nunca?

Michele: De vez em quando compro uma raspadinha ou jogo na loteria esportiva, mas nunca venci nada. Não gosto de perder dinheiro.

Salvatore: E você, se ganhasse, o que faria?

Michele: Eu compraria uma Ferrari para satisfazer um capricho!

Salvatore: Então, jogue você também! Aliás, vamos jogar juntos. Quem sabe você me dá sorte.

DIÁLOGO 26
Na academia

Nicola: Eu não sabia que nós frequentávamos a mesma academia.

Gianpiero: Iniciei há pouco tempo porque fui submetido a uma cirurgia no joelho.

Nicola: Por que?

Gianpiero: Comecei a fazer corrida sem ter preparação suficiente e rompi os ligamentos. Se eu tivesse me preparado antes, não teria tido esse problema.

Nicola: Caramba! Que problemão! O cirurgião que te operou deve ter sido muito bom, porque me parece que você já está muito bem.

Gianpiero: Sem dúvida! Tive sorte, se não me tivessem recomendado esse fisiatra, agora eu ainda estaria com problemas. É um fisiatra realmente muito competente!

Nicola: Você deve retomar as atividades aos poucos.

Gianpiero: É mesmo. Por isso, comecei a frequentar a academia. O médico me indicou um programa de treinamento personalizado, então eu peguei um personal trainer para me orientar.

Nicola: Você fez bem, agora sim, você está pensando direito! Mas, me escute, você deve seguir à risca o programa!

DIÁLOGO 27
Você se lembra da Federica?

Renato: Você se lembra da Federica? Eu não a vejo há muito tempo.

Valeria: Claro que me lembro. Eu a vi na praia há alguns anos.

Renato: Eu não a vejo desde a época do colégio. Ela era boa em desenho de moda, principalmente em vestidos de noite.

Valeria: Quando eu a vi, ela me disse que trabalhava como figurinista teatral.

Renato: Verdade? Ela já se interessava por esse assunto na época da escola.

Valeria: Além disso, tinha feito um curso que durou um ano e teve que se preparar muito para passar nos exames.

Renato: Onde foi dado o curso?

Valeria: Em Milão, em uma grande casa de moda teatral, de uma figurinista famosa que tinha trabalhado também no Teatro Alla Scala.

Renato: O que faz exatamente o figurinista?

Valeria: Acho que é uma profissão belíssima; é o figurinista que desenha as roupas de cena para um espetáculo ou um filme.

Renato: Acredito que ela deva conhecer bem o estilo, os tecidos e as cores da época na qual é ambientado o espetáculo e, além de tudo, estar de comum acordo com o diretor e o cenógrafo.

Valeria: Por que não a procuramos e marcamos um almoço para nos revermos?

Renato: Ótima ideia! Quem sabe que novidades ela vai nos contar!

DIÁLOGO 28
Quando foi construído?

Estudante 1: Professor, poderia nos falar de alguns monumentos importantes de Roma?
Professor: Existem tantos. Vou falar de dois monumentos de que gosto particularmente e que foram construídos na Roma antiga: o Coliseu e o Panteão.
Estudante 2: Quando foi construído o Coliseu?
Professor: A construção foi iniciada em 72 d.C. pelo Imperador Vespasiano e foi inaugurado pelo Imperador Tito em 80 d.C.
Estudante 1: Li que é o maior anfiteatro do mundo, situado no centro de Roma. É conhecido no mundo inteiro como o símbolo de Roma e da Itália. Correto, professor?
Professor: Você tem razão. Uma curiosidade sobre a origem do nome: deriva da estátua do *Colosso de Nero*, que ficava ali perto, se difundiu somente na Idade Média.
Estudante 2: Eu prefiro o Panteão.
Professor: O edifício é um clássico da arquitetura equilibrada e estável.
Estudante 1: Qual é o significado do nome Panteão?
Professor: Deriva do grego e significa o "templo de todos os deuses".
Estudante 2: Por quem foi construído?
Professor: O primeiro Panteão tinha sido construído por Marco Agrippa, genro do Imperador Augusto em 27-25 a.C. Foi reconstruído pelo Imperador Adriano entre 118 e 128 d.C.
Estudante 1: Seria interessante se o senhor pudesse nos acompanhar na visita a esses monumentos.
Professor: Claro! Vou acompanhar vocês com prazer!

DIÁLOGO 29
Carnaval em Veneza.

Renzo: O Carnaval se aproxima. Estou com um pouco de vontade de ir a Veneza para conhecer o famoso Carnaval de lá.Você já foi? Você também gostaria de ir?
Gianpaolo: Nunca estive lá. Seria mesmo uma boa ideia.

Renzo: Estou pensando em convidar também Laura e Mirella, as nossas colegas do curso. O que você acha?

Gianpaolo: Sim, sim. Aquelas garotas de Bari? Fale com elas amanhã.

Falando com eles...

Renzo: Oi. Gianpaolo e eu gostaríamos de convidar vocês para irem conosco a Veneza no Carnaval.

Mirella: Que bom, obrigado, o Carnaval é a época das fantasias, gostaria de vê-las. O que você acha, Laura?

Laura: Eu também gostaria, mas já me comprometi com os meus tios de Napoli.

Renzo: Você não consegue adiar a visita?

Laura: Acho que não. De qualquer forma, o que você acha de irmos encontrar vocês na segunda-feira diretamente em Venezia?

Renzo: Ótima ideia! Assim poderemos ficar juntos na segunda e terça-feira.

No dia seguinte:

Gianpaolo: Que pena que Laura e Mirella não possam ir com a gente. Por que?

Renzo: Quando falei com elas, me agadeceram pelo convite, me disseram que gostariam de ir ver as fantasias, mas Laura já tinha se comprometido os tios de Napoli.

Gianpaolo: E...?

Renzo: Perguntei a ela se não poderia adiar a visita.

Gianpaolo: E o que ela disse?

Renzo: Ela disse que não podiam, mas viriam nos encontrar segunda-feira em Veneza. Disse a ela que era uma ótima ideia, assim poderíamos ficar juntos na segunda e terça-feira.

Gianpaolo: Você fez bem!

DIÁLOGO 30
Os exames de "maturità".

Raffaele: Falta pouco para os exames de "maturità". Tenho que dizer que estou assustado!

Filippo: Temos que nos dedicar muito para poder passar.

Raffaele: Depois de ter estudado tanto nestes últimos anos, penso que estou preparado para enfrentá-los.

Filippo: O meu pesadelo, por outro lado, é o exame oral, tenho medo de não me lembrar de coisa nenhuma!

Raffaele: Minha mãe diz que devemos nos preparar bem começando pela alimentação, que é importantíssima! Comendo de modo saudável e equilibrado.

Filippo: Além da alimentação correta, dizem que é bom fazer uma horinha de esporte por dia para desligar e descarregar a tensão nervosa.

Raffaele: Pode imaginar depois de tudo isso tirar uma nota ruim?

Filippo: Pelo amor de Deus, nem me fale. Eu teria um ataque.

Raffaele: Eu também! Depois de passar, pegaremos umas boas e longas férias na praia.

Filippo: Vamos fazer figa, certamente vamos passar.

RESPOSTAS

LEZIONE 1
DIALOGO 1 – COMPRENSIONE DEL DIALOGO

1. Lei è veterinaria./ Fa la veterinaria.
2. No, non ha animali.
3. Gianna ha cinque animali domestici.
4. Perché non ha tempo per badare agli animali.
5. Perché è in ritardo per il lavoro.

ESERCIZI PRATICI 1

I. Ascolta le domande e cerchia la risposta giusta.
1. La macchina è di Enzo? c) Sì, è di Enzo.
2. Paolo è ingegnere? b) Sì, è ingegnere.
3. Chi è quel signore? a) È il Sig. Rossi: R – O – S – S – I.
4. Siete di San Paolo? b) No, siamo di Rio.
5. Quando hai lezione di spagnolo? c) Ho lezione il lunedì e il mercoledì.
6. Quanti anni ha Ornella? a) Ha 42 anni.
7. Che cos'hai? b) Ho mal di testa.
8. Che macchina ha Alessandro? c) Ha una Ferrari.
9. Come sta Riccardo? a) Sta abbastanza bene.
10. Dove sono Donatella e Flavio? b) Sono a Torino.

II. Dettato: ascolta le frasi e scrivile.
1. Di dove sei?
2. Marco è a casa il lunedì sera?
3. I Signori Ferrero hanno una casa al mare.
4. Quanti anni ha Bianca?
5. Dove è Fabio?

III. Rispondi le domande con la forma pleonastica del pronome ci + avere.
1. Sì, ce l'ho./ No, non ce l'ho.
2. Sì, ce l'abbiamo./ No, non ce l'abbiamo.

3. Sì, ce l'hanno./ No, non ce l'hanno.
4. Sì, ce l'ho./ No, non ce l'ho.
5. Sì, ce l'ha./ No, non ce l'ha.

IV. Scrivi delle domande o frasi per le seguenti risposte.
1. Di che cosa ti occupi?/ Cosa fai?
2. Come stai?
3. Quanti anni ha Vittorio?
4. Hai la macchina?
5. Grazie mille!

V. Segna la parola o espressione che non appartiene alla serie.
1. Aprile
2. Giovedì
3. Sabato
4. Italia
5. Di dove sei?

LEZIONE 2
DIALOGO 2 – COMPRENSIONE DEL DIALOGO

1. Vuole fare qualcosa di diverso.
2. Sì, piace anche a lui.
3. Vogliono invitare Enrica e Aldo.
4. Per stare più comodi.

ESERCIZI PRATICI 2

I. Ascolta le domande e cerchia la risposta giusta.
1. Dove abiti? a) Abito a Monza.
2. Che lingue parla Franco? b) Parla italiano e tedesco.
3. Quando prendete le vacanze? c) Prendiamo le vacanze in luglio.
4. A che ora dormono i bambini? b) Dormono alle otto.
5. Cosa pulisce Anna? a) Pulisce le scarpe.
6. Chi chiama Elisabetta? c) Lei chiama l'avvocato.
7. Quando arrivano i genitori di Lucia? b) Arrivano domenica.
8. Quanti anni ha Gianni? b) Ha vent'anni.

9. Qual è il tuo numero di telefono? c) È 06 4259–7836.
10. Prepari tu da mangiare? a) No, prepara mia madre.

II. Dettato: ascolta le frasi e scrivile.
1. Parli spagnolo?
2. Marco è sposato?
3. A chi telefona Gabriella?
4. Quanti anni ha Flavio?
5. Qual è il numero di telefono di Giovanna?

III. Volgere le frasi al plurale:
1. Siete fidanzate?
2. Gli insegnanti correggono le frasi sbagliate.
3. Non capiamo le spiegazioni.
4. Gli scrittori lanciano (dei) nuovi libri.
5. Gli zaini sono nuovi.

IV. Scrivi delle domande o frasi per le seguenti risposte.
1. A che ora arrivi?
2. Sei nubile?
3. Quanti anni ha Fiorella?
4. Rita è vedova?
5. Molto piacere.

V. Segna la parola che non appartiene alla serie.
1. tavoli
2. contabile
3. zio
4. nubile
5. italiano

LEZIONE 3
DIALOGO 3 – COMPRENSIONE DEL TESTO

1. È avvocato.
2. Lavora in un ufficio, in centro.

3. Prende la metro.
4. Lei studia.
5. Si chiama Luciana.

ESERCIZI PRATICI 3

I. Ascolta le domande e cerchia la risposta giusta
1. Come va al mare Marta? c) Ci va in treno.
2. Quanti cornetti mangi la mattina? b) Ne mangio due.
3. Come vieni al lavoro? b) Ci vengo in motorino.
4. Quando vedi gli zii? a) Li vedo a Natale.
5. Chi chiama la nonna? b) Chiama me.
6. Il plurale di: La farmacia è chiusa: a) Le farmacie sono chiuse.
7. Aiuti Matteo a fare le valigie? c) Sì, lo aiuto.
8. Quanti figli hai? a) Non ne ho nessuno.
9. Quanti libri prendi? b) Li prendo tutti.
10. Il plurale di: Il collega di Alberto è simpatico? a) I colleghi di Alberto sono simpatici?

II. Dettato: ascolta le frasi e scrivile.
1. Camicie per l'estate? Ne compro due.
2. Spegnete la luce prima di uscire.
3. In Italia, ci torno il prossimo anno.
4. Flavia sta chiamando Sara, non me.
5. Un dolce lo mangio volentieri.

III. Sostituisci le parole sottolineate per un pronome.
1. Io non lo capisco.
2. Quando Susanna la invia?
3. Le vedo tutti i giorni.
4. Ne compro tre.
5. Non li conosciamo.

IV. Scrivi delle domande o frasi per le seguenti risposte.
1. Quanti anni ha tua figlia?
2. Di che cosa si occupa tua madre?
3. Quando incontri tua cugina?

4. Quando vai in Europa?
5. Come Edoardo va al lavoro?

V. Segna la parola che non appartiene alla serie.
1. ragazzo
2. marito
3. come
4. mi
5. agosto

LEZIONE 4
DIALOGO 4 – COMPRENSIONE DEL DIALOGO

1. Pensano di andare in campagna con amici.
2. Il fratello e la cognata di Simona.
3. Perché la macchina di Roberto è dal meccanico.
4. A Elio.
5. Portano da bere.

ESERCIZI PRATICI 4

I. Ascolta le domande e cerchia la risposta giusta
1. Cosa fanno i signori Bianchi? b) Stanno cenando.
2. Come si chiamano le tue sorelle? c) Le mie sorelle sono Giorgia e Elena.
3. Quella cartella è di Enzo? a) Sì, è sua.
4. Quante persone vengono a cena? c) Cinque. Tre uomini e due donne.
5. Con chi gioca a calcio Piero? a) Gioca con i suoi amici.
6. A chi insegna tedesco Hans? b) Lo insegna a me.
7. Ti piace giocare a calcio? a) Sì, mi piace molto.
8. Dov'è la tua scuola? b) La mia scuola è in centro.
9. Cosa ti fa male? c) Le braccia.
10. Qual è il tuo sport favorito? b) il ciclismo.

II. Dettato: ascolta le frasi e scrivile.
1. Questi libri sono nostri.

2. Gli mando il regalo domani.
3. Migliaia di persone prendono la metropolitana ogni giorno.
4. Questo ombrello è il tuo o il mio?
5. Nonno, ti piace ancora giocare a bocce?

III. Scrivi i seguenti numeri:
1. 83 – ottantatré.
2. 407 – quattrocentosette.
3. 6.354 – seimilatrecentocinquantaquattro.
4. 9.971 – novemilanovecentosettantuno.
5. 729 – settecentoventinove.

IV. Scrivi delle domande o frasi per le seguenti risposte.
1. Quel cappotto è tuo?
2. Questo telefonino è di Davide?
3. Sandra è la sorella di Stefano?
4. Vai in palestra il sabato?
5. Dove ti piace passare le vacanze?

V. Segna la parola che non appartiene alla serie.
1. lei
2. piscina
3. lunedì
4. nipote
5. Canadese

LEZIONE 5
DIALOGO 5 – COMPRENSIONE DEL DIALOGO

1. Sì, è stata divertente.
2. Ci è andato con la sua nuova ragazza.
3. È un'amica di Sara.
4. Sì, le piacciono.

ESERCIZI PRATICI 5

I. Ascolta le domande e cerchia la risposta giusta.

1. Cosa avete fatto ieri? a) Abbiamo giocato a calcio.
2. Cosa ha fatto Giorgia a Firenze? b) È andata all'Accademia.
3. Chi è andato al mare con Carlo? c) Ci sono andati Vincenzo e Matteo.
4. Di che cosa si occupa la Signora Battistini? a) È la direttrice della scuola di italiano.
5. Quando Pierluigi regala la macchina a sua figlia? b) Gliela regala per Natale.
6. Quando la casa editrice ci invia i libri? b) Ce li invia domani.
7. Dove vai in vacanza? a) A Capri, in Italia.
8. A che ora è arrivato Giovanni ieri sera? a) È arrivato a mezzanotte.
9. Dove nasce il fiume Po? c) Nasce in Piemonte.
10. Cosa ha fatto Piero giovedì scorso? b) È andato a giocare a calcio.

II. Dettato: ascolta le frasi e scrivile.
1. Chiara va da un bravo dentista, ma, molto caro.
2. Bianca è andata a teatro domenica.
3. Roma è molto lontana da Milano.
4. Il carnevale di Venezia è molto famoso.
5. Le professoresse hanno avuto molto da fare.

III. Completa le seguenti domande.
1. A che ora arriva il prossimo treno? Arriva fra un'ora.
2. Com'è l'appartamento di Fabio? È piccolo, ma bello.
3. A che ora finisce il concerto? Finisce fra un'ora.
4. Quando sono cominciate le vacanze? Sono cominciate ieri.
5. Cosa ha comprato Giulia a sua sorella? Ha comprato un libro.

IV. Scrivi delle domande o frasi per le seguenti risposte.
1. Di dov'è Carolina?
2. La gonna verde è tua?
3. Hai comprato il regalo a tua cugina?
4. Cosa hai fatto sabato?
5. Da quanto tempo studi l'italiano?

V. Segna la parola o espressione che non appartiene alla serie.

1. il
2. rivista
3. attrice
4. sandali
5. cappello

LEZIONE 6
DIALOGO 6 – COMPRENSIONE DEL DIALOGO

1. Eccezionali.
2. Sono stati in Liguria.
3. Le Cinque Terre e tutta la costa.
4. Ci sono rimasti dieci giorni.
5. Hanno provato il pesto alla genovese.

ESERCIZI PRATICI 6

I. Ascolta le domande e cerchia la risposta giusta.

1. Che cos'è stato questo rumore? a) Filippo ha chiuso il cofano della macchina.
2. Dov'è la chiave? b) L'ho messa sul tavolo.
3. Avete ascoltato le nuove canzoni di Ramazzotti? c) Sì. Le abbiamo ascoltate.
4. Quanti CD avete comprato? b) Ne abbiamo comprati 4.
5. Che ore sono? c) Sono le otto meno un quarto.
6. Quanto fa 6x8? a) Fa 48.
7. Di chi è questo telefonino? b) È di Teresa.
8. Come vai a lavorare? a) Vado in treno.
9. Luigi è arrivato puntuale a scuola oggi? c) No, ha fatto tardi di nuovo.
10. Carolina ha dipinto questi quadri? a) No, li ha dipinti sua sorella.

II. Dettato: ascolta le frasi e scrivile.

1. Cosa fa Michele oggi?
2. Luisa ha preso la medicina?
3. Barbara ha offeso Mario senza motivo.

4. Donatella ha scelto un bel vestito per la festa.
5. Maurizio, hai portato le birre?

III. Cerchia la risposta giusta.
1. b   2. a   3. b   4. a   5. b

IV. Scrivi delle domande o frasi per le seguenti risposte.
1. Quante pagine hai tradotto?
2. Con chi sei andato al cinema?
3. Quanto è costata quella camicia?
4. Hai risposto alle tue e-mail?
5. Cosa fa tua sorella?

V. Segna la parola o espressione che non appartiene alla serie.
1. figlia
2. glielo
3. Palermo
4. studente
5. martedì

LEZIONE 7
DIALOGO 7 – COMPRENSIONE DEL DIALOGO

1. Perché Giancarlo era a Venezia.
2. Frequentava un corso di storia dell'arte.
3. Ci sono 118 isolette e quasi 400 ponti.
4. Girava per conoscere i principali locali.

ESERCIZI PRATICI 7

I. Ascolta le domande e cerchia la risposta giusta.
1. Cosa è successo a Luca? c) È caduto mentre scendeva le scale.
2. Cosa faceva Riccardo ieri pomeriggio? b) Componeva una canzone.
3. Perché la mamma è andata via di corsa? c) Perché aveva lasciato il fuoco acceso.
4. Perché non siete usciti ieri? a) Perché faceva freddo.

5. Perché Enrica era contenta? b) Perché aveva comprato una macchina nuova.
6. Fino a che ora lavori? a) Fino alle cinque.
7. Dove era andato Marco? a) Era andato dal medico.
8. Dove sono i cappotti? b) Sono nel guardaroba.
9. A che ora parte l'aereo? a) Parte alle ore venti.
10. Quale era l'argomento della conferenza? c) Era sull'Amazzonia.

II. Dettato: ascolta le frasi e scrivile.
1. C'erano molte persone alla festa ieri sera.
2. Quando eravamo in vacanza, dormivamo sempre fino a tardi.
3. Riccardo non ha preso l'aereo perché aveva lasciato il passaporto a casa.
4. Gigliola è arrivata tardi alla riunione perché c'era lo sciopero degli autobus.
5. Lo studio della lingua italiana è molto diffuso nel mondo.

III. Cerchia la risposta giusta.
1. b   2. c   3. b   4. a   5. c

IV. Scrivi delle domande o frasi per le seguenti risposte.
1. Perché hai bevuto?
2. Cosa mangiavi a colazione?
3. Perché hai comprato quel romanzo?
4. Da dove è entrato il medico?
5. Dove hai messo le bottiglie vuote?

V. Segna la parola o espressione che non appartiene alla serie.
1. panetteria
2. bar
3. cortile
4. braccio
5. cucina

LEZIONE 8
DIALOGO 8 – COMPRENSIONE DEL DIALOGO

1. Marina andrà a vedere le Sagre.
2. Edoardo andrà a vedere il Palio di Siena.
3. A Salerno e Benevento, in Campania.
4. Sarà bella, divertente e buona dal punto di vista alimentare.
5. Lui è tifoso della Contrada del Drago.

ESERCIZI PRATICI 8

I. Ascolta le domande e cerchia la risposta giusta.
1. Cosa farai oggi? b) Andrò in piscina.
2. Quando andrai a trovare Carla? a) Ci andrò questo fine settimana.
3. Che tempo fa oggi? c) Fa freddo e piove.
4. Continuerai a studiare dopo che avrai finito la scuola?
   b) No, comincerò a cercare un lavoro.
5. Riuscirai a finire questo lavoro oggi? a) Si, riuscirò senz'altro.
6. Com'è la casa di Stefano? b) È veramente molto bella.
7. Dove hai comprato questo vestito? a) Questo, l'ho comprato in centro.
8. Che bell'orologio. Dove l'hai comprato? c) Questo orologio me lo ha regalato mio padre.
9. Nevicherà a Natale quest'anno? b) Se il tempo continuerà così, certamente nevicherà.
10. Quando vi trasferirete nella vostra nuova casa? a) Ci trasferiremo appena i lavori saranno terminati.

II. Dettato: ascolta le frasi e scrivile.
1. Questa borsa mi piace più di quella.
2. Loro non hanno capito che questa è un'eccellente opportunità.
3. Lei canterà delle belle canzoni italiane.
4. Domenica prossima i ragazzi giocheranno a calcio?
5. L'insegnante di italiano correggerà tutti gli esercizi durante la lezione.

III. Cerchia la risposta giusta.
1. c   2. b   3. a   4. c   5. a

IV. Scrivi delle domande o frasi per le seguenti risposte.
1. Quei giornali sono vostri?
2. Chi è quel bell'uomo?
3. Carla verrà alla festa?
4. Cosa le regalerai?
5. Quando cominceremo a pranzare?

V. Segna la parola o espressione che non appartiene alla serie.
1. primavera
2. pollo
3. inverno
4. mare
5. Italia

LEZIONE 9
DIALOGO 9 – COMPRENSIONE DEL DIALOGO

1. Al cinema.
2. Un film di fantascienza.
3. No, lei preferisce le commedie.
4. Avrebbero dovuto comprare i biglietti prima.
5. Alle 19,00.

ESERCIZI PRATICI 9

I. Ascolta le domande e cerchia la risposta giusta
1. Cosa ti piacerebbe fare stasera? c) Io preferirei stare a casa.
2. Prenderesti un caffè? a) No, grazie, sto bene così.
3. Che tipo di film preferisci? b) Io adoro i film gialli.
4. Dove vorrebbe andare Giovanna sabato sera? a) Vorrebbe andare a trovare suo fratello.
5. Quale di queste case compreresti? a) Comprerei quella con il giardino.
6. È uscito Carlo stamattina? a) No, sarebbe uscito, ma faceva troppo freddo.
7. Cosa ti piacerebbe mangiare? b) Mangerei volentieri una macedonia.

8. Ti piacciono i film gialli? c) No, preferisco le commedie.
9. Perché non hai fatto gli esercizi? a) Li avrei fatti, ma erano troppo difficili.
10. Potresti darmi il numero di telefono di Lucia? b) Mi dispiace, non ce l'ho.

II. Dettato: ascolta le frasi e scrivile.
1. Sarei tornato prima, ma c'era traffico.
2. Ti piacerebbe vivere al mare?
3. Io berrei volentieri un té freddo.
4. Io sarei venuta volentieri con voi al cinema, ma avevo un impegno.
5. Avrei dormito di più, ma avevo una riunionre.

III. Cerchia la risposta giusta.
1. b   2. a   3. c   4. b   5. a

IV. Scrivi delle domande o frasi per le seguenti risposte.
1. Marta va spesso da sua sorella?
2. Quando ti piacerebbe andare in montagna?
3. Mi presteresti questi CD?
4. Cosa preferiresti fare stasera?
5. Ti piacciono i film romantici?

V. Segna la parola o espressione che non appartiene alla serie.
1. pancetta
2. radio
3. mio
4. insegnante
5. matita

LEZIONE 10
DIALOGO 10 – COMPRENSIONE DEL DIALOGO

1. Perché va in palestra tre volte alla settimana.
2. Sì, si sente in forma.
3. È spazioso e luminoso.

4. Ci abita da sei mesi.
5. Abita sempre nella stessa casa.

ESERCIZI PRATICI 10

I. Ascolta le domande e cerchia la risposta giusta.
1. Quando sei tornato da Roma? a) Ne sono tornato ieri.
2. Hai ancora del cioccolato? c) Sì, ne ho ancora una tavoletta.
3. Hai l'indirizzo di qualche albergo a Roma? b) No, non ne ho nessuno.
4. Carla e Andrea hanno conosciuto dei ragazzi italiani? a) Sì, ne hanno conosciuti diversi.
5. Vieni al cinema con noi? b) Sì, ci vengo anch'io.
6. Hai portato il documento richiesto? c) Sì, ce l'ho.
7. Sei mai stato da Giorgio? a) Sì, ci sono già stato due volte.
8. Con chi andate in montagna? b) Ci andiamo con Marta.
9. Quando vai dai tuoi genitori? a) Ci vado la domenica.
10. Sei contento del tuo nuovo lavoro? c) Ne sono contentissimo.

II. Dettato: ascolta le frasi e scrivile.
1. Vado al mare e ci rimango una settimana.
2. Per andare da Torino a Milano ci vuole soltanto un'ora in treno.
3. Volevo telefonargli, ma me ne sono dimenticato.
4. La festa era troppo noiosa. Me ne sono andata presto.
5. Vuoi ancora della pasta? Sì, grazie, ne voglio ancora un po'.

III. Cerchia la risposta giusta.
1. b   2. a   3. c   4. b   5. a

IV. Scrivi delle domande o frasi per le seguenti risposte.
1. Chi va a comprare il pane?
2. Con chi vai in vacanza?
3. Vuoi della pizza?
4. Quante arance vuole?
5. Quanto tempo ci vuole per arrivare a Genova in treno?

V. Segna la parola o espressione che non appartiene alla serie.
1. mal di schiena
2. pane
3. piede
4. spalla
5. birra

LEZIONE 11
DIALOGO 11 – COMPRENSIONE DEL DIALOGO

1. Sofia deve andare a Berlino.
2. Ci va per lavoro e si ferma tre o quattro giorni.
3. Leonardo, il marito, si prenderà cura dei bambini.
4. Devono alzarsi verso le 07,00.
5. Devono farsi la doccia, vestirsi e fare colazione.

ESERCIZI PRATICI 11

I. Ascolta le domande e cerchia la risposta giusta.
1. Ti sei ricordata di telefonare a Teresa? b) No, me ne sono dimenticata completamente.
2. Luciano si è iscritto al corso di italiano? c) Sì, si è iscritto la settimana scorsa.
3. Vi siete resi conto di cosa avete fatto? a) Ce ne siamo resi conto troppo tardi.
4. A che ora vi siete alzati stamattina? c) Ci siamo alzati alle nove.
5. Agnese sta di nuovo male? a) Sì, si ammala molto facilmente.
6. I ragazzi sono stati promossi? b) Sì, perché si sono preparati bene per l'esame.
7. Come te la sei cavata con la lingua? c) Me la sono cavata abbastanza bene.
8. Chi si prende cura del cane quando andate in vacanza? b) La nonna si prende cura del cane.
9. Quanto tempo ci vuole da San Paolo a Rio in aereo? c) Ci vogliono circa 50 minuti.
10. Monica, ti sei fatta male alla mano? a) Mi sono fatta male con il coltello.

II. Dettato: ascolta le frasi e scrivile.
1. Riccardo si è addormentato sul divano.
2. Ornella si lamenta sempre della famiglia di suo marito.
3. A che ora ve ne siete andati?
4. Ti sei ricordato di portare l'ombrello?
5. Ce la fai da sola o vuoi una mano?

III. Cerchia la risposta giusta.
1. b   2. a   3. c   4. b   5. a

IV. Scrivi delle domande o frasi per le seguenti risposte.
1. Perché tuo padre si è arrabbiato?
2. Ti sei perso?
3. A che ora se n'è andato Bruno?
4. Come si sono comportati i bambini?
5. Perché le ragazze si sono bagnate?

V. Segna la parola o espressione che non appartiene alla serie.
1. divano
2. fare il compito
3. spazzatura
4. vino
5. lavastoviglie

LEZIONE 12
DIALOGO 12 – COMPRENSIONE DEL DIALOGO

1. Per sapere di Lorenzo.
2. Ha detto che Lorenzo è bravo come suo fratello.
3. Perché Lorenzo non studia tanto quanto suo fratello.
4. Perché Lorenzo parla bene di lei.

ESERCIZI PRATICI 12

I. Ascolta le domande e cerchia la risposta giusta.
1. Daniela è simpatica? b) Sì, è simpatica come suo fratello.
2. Beatrice è generosa? a) Sì, è tanto generosa quanto buona.

3. Vai sempre al parco a correre? c) Circa quattro volte alla settimana.
4. Federico è ingrassato, vero? a) Credo di no, sembra tanto grasso quanto prima.
5. Ti piace fare jogging? c) Sì, ma ho tempo solo il fine settimana.
6. La tua automobile è veloce? b) È tanto veloce quanto la tua.
7. Segui una dieta dimagrante? a) Sì, ne ho bisogno.
8. È un bravo avvocato? c) Sì, è tanto bravo quanto serio.
9. Quante flessioni fai di solito? b) Di solito faccio 50 flessioni.
10. Luca e Matteo sono simpatici? a) Sì, Luca è simpatico quanto Matteo.

II. Dettato: ascolta le frasi e scrivile.
1. Luigi era stanco come Patrizia.
2. Il teatro è tanto interessante quanto il cinema.
3. Vai sempre a nuotare?
4. Cosa fai per mantenerti in forma?
5. L'Italia è un paese tanto bello quanto ricco di storia.

III. Cerchia la risposta giusta.
1. b   2. a   3. b   4. b   5. c

IV. Scrivi delle domande o frasi per le seguenti risposte.
1. Quanto è alta Donatella?
2. Quante volte hai fatto jogging la settimana scorsa?
3. Ti piace andare in palestra?
4. La nuova insegnante è simpatica come l'altra?
5. Com'è stato lo spettacolo di Jovannotti?

V. Segna la parola o espressione che non appartiene alla serie.
1. stirare
2. frigorifero
3. famiglia
4. carne
5. pallavolo

LEZIONE 13
DIALOGO 13 – COMPRENSIONE DEL DIALOGO

1. Deve comprarsi un vestito nuovo.
2. Vanno in una nuova boutique.
3. Vanno di moda gli abiti corti.
4. È meno corto del rosso.

ESERCIZI PRATICI 13

I. Ascolta le domande e cerchia la risposta giusta
1. Avete fatto benzina? b) Sì, abbiamo fatto il pieno stamattina.
2. Mario è più grande di Paolo? a) No, è più piccolo.
3. Qual è l'uscita per arrivare a Parma? c) È l'uscita 21.
4. L'ultimo film di Bellocchio ti è piaciuto? a) No, è meno interessante degli altri.
5. È bella la sorella di Carlo? b) È più simpatica che bella.
6. È una strada secondaria? c) No, è un'autostrada a pedaggio.
7. Giovanna ha la patente? b) No, perché non ha ancora diciotto anni.
8. La nuova raggazza di Piero è bella? a) Sì, è più bella dell'altra.
9. Il fiume Po è lungo? c) Sì, è più lungo del Tevere.
10. Il tuo lavoro è piacevole? b) Il mio lavoro è più utile che piacevole.

II. Dettato: ascolta le frasi e scrivile.
1. San Paolo è più grande di Buenos Aires.
2. È più facile capire che parlare una lingua.
3. Secondo me, dobbiamo prendere la circonvallazione.
4. La mia casa è meno comoda della sua.
5. Teresa ha letto più romanzi che poesie.

III. Cerchia la risposta giusta.
1. b   2. a   3. a   4. b   5. c

IV. Scrivi delle domande o frasi per le seguenti risposte.
1. Quale montagna è più alta, il Monte Bianco o il Monte Rosa?
2. Chi lavora meno, Carlo o Paolo?
3. Che macchina hai noleggiato?

4. Quale città è più piovosa, Milano o Londra?
5. Quale macchina è più veloce, la Ferrari o la Renault?

V. Completa le frasi con le espressioni /la parola della lista.
1. La macchina che vogliamo noleggiare deve avere il portabagagli grande. Abbiamo molte valigie.
2. Qual è il limite di velocità su questa autostrada?
3. Nell'ora di punta c'è troppo traffico
4. Valeria ha già preso la patente?
5. Mariangela, perché ti hanno fatto una multa? Perché ho superato il limite di velocità.

LEZIONE 14
DIALOGO 14 – COMPRENSIONE DEL DIALOGO

1. È andato in Sicilia.
2. Ha visitato le città più conosciute.
3. Taormina.
4. Di tutto un po'. Gli arancini siciliani e i cannoli.

ESERCIZI PRATICI 14

I. Ascolta le domande e cerchia la risposta giusta.
1. Ti piacciono i cannoli siciliani? c) Sì, sono buonissimi.
2. A che ora parte l'aereo? a) Parte alle 18,30.
3. Napoli è una città calda? b) È un delle città più calde d'Italia.
4. Hai già visto il nuovo film di Paolo Sorrentino? a) Sì, è ottimo.
5. L'Etna è un vulcano attivo? b) Sì, è il vulcano più attivo d'Europa.
6. Marco è innamorato di Gabriella? c) È innamorato cotto.
7. Preferisci un posto vicino al finestrino o centrale? a) Lo preferisco vicino al finestrino.
8. Piove molto a Palermo? b) È la città più piovosa della Sicilia.
9. Ti è piaciuta la bistecca ai ferri? a) Sì, era gustosissima.
10. Com'è stata la gita? c) È stata molto divertente.

II. Dettato: ascolta le frasi e scrivile.
1. Queste scarpe sono comodissime.

2. Il film di ieri sera era noiosissimo.
3. Quell'uomo è assai coraggioso.
4. Ieri sera Marta era stanchissima.
5. Questi esercizi sono i più facili del libro.

III. Cerchia la risposta giusta.
1. a   2. b   3. a   4. a   5. b

IV. Scrivi delle domande o frasi per le seguenti risposte.
1. Com'è il tuo computer?
2. Cristina si alza molto presto?
3. Ha bagagli?
4. C'era molta gente a teatro?
5. L'esame è stato difficile?

V. Completa le frasi con le espressioni /le parole della lista.
1. Qual è l'orario di partenza del volo per Milano?
2. "L'uscita è la 41", ci hanno detto al check-in.
3. Siamo arrivati a destinazione in orario.
4. Carolina è l'assistente di bordo più simpatica di tutte.
5. Questo vino è il migliore della regione.

LEZIONE 15
DIALOGO 15 – COMPRENSIONE DEL DIALOGO

1. Arriva dal Brasile.
2. Pensa di portarla a sciare.
3. Vanno a Cortina d'Ampezzo o Courmayeur.
4. Perché ha subito un incidente e si è impaurito.
5. Gli consiglia di prendere un istruttore per la sua ragazza.
6. Risponde che sicuramente lo prenderanno.

ESERCIZI PRATICI 15

I. Ascolta le domande e cerchia la risposta giusta.
1. Come procedeva la macchina? c) La macchina procedeva lentamente.

424

2. Come sei andato in Svizzera? a) Ci sono andato con la roulotte.
3. Perché non riesci a parlare con il Rettore? b) Perché è spesso occupato.
4. Hai già finito di leggere il libro? a) No, non ancora.
5. Dove giocano i bambini? b) Giocano quassù.
6. Quali attrezzature hai portato per sciare? a) Ho portato gli sci, i bastoncini e il casco.
7. A che ora arriva la comitiva? b) Di sicuro, alle sei.
8. Stai bene oggi? b) Sì, grazie. Meglio di ieri.
9. Sai qualcosa di Flavia? a) No, non l'ho più sentita.
10. Come sei stata ricevuta alla Conferenza? b) Molto bene.

II. Dettato: ascolta le frasi e scrivile.
1. Mi piacciono le attività sciistiche.
2. È arrivato tutto ad un tratto.
3. Si sono sistemati in un albergo lontano dal centro.
4. La vicina di sotto si è lamentata del rumore dei bambini.
5. Sono stanca, ho camminato parecchio.

III. Cerchia la risposta giusta.
1. c   2. b   3. b   4. c   5. a

IV. Scrivi delle domande o frasi per le seguenti risposte.
1. Quando Alessandro farà il trasloco?
2. È buono il tiramisù?
3. Perché Marianna era di corsa?
4. Dove vai a comprare i regali di Natale?
5. Perché Anna non ha risposto al telefono?

V. Completa le frasi con le espressioni/le parole della lista.
1. Valeria è molto stanca. Andrebbe volentieri a casa.
2. Oggi fa estremamente caldo.
3. Il papà di Margherita ama andare a pescare.
4. Non partirò per le vacanze adesso. Partirò probabilmente fra due settimane.
5. Rita e Giovanni non escono mai il fine settimana.

LEZIONE 16
DIALOGO 16 – COMPRENSIONE DEL DIALOGO

1. Perché deve ancora dare due esami.
2. Sì, ne è una appassionata.
3. Vuole diventare una grande stilista.
4. Deve dedicarsi a studiare modellistica dell'abbigliamento e taglio.
5. Pretende lavorare in una grande casa di moda.
6. È la Settimana della Moda.

ESERCIZI PRATICI 16

I. Ascolta le domande e cerchia la risposta giusta.

1. Vuoi venire in pizzeria con noi stasera? b) Mi dispiace, stasera non posso.
2. Perché Elisabetta non è venuta a scuola oggi? a) Perché ha dovuto studiare per l'esame.
3. Perché non puoi mangiare le fragole? a) Perché sono allergica.
4. Posso fumare? c) No, qui è vietato fumare.
5. Sai nuotare? a) No, non ne sono capace.
6. A che ora devono partire? b) Alle ore 21,00.
7. Potete giocare a scacchi domani sera? a) Volentieri, alle 20,00 va bene?
8. Hai prelevato i soldi al Bancomat? c) Non ho potuto perché il Bancomat era fuori servizio.
9. Perché Alice non può comprare quella macchina? a) Perché è troppo cara.
10. Si deve sempre conservare lo scontrino quando si acquista qualcosa? b) Sì, altrimenti ti possono fare una multa.

II. Dettato: ascolta le frasi e scrivile.

1. Ornella deve fare la dieta.
2. Gli studenti devono studiare molto per superare l'esame.
3. I bambini non possono uscire da soli.
4. Non gli posso cambiare i soldi, non ho spiccioli.
5. Il latino? I ragazzi non l'hanno voluto studiare.

III. Cerchia la risposta giusta.

1. b   2. a   3. b   4. a   5. b

IV. Scrivi delle domande o frasi per le seguenti risposte.
1. L'ufficio postale è qui vicino?
2. Luigi e Maria possono arrivare più presto domani?
3. Vuoi mangiare adesso?
4. Vi siete potuti preparare in tempo?
5. Hai dovuto portare la macchina dal meccanico?

V. Segna la parola o espressione che non appartiene alla serie.
1. Bancomat
2. Belgio
3. fabbro
4. meccanico
5. parrucchiere

LEZIONE 17
DIALOGO 17 – COMPRENSIONE DEL DIALOGO

1. Le trascorrerà nella casa di campagna della suocera.
2. Non lo sa ancora.
3. Preferiscono andare in montagna.
4. Pensano di incontrarsi e di combinare una sorpresa per i bambini.
5. Porta dolci o il carbone.

ESERCIZI PRATICI 17

I. Ascolta le domande e cerchia la risposta giusta.
1. Mi sa dire dov'è il camerino, per favore? b) È in fondo al negozio.
2. Cosa preferisci metterti? c) I pantaloni jeans e una maglietta.
3. Desideri raccontargli tutta la verità? a) Penso proprio di sì.
4. A che ora preferisci partire? c) Alle tre del pomeriggio.
5. Che misura porta? c) La seconda.
6. Sa se il treno è in orario? a) Un attimo che verifico.
7. Dov'è andato Francesco? b) Al centro commerciale con degli amici.
8. Il vestito le va bene o è troppo largo? c) Veramente è un po' stretto.

9. Cosa vorresti fare? a) Non lo so. Non ho proprio idea.
10. Desidera provare un altro numero? a) Sì. Grazie!

II. Dettato: ascolta le frasi e scrivile.
1. Tutta la merce è a prezzi bassissimi.
2. C'è una grande svendita di calzature questa settimana.
3. Desidera provare un altro paio di scarpe?
4. Preferite mangiare la pasta o il risotto?
5. Quali lingue sai parlare?

III. Cerchia la risposta giusta.
1. c   2. b   3. a   4. b   5. a

IV. Scrivi delle domande o frasi per le seguenti risposte.
1. Che taglia porta?
2. Quanto viene? Quanto costa?
3. Sai nuotare?
4. Maria dovrebbe invitare Federico alla festa?
5. Hai già comprato la roba di lana quest'anno?

V. Completa con le parole/espressioni della lista.
1. Quanto costa? € 37.
2. Desidera provare una taglia più grande?
3. C'è una svendita nel reparto calzature. Lo sconto è del 25%.
4. Se vuole provarlo, il camerino è in fondo al negozio.
5. "Che taglia porta?", domanda la commessa.

LEZIONE 18
DIALOGO 18 – COMPRENSIONE DEL DIALOGO

1. Vanno al supermercato.
2. Gli chiede di comprare dei prodotti per la pulizia.
3. Compra della carne macinata, costolette di maiale e dei filetti di manzo.
4. Prende dei broccoli, degli spinaci, della lattuga e dei pomodorini ciliegia.

ESERCIZI PRATICI 18

I. Ascolta le domande e cerchia la risposta giusta
1. Come facciamo per andare al museo? b) Prendete l'autobus 5!
2. Dove posso trovare le saponette? c) Nel reparto di igiene personale.
3. Posso uscire? a) Resta ancora un po'.
4. Avete dei kit di pronto soccorso da vendere? b) Sì, li trova nel corridoio n° 4.
5. Altro Signora? a) Basta così!
6. Cosa si compra al reparto salumeria? a) Prosciutto, salame e mortadella.
7. Posso fumare qui? b) No, è vietato fumare qui.
8. Avete dei pannolini? c) Ci dispiace, non ci sono pannolini.
9. Sono preoccupata per la cena, è tutto pronto? a) Non preoccuparti, è tutto fatto.
10. Le casse sono tutte occupate? a) La cassa 10 è libera.

II. Dettato: ascolta le frasi e scrivile.
1. Agli amici, scriviamogli una e-mail.
2. Non parlare al conducente!
3. Per gli affettati, andate in salumeria!
4. Il documento, mandatemelo entro domani!
5. Nel corridoio 5 prendi il bagnoschiuma e lo shampoo.

III. Cerchia la risposta giusta.
1. b   2. c   3. a   4. b   5. b

IV. Scrivi delle domande o frasi per le seguenti risposte.
1. Posso fumare?
2. Cosa ti preparo per cena?
3. Dove posso trovare i cerotti?
4. Vendete rossetti?
5. Qual è la cassa libera?

V. Segna la parola o espressione che non appartiene alla serie.
1. festa

2. prosciutto
3. vorrei
4. potrei
5. fragole

LEZIONE 19
DIALOGO 19 – COMPRENSIONE DEL DIALOGO

1. Le dice che fa freddo e nevica.
2. Ha una riunione.
3. A causa del cattivo tempo.
4. Chiede di mantenerla al corrente per preparare l'inaugurazione.

ESERCIZI PRATICI 19

I. Ascolta le domande e cerchia la risposta giusta
1. Che tempo fa? b) Fa freddo e nevica.
2. Chi deve anche partecipare alla riunione? a) Il ragionier Sabena e l'ingegner Rossetti.
3. Cosa stava facendo la Dott.ssa Morandi? a) Stava finendo un colloquio di lavoro.
4. Quale reparto devono costruire? b) Il reparto delle Risorse Umane.
5. Di quale reparto si prende cura la Dott.ssa Morandi?
   c) Dell'Addestramento del Personale.
6. Cosa dice il geometra? a) Che il piano di lavoro è indietro.
7. Di quanto tempo i lavori sono in ritardo? b) Di due settimane.
8. Perché i lavori sono in ritardo? c) Perché il tempo è brutto.
9. Quali danni causa il ritardo? a) Il pagamento di multe.
10. Se si rispettano i tempi, quando inaugureranno il reparto?
    b) Nella data prestabilita.

II. Dettato: ascolta le frasi e scrivile.
1. Bambini, andate a letto presto!
2. Per favore, dì quello che pensi!
3. Signore, faccia con comodo!
4. Prendano il treno delle cinque!
5. Siate pazienti con gli anziani!

III. Cerchia la risposta giusta.

1. b   2. a   3. c   4. b   5. a

IV. Scrivi delle domande o frasi per le seguenti risposte.

1. Dov'è la banca/scuola?
2. Dove compro la carne?
3. Posso scrivere una e-mail all'Università?
4. Posso venire?
5. Vuoi un pezzo di torta?

V. Completa con le parole/espressioni della lista.

1. Queste saranno le Sue mansioni per il Suo nuovo incarico.
2. In genere mangio alla mensa perché è più comodo.
3. Lucio ha ricevuto una promozione e diversi benefici addizionali.
4. Quell'azienda ha assunto Daniela come dipendente e lei ne è contenta.
5. Antonella ha trovato un impiego a tempo pieno.

LEZIONE 20

DIALOGO 20 – COMPRENSIONE DEL DIALOGO

1. Si fermano tre giorni.
2. Insieme al receptionist.
3. Perché le strade sono pericolose e piene di curve.
4. Suggerisce la granita al limone.

ESERCIZI PRATICI 20

I. Ascolta le domande e cerchia la risposta giusta.

1. Stavi parlando con Alberto al telefono? b) Sì, ma è caduta la linea.
2. Come hanno scoperto la zona archeologica? c) Facendo degli scavi di assaggio.
3. Si potrebbe andare a piedi? a) Volendo, sì.
4. Cosa ti ha detto il Dott. Lombardi? b) Che mi farà un colpo domani.
5. Come ha fatto Attilio a perdere il portafoglio? a) Salendo sull'autobus.

6. Hai lasciato un messaggio sulla segreteria telefonica di Valentina? a) Sì, le ho chiesto di richiamarmi.
7. Come si guadagna la vita? c) Cantando e suonando la chitarra.
8. Sai come fare per parlare con Lucia a Catania? a) Devi comporre il codice di Catania e il numero.
9. Come hai capito che lei stava arrivando? b) Vedendo in lontananza l'arrivo del treno.
10. Come si è rovinato la salute? b) Bevendo e mangiando troppo.

II. Dettato: ascolta le frasi e scrivile.
1. Mi dispiace, il sig. Benedetti non c'è. Vuole lasciare un messaggio?
2. Disponendo di molto denaro, gira il mondo.
3. Chiamiamolo al cellulare.
4. Scusa, non posso parlare adesso. Ti chiamo più tardi.
5. Avendo comprato durante la svendita, ha trovato buoni prezzi.

III. Cerchia la risposta giusta.
1. b   2. b   3. c   4. a   5. b

IV. Scrivi delle domande o frasi per le seguenti risposte.
1. Pronto, chi parla?
2. Come Carlo ha vinto la medaglia?
3. Come ha migliorato la sua pronuncia?
4. Vuole lasciare un messaggio?
5. Come si diverte Domenico?

V. Completa con le parole/espressioni della lista.
1. Bruno ha lasciato un messaggio sulla segreteria telefonica di Rita.
2. Attenda un attimo. Trasferirò la sua chiamata.
3. Qual è il codice di Rio de Janeiro?
4. Il Sig. Martinelli non c'è, può richiamare più tardi?
5. Per chiamare l'emergenza, devi comporre il 118.

LEZIONE 21
DIALOGO 21 – COMPRENSIONE DEL DIALOGO

1. La vuole comoda ed elegante.
2. Sì. Fa 12 km per litro.
3. Il rapporto costi-benefici.
4. No, vuole pensarci un po'.

ESERCIZI PRATICI 21

I. Ascolta le domande e cerchia le risposte.

1. Per quale motivo Gianluca è andato in una concessionaria?
   b) È andato a comprare una macchina.
2. Che modello gli fa vedere il commesso? c) Una il cui design è moderno.
3. Che tipo di macchina preferisce Gianluca? a) A quattro porte.
4. Com'è la macchina offerta dal commesso? b) É una macchina che fa per lui.
5. A cosa serve la macchina a Gianluca? c) Gli serve anche per andare a lavorare.
6. Come è considerata una macchina che fa 12 km con 1 litro di benzina? a) È considerata economica.
7. Quali sono i tipi di cambio da scegliere? c) Manuale e automatico.
8. Il prezzo dei due modelli di cambio è uguale? b) No, c'è il 20% di differenza.
9. Cosa risponde Gianluca al commesso? a) Che ci penserà ancora un po'.
10. Che cosa dice il commesso? a) Che non si pentirà.

II. Dettato: ascolta le frasi e scrivile.

1. Davide si è innamorato di Patrizia appena l'ha vista. È stato un colpo di fulmine!
2. Dove andranno gli sposi in viaggio di nozze?
3. Giulia e Giorgio si sono fidanzati sabato scorso.
4. Le macchine italiane hanno un bel design.
5. Gli italiani amano le macchine sportive.

III. Cerchia la risposta giusta.

1. b   2. a   3. b   4. a   5. b

IV. Scrivi delle domande o frasi per le seguenti risposte.

1. Con chi ha parlato Gianluca?
2. Che tipo di macchina preferisce Gianluca?
3. Con chi si è sposata Susanna?
4. Dove sono le chiavi?
5. Dove andate in viaggio di nozze?

V. Completa con le parole/espressioni della lista.

1. Il commesso della concessionaria ha fatto vedere la macchina a Gianluca.
2. La sposa era bellissima il giorno del matrimonio.
3. La ragazza di Tommaso ha una macchina con il cambio automatico.
4. Gabriele e Antonella si sono innamorati immediatamente. È stato un colpo di fulmine.
5. Ieri sera Anna ha avuto un appuntamento con Carlo.

LEZIONE 22
DIALOGO 22 – COMPRENSIONE DEL DIALOGO

1. Sì, fino adesso è molto contento.
2. Nonostante sia lì da poco tempo, pensa che sia un'esperienza interessante.
3. È dinamico e gestisce il reparto con competenza.
4. Perché vuole fare un salto di qualità nella sua carriera.

ESERCIZI PRATICI 22

I. Ascolta le domande e cerchia la risposta giusta.

1. Dov'è la sede dell'azienda in cui lavora Salvatore? b) È a Torino.
2. Quando l'azienda in cui lavori lancerà il nuovo prodotto? a) Lo lanceranno a settembre
3. Parteciperete alla fiera campionaria di quest'anno? b) Certamente!
4. Cosa produce quella fabbrica? a) Produce pneumatici.

5. Cosa presenterete alla fiera campionaria quest'anno? c) I nuovi prodotti.
6. Il tuo nuovo lavoro ti piace? b) Benché sia lontano mi piace tantissimo.
7. Il cambiamento di lavoro ti è stato favorevole? a) Sì, avrei dovuto cambiare prima.
8. É molto lontano lo stabilimento in cui lavori? c) Circa dieci chilometri da qui.
9. Accetterai di lavorare all'estero? b) Sì, purché mi paghino bene.
10. Posso venire a conoscere i tuoi colleghi? a) Sì, vieni prima che escano.

II. Dettato: ascolta le frasi e scrivile.
1. Nonostante Nicola mangi molto, non è grasso.
2. Il viaggio ci è piaciuto malgrado la pioggia.
3. Faremo una riunione prima che il lavoro finisca.
4. Racconterò tutto quello che è successo affinché tutti lo sappiano.
5. A Davide piace molto il suo appartamento sebbene sia piccolo.

III. Cerchia la risposta giusta.
1. c   2. a   3. b   4. a   5. c

IV. Scrivi delle domande o frasi per le seguenti risposte.
1. Vi siete divertiti al mare?
2. Quanto tempo ci avete messo per organizzare il convegno?
3. Avete una filiale?/ Avete delle filiali?
4. A Stefania piace lavorare lì?
5. Dov'è la fabbrica?

V. Completa con le parole/espressioni della lista
1. Suppongo che Laura non sia a casa.
2. È meglio che lui dica tutto ciò che sa.
3. Lavorerò all'estero a patto che mi paghino bene.
4. La nostra azienda avrà uno stand alla fiera campionaria.
5. Quando sarà lanciato il nuovo prodotto?

LEZIONE 23
DIALOGO 23 – COMPRENSIONE DEL DIALOGO

1. Assumerà la responsabilità della drogheria del padre.
2. Vuole approfittare del tempo libero e viaggiare con sua moglie.
3. Deve lasciare il suo lavoro attuale per mettersi al corrente degli affari.
4. Vende generi alimentari, spezie, dolciumi, articoli per la pulizia, liquori e vini.

ESERCIZI PRATICI 23

I. Ascolta le domande e cerchia la risposta giusta
1. Qual è la moneta dell'Italia? c) È l'Euro.
2. Mi presteresti dei soldi? c) Certo, di quanto ne hai bisogno?
3. Hai pagato la bolletta della luce? b) Sì, l'ho pagata ieri.
4. Come vuole pagare il corso? a) In contanti.
5. Cosa vai a fare in banca? b) Vorrei fare un bonifico.
6. Cosa era necessario che facesse Paolo? c) Era necessario che prendesse qualche giorno di riposo.
7. Dove sono andati in vacanza? a) In montagna, benché la stagione fosse già terminata.
8. Com'era il tempo quando Luigi è uscito? b) Nuvoloso, è uscito prima che piovesse.
9. Com'era il tempo a fine autunno? c) Sembrava che volesse regalarci altri giorni di sole.
10. Cos'ha pensato il receptionist dell'albergo? a) Ha pensato che io volessi trattenermi di più.

II. Dettato: ascolta le frasi e scrivile.
1. Non volevo che tu fossi triste.
2. Mia figlia sperava che le comprassi la macchina.
3. Temevamo che voi vi foste persi per la città.
4. Credevo che Beatrice avesse avuto l'influenza.
5. Sebbene non avessi fame, ho mangiato lo stesso.

III. Cerchia la risposta giusta.
1. b   2. c   3. a   4. c   5. c

IV. Scrivi delle domande o frasi per le seguenti risposte.

1. Cosa ti ha chiesto Giuliana?
2. Cosa temeva Manuela?
3. Cosa è andata a fare in banca?
4. Dov'è la scuola di italiano?
5. Quanto ha guadagnato Marcello di profitto?

V. Completa con le parole/ espressioni della lista.

1. Non ho prelevato i soldi perché non c'era nessun bancomat in Via Garibaldi.
2. Luigi non doveva spendere malamente tutti i soldi che aveva sul libretto di risparmio.
3. Questo mese il mio conto corrente è al verde.
4. Il tasso di cambio dell'Euro è aumentato tantissimo.
5. Mi sono dovuta fare prestare dei soldi per poter far fronte alle spese.

LEZIONE 24
DIALOGO 24 – COMPRENSIONE DEL DIALOGO

1. Si sentiva stanco e preoccupato.
2. Perché Stefania, il suo braccio destro, sarebbe andata in licenza maternità.
3. Serve per rilassarsi o staccare la spina.
4. Gli propone di accompagnarla in campagna a casa dei suoi.

ESERCIZI PRATICI 24

I. Ascolta le domande e cerchia la risposta giusta

1. Quante copie del documento hai stampato? c) Ne ho stampate due.
2. Mi puoi rigirare l'e-mail che hai ricevuto stamattina, per cortesia? b) Certo, subito!
3. Qual è l'indirizzo del loro sito? a) Non lo so, provo a chiedere a Margherita.
4. Quanti hit ha avuto il vostro sito il mese scorso? c) Circa mille.
5. Ti sei ricordato di fare un back up di tutti i documenti? b) Sì, l'ho fatto sulla chiavetta.

6. Sai se Fabrizio ha il laptop? a) Sì, lo usa tutti i giorni.
7. Perché la stampante non funziona? a) Perché mancano le cartucce d'inchiostro.
8. Roberta ha la nuova password? c) Sì. Gliel'ho data ieri.
9. Controlli le tue e-mail tutti i giorni? b) Sì, le controllo diverse volte al giorno.
10. C'è l'antivirus sul tuo computer? a) Certo che c'è!

II. Dettato: ascolta le frasi e scrivile.
1. Mi puoi stampare una copia di quella lettera, per cortesia?
2. Gabriele non comprerà quel computer a meno che non gli facciano uno sconto.
3. Ti sei dimenticato di allegare il documento. Me lo puoi inviare, per favore?
4. Ci andremo domani anche se piove.
5. Ti presto il mio laptop purché tu me lo restituisca entro venerdì.

III. Cerchia la risposta giusta.
1. c   2. b   3. a   4. c   5. a

IV. Scrivi delle domande o frasi per le seguenti risposte.
1. Gino controlla le sue e-mail tutti i giorni?
2. Hanno un sito web? Sai qual è l'indirizzo?
3. Potresti stamparmi una copia di questo rapporto, per cortesia?
4. Hai salvato l'archivio?
5. Hai controllato le tue e-mail ieri?

V. Completa con le parole/ espressioni della lista.
1. È molto più pratico salvare gli archivi sulla chiavetta.
2. Mi serve una stampante nuova, questa è troppo vecchia.
3. Devi avere una password abilitata per accedere al sistema.
4. Avete per caso cancellato qualche nome da quella lista?
5. Non avete inviato l'allegato. Potete inviarmelo via e-mail, per cortesia?

LEZIONE 25
DIALOGO 25 – COMPRENSIONE DEL DIALOGO

1. Salvatore gioca al lotto.
2. Comprerebbe una casa sul lago e farebbe un lungo viaggio.
3. Michele gioca ogni tanto. Non ha mai vinto niente.
4. Per togliersi lo sfizio.

ESERCIZI PRATICI 25

I. Ascolta le domande e cerchia la risposta giusta.
1. Cosa faresti se fossi al mio posto? b) Non ho la più pallida idea.
2. Giancarlo ti ha dato la risposta che aspettavi? c) No, ha fatto finta di niente.
3. Ti piace quella macchina blu? b) Sì, se avessi i soldi, la comprerei.
4. Sei riuscito a convincere tuo figlio a studiare in Svizzera? a) Macché, getto la spugna!
5. Credi che loro riescano a consegnare la merce in tempo? c) Solo se lavorassero 24 ore su 24, ci riuscirebbero.
6. Mangi pure il dolce? b) Certo! Non posso farne a meno.
7. Pensi che io sia troppo grasso? a) Se tu facessi un po' di sport, non saresti così grasso.
8. Vuoi venire con me a fare quattro passi? b) Se avessi tempo, ci andrei volentieri.
9. Il bambino ha perso il giocattolo. Puoi cercarglielo? b) Mannaggia! È come cercare l'ago in un pagliaio.
10. I documenti per la riunione sono pronti? b) No. Se fossero pronti, l'avrei fissata.

II. Dettato: ascolta le frasi e scrivile.
1. È inutile sgridarlo, fa sempre finta di niente.
2. Sarebbe bello se ci fossi anche tu alla gita.
3. Se lo sapessi, te lo direi.
4. Se lui avesse tempo, si fermerebbe ancora.
5. C'è molto lavoro. Se il mio assistente non mi aiuta, io da sola non ci riesco.

III. Completa le frasi con l'alternativa giusta.

1. a   2. c   3. b   4. a   5. c

IV. Scrivi delle domande o frasi per le seguenti risposte.

1. Hai già vinto al totocalcio?
2. A cosa ti piace giocare?
3. Cosa significa l'espressione "cercare l'ago in un pagliaio"?
4. Puoi venire al cinema con noi?
5. Hai voglia di leggere questo libro?

V. Completa con le parole/ espressioni della lista.

1. Giuliana è troppo noiosa cerca il pelo nell'uovo.
2. Se non mi date una mano, da sola non ci riuscirò.
3. Durante il viaggio, attenzione alle spese, non fare i conti senza l'oste.
4. Quando vedo i gelati italiani, non posso farne a meno di mangiarli.
5. Io gli ho già dato dei consigli diverse volte, ora mi lavo le mani.

LEZIONE 26
DIALOGO 26 – COMPRENSIONE DEL DIALOGO

1. Da poco tempo.
2. Ha subito un intervento chirurgico al ginocchio.
3. Perché si era rotto i legamenti al ginocchio.
4. Gli ha consigliato un programma di allenamento personalizzato.

ESERCIZI PRATICI 26

I. Ascolta le domande e cerchia la risposta giusta.

1. Perché non sei andato alla festa? b) Se fossi stato invitato, sarei andato.
2. Perché non guidi? c) Se avessi la macchina, guiderei.
3. Professore, perché non corregge le prove? a) Se avessi una penna rossa, le correggerei.
4. Perché non bevi il vino stasera? a) Se non avessi preso la medicina, ora lo berrei.

5. Non vuoi altri pasticcini? b) Ne mangerei altri se non temessi di ingrassare.
6. Cosa possiamo fare per evitare la divulgazione di questa notizia? c) Basta tenere l'acqua in bocca.
7. Come va il progetto? b) Fin qua tutto a posto.
8. A che punto siamo con l'allestimento dello spettacolo? c) Bisogna darci una mossa!
9. Come mai sei riuscita a staccarti e venire? a) Che tu ci creda o no, sono dovuta scappare.
10. Come va Marco con il lavoro in Germania? a) Deve tenere duro perché il lavoro è difficile.

II. Dettato: ascolta le frasi e scrivile.
1. Se avessi visto l'indicazione, mi sarei fermato.
2. Non sapevo che fosse una persona così simpatica, altrimenti l'avrei invitata prima.
3. Se vi foste iscritti all'Università, ora sareste laureati.
4. Se avessimo pagato subito le tasse, non avremmo avuto tanti fastidi.
5. Se non avesse studiato all'estero, non avrebbe fatto nuove conoscenze.

III. Cerchia la risposta giusta.
1. c   2. b   3. a   4. c   5. a

IV. Scrivi delle domande o frasi per le seguenti risposte.
1. Altro Signore?
2. È già ora di partire?
3. Posso dirlo/raccontarlo a mio marito/mia moglie?
4. Vuoi del vino?
5. Perché l'aereo non decolla?

V. Completa con le parole/ espressioni della lista.
1. Sicuramente arriveremmo prima se prendessimo un taxi.
2. Se tu non mi avessi detto la verità, non saresti un amico.
3. Se avessi fatto il tuo dovere, saresti stato ricompensato.

4. Succeda quel che succeda, nulla cambierà tra di noi.
5. Mangerei volentieri questa torta, se non avessi già preso un gelato.

LEZIONE 27

DIALOGO 27 – COMPRENSIONE DEL DIALOGO

1. Parlano di un'amica del liceo, Federica.
2. Fa la costumista teatrale.
3. Fece il corso a Milano in una grande sartoria.
4. Il costumista è chi disegna gli abiti di scena per uno spettacolo o un film
5. Un costumista deve conoscere lo stile, i tessuti e i colori dell'epoca in cui è ambientato lo spettacolo.
6. Con il regista e lo scenografo.

ESERCIZI PRATICI 27

I. Ascolta le domande e cerchia la risposta giusta.
1. Che fece Laura in giardino? c) Colse delle rose.
2. Come andarono a Parigi l'anno scorso? a) Presero l'aereo.
3. Perché Carlo diventò ricco? b) Vinse al lotto.
4. Di dov'era Leonardo da Vinci? c) Nacque a Vinci nel 1452.
5. Cosa successe il giorno del matrimonio di Paolo? a) Anche quel giorno arrivò in ritardo.
6. Che fatto importante avvenne nel 1492 ? b) Cristoforo Colombo scoprì l'America.
7. Dove si presentano gli attori? c) Sul palconescino.
8. Con chi deve collaborare il costumista? b) Con il regista e lo scenografo.
9. Chi conoscesti in quella vacanza? a) Conobbi molta gente.
10. Giancarlo non studia più? c) No, smise di studiare anni fa.

II. Dettato: ascolta le frasi e scrivile.
1. Non ascoltai nessuno e feci quello che volevo.
2. Chiese un prestito alla banca, ma non glielo diedero.
3. L'ultima volta che vidi Alfredo fu all'aeroporto di Fiumicino.

4. Michelangelo nacque a Caprese, in Toscana.
5. Dante Alighieri scrisse la Divina Commedia.

III. Cerchia la risposta giusta.
1. a   2. b   3. b   4. c   5. a

IV. Scrivi delle domande o frasi per le seguenti risposte.
1. Cosa fece Piero prima di partire?
2. Quale macchina sceglieste?
3. Dove andaste in vacanza l'anno scorso?
4. Chi fu Nerone?
5. Dove incontrasti Fabio?

V. Completa con le parole/ espressioni della lista.
1. Sabato si addormentò dopo mezzanotte.
2. Arrivammo tardi e non trovammo più nessuno.
3. Gli diedero la possibilità di parlare.
4. Dopo quella notizia stette in ansia tutta la giornata.
5. Quell'anno preferii restare a casa.

LEZIONE 28
DIALOGO 28 – COMPRENSIONE DEL DIALOGO

1. La costruzione è stata iniziata nel 72 d.C. dall'Imperatore Vespasiano.
2. È stato inaugurato dall'Imperatore Tito nell'80 d.C.
3. Significa il "tempio di tutti gli dei".
4. È stato ricostruito dall'Imperatore Adriano tra il 118 e il 128 d.C.

ESERCIZI PRATICI 28

I. Ascolta le domande e cerchia la risposta giusta.
1. Dobbiamo spostare questo tavolo? b) Sì, il tavolo deve essere spostato.
2. Chi deve dire la verità? a) Va detta da Giulio.
3. Chi ha preparato la cena? b) È stata preparata da Luisa.

4. Dove dobbiamo cambiare i soldi? c) I soldi vanno cambiati in banca.
5. Chi consegnava i diplomi? a) Erano consegnati dalla segretaria.
6. Chi te l'ha detto? c) Me lo è stato detto da un amico.
7. Cosa vendono in quel negozio? a) Si vendono automobili.
8. Quando concluderanno i lavori? b) Saranno conclusi in gennaio prossimo.
9. Cosa si mangia a Pasqua? c) Si mangiano le uova di cioccolato.
10. Chi va al supermercato? b) Questa volta tocca a te.

II. Dettato: ascolta le frasi e scrivile.
1. Dalla finestra si vedono le barche.
2. Gli ospiti devono essere trattati bene.
3. I fiori vengono annaffiati due volte alla settimana.
4. La Mona Lisa è stata dipinta da Leonardo da Vinci.
5. In questa bancarella non si vendono fiori .

III. Cerchia la risposta giusta.
1. b   2. c   3. a   4. b   5. a

IV. Scrivi delle domande o frasi per le seguenti risposte.
1. Dove si comprano i biglietti?
2. Da chi sei stato invitato?
3. Da chi ti è stato riferito?
4. Da chi viene commesso questo errore?
5. Chi ha comprato il pane?

V. Completa con le parole/ espressioni della lista.
1. Questo vino viene prodotto in Piemonte.
2. La Divina Commedia è stata tradotta in molte lingue.
3. La macchina è stata venduta a un prezzo esorbitante.
4. Quel libro va letto. È avvincente!
5. Per fare un buon tiramisu si usa il mascarpone.

LEZIONE 29

DIALOGO 29 – COMPRENSIONE DEL DIALOGO

1. Dice che avrebbe voglia di andare a vedere il Carnevale di Venezia.
2. Risponde che sarebbe una buona idea.
3. Non l'accettano perché Laura si era già impegnata con gli zii di Napoli.
4. Laura combina di andarli a trovare lunedì direttamente a Venezia.

ESERCIZI PRATICI 29

I. Ascolta le frasi e cerchia la risposta giusta.

1. La settimana scorsa mia cugina ha detto: "Non verrò domani." La settimana scorsa mia cugina ha detto che... a) non sarebbe venuta il giorno dopo.
2. Mi implorò: "Resta qui e aspetta! Mi implorò che... c) restassi lì e aspettassi.
3. Le ho domandato: "Che fai qui?" Le ho domandato che ... b) cosa faceva lì.
4. Mio fratello ha detto: "Sono andato al cinema e mi sono divertito". Mio fratello ha detto che... a) era andato al cinema e si era divertito.
5. Mi disse: "Spero che Lorenzo sia già arrivato". Mi disse che sperava che ... c) Lorenzo fosse già arrivato.
6. Mi hanno detto: "Inviteremo anche te." Mi hanno detto che... b) avrebbero invitato anche me.
7. Mi sono domandato: "Che posso farci?" Mi sono domandato che... c) potevo farci.
8. Stamattina mi ha detto: "Partirò domani". Stamattina mi ha detto che... c) partirà domani.
9. Non fare il permaloso! c) Sto scherzando.
10. Per carità, non sto parlando sul serio! b) Non fraintendermi!

II. Dettato: ascolta le frasi e scrivile.

1. Mi disse che aspettava che io gli telefonassi.
2. Mi pregò di stare vicino a loro.

3. Franco ha detto che era tornato il giorno prima.
4. Ugo disse di non restare lì.
5. Lui ha detto che avrebbe comprato la macchina il giorno dopo.

III. Cerchia la risposta giusta.
1. b   2. a   3. b   4. b   5. c

IV. Trasforma le frasi dal discorso indiretto al discorso diretto.
1. Maria ha detto: "Non trovo la mia borsa".
2. La mamma mi pregò: "Torna a casa presto".
3. Mi ha detto: "Temevo che tu non arrivassi più".
4. Ha detto: "Non prenderei/ prenderò mai una decisione del genere".
5. Stamattina mi ha detto: "Ti telefonerò domani senz'altro".

V. Completa con le parole/ espressioni della lista.
1. Perbacco, sono stanca! No ce la faccio proprio più.
2. Signorina, mi è piaciuto questo vestito. Può mettermelo da parte?
3. Meno male che sei arrivato in tempo!
4. –"Ho dimenticato di riportarti il CD". –"Non fa niente".
5. Guarda chi si vede! Non credo ai miei occhi!

LEZIONE 30
DIALOGO 30 – COMPRENSIONE DEL DIALOGO

1. Devono superare gli esami di maturità.
2. È l'esame orale.
3. Consiglia di mangiare sano ed equilibrato.
4. Prendono una bella vacanza e vanno al mare.

ESERCIZI PRATICI 30

I. Ascolta le domande e cerchia la risposta giusta.
1. Conosci la strada? b) Facendola sempre, la conosco bene.
2. Che tempo fa lì? b) Avendo piovuto, l'aria è fresca.
3. Cosa ha fatto Michele quando ha visto la maschera di Giovanna?
   c) È scoppiato a ridere.

446

4. Quando i figli di Alberto hanno avviato l'ufficio legale? a) Dopo aver concluso il corso di Legge.
5. Mancano pochi minuti: il treno... c) sta per arrivare.
6. Quando Federica si è sentita male? a) Dopo aver mangiato quel dolce.
7. Quando è partito Vincent per la Francia? b) Finito il corso, è partito subito.
8. Dove sono gli studenti? c) Ne ho visti molti entrare in aula.
9. Sai che film danno al cinema Arlecchino? a) Boh!
10. Come stai? b) Insomma, abbastanza bene.

II. Dettato: ascolta le frasi e scrivile.
1. Mangiando piano si dimagrisce.
2. Mi piace fare il giornalista.
3. È uno spettacolo interessante.
4. Entra troppo freddo da quella finestra aperta.
5. Presa la medicina, è andato subito a dormire.

III. Cerchia la frase implicita giusta.
1. c   2. a   3. b   4. c   5. b

IV. Scrivi delle domande o frasi per le seguenti risposte.
1. Ti piace visitare altri paesi?
2. Quando pensi di partire?
3. In tempo di guerra da chi era occupata la casa?
4. Com'era il film?
5. Come hai passato la domenica?

V. Completa con le parole/ espressioni della lista.
1. Dopo aver finito i compiti, sono venuto da te.
2. Il bambino è in terrazza riparato dal sole.
3. Messi i pantaloni nuovi, mi sono accorto che erano stretti.
4. Ho incontrato Giulio andando al lavoro.
5. Non parlare all'autista.

GUIA DO ÁUDIO

Traccia 1: Dialogo 1 – Di che cosa ti occupi? p. 19
Traccia 2: Dialogo 1 – comprensione del dialogo p. 20
Traccia 3: L'alfabeto p. 23
Traccia 4: Esercizi pratici 1: I. Ascolta le domande e cerchia la risposta giusta. p. 30
Traccia 5: Esercizi pratici 1: II. Dettato: ascolta le frasi e scrivile. p. 31
Traccia 6: Dialogo 2 – Perché non andiamo al mare, tanto per cambiare? p. 33
Traccia 7: Dialogo 2 – comprensione del dialogo p. 34
Traccia 8: Esercizi pratici 2: I. Ascolta le domande e cerchia la risposta giusta. p. 40
Traccia 9: Esercizi pratici 2: II. Dettato: ascolta le frasi e scrivile. p. 41
Traccia 10: Dialogo 3 – Cosa fa tuo padre? p. 45
Traccia 11: Dialogo 3 – comprensione del dialogo p. 46
Traccia 12: Esercizi pratici 3: I. Ascolta le domande e cerchia la risposta giusta. p. 56
Traccia 13: Esercizi pratici 3: II. Dettato: ascolta le frasi e scrivile. p. 57
Traccia 14: Dialogo 4 – Un fine settimana in campagna! p. 59
Traccia 15: Dialogo 4 – comprensione del dialogo p. 61
Traccia 16: Esercizi pratici 4: I. Ascolta le domande e cerchia la risposta giusta. p. 69
Traccia 17: Esercizi pratici 4: II. Dettato: ascolta le frasi e scrivile. p. 70
Traccia 18: Dialogo 5 – Hai perso una bella festa! p. 73
Traccia 19: Dialogo 5 – comprensione del dialogo p. 74
Traccia 20: Esercizi pratici 5: I. Ascolta le domande e cerchia la risposta giusta. p. 92
Traccia 21: Esercizi pratici 5: II. Dettato: ascolta le frasi e scrivile. p. 93

Traccia 22: Dialogo 6 – Abbiamo fatto veramente un bel viaggio! p. 95
Traccia 23: Dialogo 6 – comprensione del dialogo p. 96
Traccia 24: Esercizi pratici 6: I. Ascolta le domande e cerchia la risposta giusta. p. 107
Traccia 25: Esercizi pratici 6: II. Dettato: ascolta le frasi e scrivile. p. 108
Traccia 26: Dialogo 7 – Un corso a Venezia. p. 111
Traccia 27: Dialogo 7 – comprensione del dialogo p. 113
Traccia 28: Esercizi pratici 7: I. Ascolta le domande e circonda la risposta giusta. p. 119
Traccia 29: Esercizi pratici 7: II. Dettato: ascolta le frasi e scrivile. p. 120
Traccia 30: Dialogo 8 – Cosa farai a Ferragosto? p. 123
Traccia 31: Dialogo 8 – comprensione del dialogo p. 125
Traccia 32: Esercizi pratici 8: I. Ascolta le domande e cerchia la risposta giusta. p. 133
Traccia 33: Esercizi pratici 8: II. Dettato: ascolta le frasi e scrivile. p. 134
Traccia 34: Dialogo 9 – Ti andrebbe di andare al cinema? p. 137
Traccia 35: Dialogo 9 – comprensione del dialogo p. 138
Traccia 36: Esercizi pratici 9: I. Ascolta le domande e circonda la risposta giusta. p. 144
Traccia 37: Esercizi pratici 9: II. Dettato: ascolta le frasi e scrivile. p. 145
Traccia 38: Dialogo 10 – Hai fatto una dieta? p. 149
Traccia 39: Dialogo 10 – comprensione del dialogo p. 150
Traccia 40: Esercizi pratici 10: I. Ascolta le domande e cerchia la risposta giusta. p. 156
Traccia 41: Esercizi pratici 10: II. Dettato: ascolta le frasi e scrivile. p. 157
Traccia 42: Dialogo 11 – Mi prendo cura io dei bambini? p. 161
Traccia 43: Dialogo 11 – comprensione del dialogo p. 162
Traccia 44: Esercizi pratici 11: I. Ascolta le domande e circonda la risposta giusta. p. 167
Traccia 45: Esercizi pratici 11: II. Dettato: ascolta le frasi e scrivile. p. 168

Traccia 46: Dialogo 12 – È uno studente bravo come il fratello. p. 171

Traccia 47: Dialogo 12 – comprensione del dialogo p. 172

Traccia 48: Esercizi pratici 12: I. Ascolta le domande e cerchia la risposta giusta. p. 175

Traccia 49: Esercizi pratici 12: II. Dettato: ascolta le frasi e scrivile. p. 176

Traccia 50: Dialogo 13 – Non ho niente di nuovo da mettermi. p. 179

Traccia 51: Dialogo 13 – comprensione del dialogo p. 180

Traccia 52: Esercizi pratici 13: I. Ascolta le domande e cerchia la risposta giusta. p. 185

Traccia 53: Esercizi pratici 13: II. Dettato: ascolta le frasi e scrivile. p. 187

Traccia 54: Dialogo 14 – Ho saputo che sei stata in Sicilia. p. 189

Traccia 55: Dialogo 14 – comprensione del dialogo p. 190

Traccia 56: Esercizi pratici 14: I. Ascolta le domande e cerchia la risposta giusta. p. 195

Traccia 57: Esercizi pratici 14: II. Dettato: ascolta le frasi e scrivile. p. 196

Traccia 58: Dialogo 15 – Vacanze invernali. p. 199

Traccia 59: Dialogo 15 – comprensione del dialogo p. 201

Traccia 60: Esercizi pratici 15: I. Ascolta le domande e cerchia la risposta giusta. p. 207

Traccia 61: Esercizi pratici 15: II. Dettato: ascolta le frasi e scrivile. p. 208

Traccia 62: Dialogo 16 – Vorrei un giorno diventare una grande stilista! p. 211

Traccia 63: Dialogo 16 – comprensione del dialogo p. 212

Traccia 64: Esercizi pratici 16: I. Ascolta le domande e cerchia la risposta giusta. p. 216

Traccia 65: Esercizi pratici 16: II. Dettato: ascolta le frasi e scrivile. p. 217

Traccia 66: Dialogo 17 – Dove preferisci trascorrere le feste di fine anno? p. 221

Traccia 67: Dialogo 17 – comprensione del dialogo p. 222

Traccia 68: Esercizi pratici 17: I. Ascolta le domande e cerchia la risposta giusta. p. 225

Traccia 69: Esercizi pratici 17: II. Dettato: ascolta le frasi e scrivile. p. 226

Traccia 70: Dialogo 18 – Una coppia va al supermercato. p. 229

Traccia 71: Dialogo 18 – comprensione del dialogo p. 231

Traccia 72: Esercizi pratici 18: I. Ascolta le domande e circonda la risposta giusta. p. 234

Traccia 73: Esercizi pratici 18: II. Dettato: ascolta le frasi e scrivile. p. 235

Traccia 74: Dialogo 19 – Fa freddo e nevica! p. 239

Traccia 75: Dialogo 19 – comprensione del dialogo p. 241

Traccia 76: Esercizi pratici 19: I. Ascolta le domande e cerchia la risposta giusta. p. 245

Traccia 77: Esercizi pratici 19: II. Dettato: ascolta le frasi e scrivile. p. 246

Traccia 78: Dialogo 20 – Cosa si può fare in tre giorni sulla Costiera Amalfitana? p. 249

Traccia 79: Dialogo 20 – comprensione del dialogo p. 250

Traccia 80: Esercizi pratici 20: I. Ascolta le domande e cerchia la risposta giusta. p. 255

Traccia 81: Esercizi pratici 20: II. Dettato: ascolta le frasi e scrivile. p. 256

Traccia 82: Dialogo 21 – L'acquisto di una macchina. p. 259

Traccia 83: Dialogo 21 – comprensione del dialogo p. 260

Traccia 84: Esercizi pratici 21: I. Ascolta le domande e cerchia la risposta giusta. p. 265

Traccia 85: Esercizi pratici 21: II. Dettato: ascolta le frasi e scrivile. p. 266

Traccia 86: Dialogo 22 – Gli affari vanno a gonfie velo! p. 269

Traccia 87: Dialogo 22 – comprensione del dialogo p. 270

Traccia 88: Esercizi pratici 22: I. Ascolta le domande e cerchia la risposta giusta. p. 279

Traccia 89: Esercizi pratici 22: II. Dettato: ascolta le frasi e scrivile. p. 280

Traccia 90: Dialogo 23 – Complimenti! p. 283

Traccia 91: Dialogo 23 – comprensione del dialogo p. 284
Traccia 92: Esercizi pratici 23: I. Ascolta le domande e cerchia la risposta giusta. p. 290
Traccia 93: Esercizi pratici 23: II. Dettato: ascolta le frasi e scrivile. p. 291
Traccia 94: Dialogo 24 – Ho bisogno di staccare la spina. p. 295
Traccia 95: Dialogo 24 – comprensione del dialogo p. 296
Traccia 96: Esercizi pratici 24: I. Ascolta le domande e cerchia la risposta giusta. p. 299
Traccia 97: Esercizi pratici 24: II. Dettato: ascolta le frasi e scrivile. p. 301
Traccia 98: Dialogo 25 – Cosa faresti se tu vincessi al lotto? p. 303
Traccia 99: Dialogo 25 – comprensione del dialogo p. 304
Traccia 100: Esercizi pratici 25: I. Ascolta le domande e cerchia la risposta giusta. p. 307
Traccia 101: Esercizi pratici 25: II. Dettato: ascolta le frasi e scrivile. p. 308
Traccia 102: Dialogo 26 – In palestra. p. 311
Traccia 103: Dialogo 26 – comprensione del dialogo p. 312
Traccia 104: Esercizi pratici 26: I. Ascolta le domande e cerchia la risposta giusta. p. 316
Traccia 105: Esercizi pratici 26: II. Dettato: ascolta le frasi e scrivile. p. 317
Traccia 106: Dialogo 27 – Ti ricordi di Federica? p. 321
Traccia 107: Dialogo 27 – comprensione del dialogo p. 322
Traccia 108: Esercizi pratici 27: I. Ascolta le domande e cerchia la risposta giusta. p. 328
Traccia 109: Esercizi pratici 27: II. Dettato: ascolta le frasi e scrivile. p. 329
Traccia 110: Dialogo 28 – Quando è stato costruito? p. 333
Traccia 111: Dialogo 28 – comprensione del dialogo p. 334
Traccia 112: Esercizi pratici 28: I. Ascolta le domande e cerchia la risposta giusta. p. 340
Traccia 113: Esercizi pratici 28: II. Dettato: ascolta le frasi e scrivile. p. 341
Traccia 114: Dialogo 29 – Carnevale a Venezia. p. 345

Traccia 115: Dialogo 29 – comprensione del dialogo p. 346
Traccia 116: Esercizi pratici 29: I. Ascolta le domande e cerchia la risposta giusta. p. 351
Traccia 117: Esercizi pratici 29: II. Dettato: ascolta le frasi e scrivile. p. 352
Traccia 118: Dialogo 30 – Gli esami di maturità. p. 355
Traccia 119: Dialogo 30 – comprensione del dialogo p. 356
Traccia 120: Esercizi pratici 30: I. Ascolta le domande e cerchia la risposta giusta. p. 365
Traccia 121: Esercizi pratici 30: II. Dettato: ascolta le frasi e scrivile. p. 366

COMO ACESSAR O ÁUDIO

Todo o conteúdo em áudio referente a este livro, você poderá encontrar em qualquer uma das seguintes plataformas:

Ao acessar qualquer uma dessas plataformas, será necessário a criação de uma conta de acesso (poderá ser a versão gratuita). Após, pesquise pelo título completo do livro, ou pelo autor ou ainda por **Disal Editora**, localize o álbum ou a playlist e você terá todas as faixas de áudio mencionadas no livro.

Para qualquer dúvida, entre em contato com **marketing@disaleditora.com.br**

IMPORTANTE:
Caso você venha a encontrar ao longo do livro citações ou referências a CDs, entenda como o áudio acima indicado.

SOBRE A AUTORA

Teresa Drago é professora, fundadora e diretora da escola Spazio Italiano Centro de Língua e Cultura Italiana. Formada em Letras, especializou-se no ensino da língua e cultura italiana na Università Italiana per Stranieri di Perugia, onde foi assistente do professor Angelo Chiuchiù, e no Centro Linguistico Italiano Dante Alighieri di Firenze, onde também atuou como assistente do professor Franco Pinzauti. Foi coordenadora dos cursos de língua italiana da Pirelli e, ao longo de 30 anos de carreira, consolidou sua relação com essa e outras empresas, o que fez do Spazio referência também no ensino da língua italiana in-company.

É responsável pelo site bilíngue www.spazioitaliano.com.br e parceira da Sociedade Cultural Ítalo-Brasileira de Santo André.

Este livro foi composto na fonte Newzald e
impresso em abril de 2024
pela Gráfica Paym, sobre papel offset 75g/m².